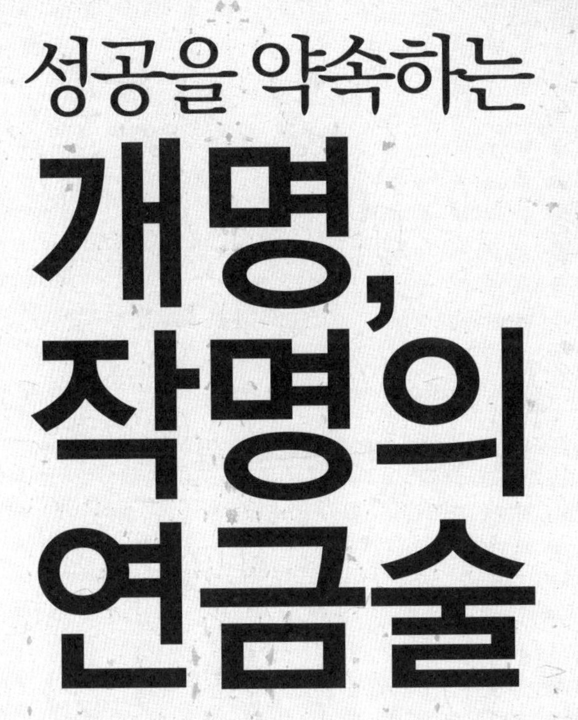

성공을 약속하는

개명, 작명의 연금술

문원북 BOOK

성공을 약속하는 **개명, 작명의 연금술**

발행일 | 2016년 3월 1일
2 쇄 | 2017년 1월 1일
저자 | 이성천 · 김민철
펴낸이 | 김민철
펴낸곳 | 도서출판 문원북
디자인 | 디자인일 design_il@naver.com

출판등록 | 1992년 12월 5일 제4-197호
전화 | (02) 2634-9846
팩스 | (02) 2635-9846
이메일 | wellpine@hanmail.net
ISBN | 978-89-7461-238-2

改名

성공을 약속하는

개명, 작명의 연금술

作名

저자
중국 요녕대학 교수 이성천(李成天)
지평(地平) 김민철

머리말

팔자에 맞는 이름은 성공하고
팔자에 맞지 않는 이름은 실패한다.

'모든 것은 운명(運命)에 의해 정해진다'고 생각하는 사람들이 많다. 여기에서 운명이란 무엇인가? 운(運)은 후천적인 것이고, 명(命)은 선천적인 것이다. 인간의 생년월일시, 즉 사주팔자는 선천적으로 태어날 때부터 정해진 것으로서 어느 누구도 바꿀 수가 없다. 그러나 이미 정해진 운명 중에서 이름은 유일하게 바꿀 수 있는 부분이다.

이것이 바로 후천 운(運)이다. 인간은 태어남과 동시에 별자리, 혈액형, 사주팔자가 결정된다.

그러므로 운명을 바꾸려는 사람에게는 유일하게 이름을 바꿀 수 있는 기회만이 남게 된다.

이 기회를 잘 활용한다면 선천 운이 길한 사람에게는 금상첨화일수 있고, 선천 운이 흉한 사람에게는 운명을 바꿀 수 있는 계기가 될 수 있다. 이름을 잘 지으면 길함을 만나고 흉함을 피할 수 있다. 지구상에는 80억이라는 엄청난 인구가 살고 있다. 그들은 또한 각자 자신만의 이름을 가지고 있다. 그러나 그 모두가 다 좋은 이름이라고는 할 수 없다.

이름은 단지 그 사람을 부르기(나타내는) 위한 일종의 부호라고 할 수 있는데 '좋은 이름, 나쁜 이름이 따로 있을 수 있는가'라고 생각하는 사람도 분명 있을 것이다.

그러나 이름은 그 사람의 일생에 큰 영향을 미친다고 필자는 생각한다.

그렇다면 과연 어떤 이름이 좋은 이름인가?

즉 읽기에 까다롭지 않고 음(音)이 아름다우며 글자를 썼을 때 필획이 고르고 맵시가 있으면 좋다. 또한 그 속에 담긴 뜻이 깊고(나쁜 뜻이 연상되지 않는), 반짝이는 이름이 이상적이다.

이런 이름은 자신뿐 아니라 주변 사람들에게도 호감을 주어 아이가 자라 성인이 되고 노년이 된 뒤에도 평생토록 영향을 미치게 된다.

본 서에는 우리나라뿐만 아니라 주변국들의 예가 적지 않게 수록되어 있다. 각 나라에서 쓰이는 이름 짓는 방법을 참고한다면 매우 유익한 자료가 될 수 있을 것이다.

저자 **이 성 천**

갓 태어난 새 생명을 바라보며, 아이의 부모는 많은 생각에 잠긴다.
이 아이 우주 어느 별에서 왔을까? 어떤 인연으로 나의 몸을 빌어 태어났을까?
나와 전생에 어떤 인연이었을까? 하염없이 사랑스런 눈빛으로 아이들 바라보다. 혹, 아이가 자라며 나쁜 일을 당하지 않을까, 아프지는 말아야 하는데 온갖 걱정으로, 오직 아이의 건강과 행복만 생각하게 된다. 한편으로는 아기는 자라서 무엇이 될까? 의료인, 법조인, 정치가, 과학자 …………기대를 하게 된다. 이런 부모, 조부(祖父)의 마음이 아이이름을 직접 작명하게 만든다.
그러나 명문 대학을 졸업하였다고, 어릴적부터 서당에서 한자공부를 하였다고 하여 작명을 할 수 있는 것은 아니다. 이름에 아무리 좋은 뜻을 담아 아이의 장래를 기원하였다고 하여도 음양오행(陰陽五行)의 이치가 맞지 않으면 오히려 독(毒)이 되는 수가 있다. 이런 경우 아이가 어른이 되어 사회생활을 하다 보면, 일이 뜻 데로 풀리지 않고, 결혼도 늦고, 꼬이는 인생을 살수 밖에 없다.
그래도 늦었지만 순리에 맞는 인생을 살기 위해 개명(改名)을 한다면 남은 인생은 길(吉)하게 풀리지 않을까? 그렇다고 개명(改名)또한 함부로 할 것이 아니다. 본인의 사주를 통해 인생전반을 잘 관찰한 다음, 꼭 필요한 오행(五行)을 첨삭하여 줌으로 바른 여생(餘生)을 인도해 줄 수 있다.
본서에서는 작명을 위한 기초이론과 작명실무이론을 4단계로 나누어 음오행(音五行), 자오행(字五行), 수리오행(數理五行), 사주오행(四柱五行)으로 설명하고, 작명실전에서는 그 예와 고대 중국작명 비결이 한국에서는 어떻게 적용되어 사용되고 있는가를 자세히 설명하고 있다.
국내에 많은 작명 책이 있지만 기초이론과 작명이론을 고대문헌과 사례 통해 정확하고 자세히 소개한 이론서는 보지 못했다. 본서는 역학을 공부하는 학생이라면, 반듯이 소장해 첫 장부터 탐독해야만 할 필독서이다.

저자 김민철

목 차

1장

기초 이론편

라. 권계(勸戒)의 뜻을 담아

마. 보완의 뜻

바. 개인의 특징을 살려

〈이름 지을 때 주의 할 점〉

가. 윗사람과 같은 이름을 쓰면 안 된다.

나. 저명한 사람과 같은 이름은 삼가 한다.

다. 부정적인 뜻을 가진 글자는 삼가 한다.

라. 오물이나 질병과 관련된 글자는 삼가 한다.

마. 가축이나 해충과 관련된 글자는 삼가 한다.

바. 가구나 집물과 관련된 글자는 삼가 한다.

사. 불량하거나 악인과 관련된 글자는 삼가 한다

〈어울리지 않는 이름을 피하는 방법〉

가. 남자는 남자다운 이름을 써야 한다.

나. 여자는 여자다운 이름을 써야 한다.

다.어린아이 같은 이름은 좋지 않다.

라. 생소한 한자(漢子)는 쓰지 말아야 한다.

마. 우아하지 못한 글자는 피한다.

바. 속된 말과 많이 쓰이는 이름은 피한다.

사. 글자쓰기 습관도 고려한다.

아. 외국이름은 좋지 않다.

자. 이름의 뜻에 주의를 기울여야 한다.

차. 우리말을 다듬어서 이름을 지어야 한다.

카. 글씨모양에도 주의해야 한다.

타. 이름의 음절미(音節美)도 고려해야 한다.

2장

작명실무 이론 I - 음오행(音五行)에 의한 작명법

작명실무 이론 II - 수리론(數理論)에 의한 작명법

작명실무 이론 Ⅲ – 자오행(字五行)에 의한 작명법

작명실무 이론 Ⅳ – 사주오행(四柱五行)에 의한 작명법

목 차

1장

기초 이론편

1. 이름이 운명을 결정한다?

가. 이름이 인생에 미치는 영향

이름은 그 사람을 나타내는 하나의 부호에 불과한 것으로서, 인간의 운명을 지배하는 능력은 없다. 하지만 그 이름에 대한 주위 사람들의 감정에 의해 앞날에 영향을 미치게 된다.

소전재(肖全才)라는 총명하고 재능 있는 청년이 있었지만 그의 이름이 소전재(消錢財, 돈과 재산을 소실한다)와 음이 비슷하여 어느 상점에서도 그를 직원으로 채용하지 않았다.

위의 예는 이름의 음이 같거나 비슷하기 때문에 그 사람의 앞날에 영향을 미친 것이다.

또 어떤 사람들은 생소하고 보기 드문 글자로 이름을 짓기도 한다

즉 여러 사람들 앞에서 '글자를 제대로 읽지 못한다거나 지식 수준이 낮다'라는 비웃음을 당하기 싫었기 때문이었다. 그러나 선거에 출마한 후보가 선거 때 생소하고 읽기 어려운 이름은 냉대를 받기 쉽다. 투표장에서 투표를 마치고 나가던 한 사람은 이렇게 말했다.

"친근하고 익숙한 이름에 찬성 투표를 했고 생소하고 까다로운 이름은 거들떠보지도 않았습니다!"

이처럼 이름을 지을 때는 까다롭고 생소한 글자는 되도록 쓰지 않는 것이 좋다.

왜냐하면 사람들에게 반감을 주기 때문이다. 물론 예외인 경우도 있지만 말이다.

필자의 친구 중에 유민(劉旻)이라는 사람이 있다. 하루는 그가 나를 찾아와 이름 때문에 겪은 일을 이야기해 주었다. 유민의 민(旻)자는 잘 쓰이지 않는 글자라네. 그래서 처음 대면하는 사람들에게 한자로 된 명함을 건네면 거의 대부분이 이'민'자를 읽지 못하여 매우 거북스러워한다네. 내게 배달되는 편지나 소포 등에는 유문(劉文), 유안(劉晏), 유만(劉曼) 등으로 적어서 보내오는 우편물도 부지기수라네."

이름이 그 사람의 미래와 관계가 있을까?

앞에서도 언급했듯이 이름 자체는 하나의 단순한 부호로, 인간의 운명을 지배하는 능력을 가지고 있지 않다. 그러므로 이름은 사람의 미래와 직접적인 관계는 없다고 볼 수 있다.

그러나 이름이 사회상 통용되는 부호로서 그 음(字音), 형태(字形), 뜻(字義)에 따라 연상작용을 일으키며 또 그 이름을 듣는 사람들의 태도에 영향을 미친다. 심지어 그 이름을 가진 자기 자신에게도 영향을 미치게 된다. 그러므로 이름이 한 사람의 앞날과 전혀 무관하다고도 말할 수 없다.

●

나. 다명(多名)과 동명(同名)으로 인한 혼동

한 사람이 다명(多名: 여러 개의 이름)이라면 타인에게 부담을 줄 뿐만 아니라 의미와 가치가 없는 일이다.

필자가 대학에 입학하기 전, 당시 역사에 대한 나의 지식은 형편없었다.

한번은 거리를 걷다가 한 기념비 비문에'손일선(孫逸仙) 박사……'라고 씌어 있는 것을 발견했다. 친구가 '손일선'에 대해 묻기에 '아마도 과학자가 아닐까'라고 얼버무렸다.

며칠 후 다시 공원에 갈 일이 있었는데 그곳에는 손문(孫文)이라는 이름이 크게 새겨져 있었다. 친구가 다시 '손문'이 누구인지 묻기에 손문은 아마 손중산(孫中山)의 아들이라고 대꾸했다.

몇 년이 지난 후에야 비로소 손일선과 손문, 손중산이 모두 동일 인물이라는 것을 알았다.

이와 비슷한 또 한가지 예를 들어보자.

주수인(周樹人)이 누구인지 아는 사람은 분명 드물 것이다. '주수인', 이는 노신(魯迅)의 본명이다.

그러나 이러한 사실은 소수의 사람들만이 알고 있을 것이다.

이처럼 한 사람이 여러 개의 이름을 사용하는 현상은 예전에는 매우 보편적인 일이었다.

즉 유명(乳名), 보명(譜名), 학명(學名), 표자(表字) 등을 가지고 있었던 것이다.

그러나 현대에는 이처럼 여러 개의 이름을 사용할 필요가 없다.

물론 어떤 특수한 상황에서는 다명(多名)이 편리할 때도 있다.

비밀업무를 수행하는 첩보원이나 다른 사람의 눈에 띄지 않게 할 목적이라면…….

『손문(孫文)』

손문(孫文), 중국어 정체: 孫文, 간체: 孙文, 병음: Sūn Wén 쑨원, 1866년 11월 12일 ~ 1925년 3월 12일 외과 의사이자 정치가이며 혁명가, 사상가, 중국 국민당(中國國民黨) 창시자이다.

호(號)는 일선(중국어: 逸仙, 병음: Yìxiān 이시엔[*], 광둥어: Yat-sen 얏센), 본자(本字)는 덕명(중국어: 德明, 병음: Démíng 더밍), 별명은 중산(중국어: 中山)

『노신(魯迅』

본명은 저우수런(주수인 : 周樹人)으로 루쉰이란 이름은 필명이다. 1881년에 태어나 원래 의학을 공부했던 그는 일본의 침략 행위에 분개하지 않는 중국의 정신을 개혁해야 한다는 생각에, 의학도의 길을 포기하고 글을 쓰기 시작했다. 첫 작품 〈광인일기〉 이후 〈아큐정전(阿Q正傳)〉, 〈고향〉, 〈야초(野草)〉 등의 대표작이 있다.

『제백석(齊白石)』

본명 황(璜) 이명 자 위청(渭靑), 호 백석(白石), 별호 노민(老民), 별호 목장(木匠) 1863.11.22 년 중국 혼남성 상당현 출생 독학으로 그림을 배워다. 간결하고 힘찬 붓을 휘둘러 초화(草花), 벌레, 새우 따위를 애정과 유머가 넘치는 화풍으로 많이 그렸다. 북경 미술전문학교 교수 역임, 혁명 후에는 중국 미술가협회 주석이 되어 인민 예술가의 호칭을 받았다. 1957.9.16북경에서 사망. 저서『백석시초』8권이 있다.

다. 이름으로 인한 오해

중국 국화계(國畵界)의 거장 제백석(齊白石)이 30여세 때, 고향 상담현(湘潭縣)에서 인물화를 그려 그 이름을 모르는 사람이 없었다. 그가 그린 궁녀 미인도는 보는 사람마다 칭송을 아끼지 않았고 그 뛰어난 솜씨에 놀란 사람들은 그를 제미인(齊美人)이라 불렀다.

다른 현의 한 현관이 상담현에 '제미인'이라는 사람이 인물화를 매우 잘 그린다는 소문을 들었다. 현관은 '제미인'이라는 이름처럼 상당한 미인이리라 짐작하고는 그녀를 꽃 가마로 모셔다가 자신의 초상화를 그려달라고 부탁하기로 했다.

마침내 약속한 날에 '제미인'이 도착했다는 기별이 왔다. 그런데 꽃 가마에서 내린 것은 까맣고 삐쩍 마른 사내였다. 현관은 기가 막혀 말이 나오지 않았다.

실로 웃지도 울지도 못할 어이없는 일이다.

이름으로 인한 오해는 이처럼 남자를 여자로 착각하거나 여자를 남자로 착각하는 사례만 있는 것이 아니다.

한번은 친구가 필자에게 고대위(高大偉)라는 사람을 소개했는데, 만나기 전에는 덩치가 크고 매우 우람한 사람일 것이라고 상상했었는데 실제로 만나고 보니 여위고 키도 작은 사람이었다.

이문정(李文靜)이라는 여자가 있었다. 만나기 전에는 누구나 그녀를 아주 얌전하고 착할 것으로 상상한다. 그러나 그녀는 화를 잘 내고 아무에게나 고래고래 욕을 퍼붓는 몰상식한 여자였다.

이처럼 상대방을 만나기 전에는 종종 그에 대해 상상을 하게 되는데 이때 그 사람의 이름은 상상의 근거가 된다. 즉 사람의 이름은 다른 사람에게 곧잘 그 사람을 상상하도록 만드는 것이다.

여성스러운 이름은 타인에게 여자를 상상케 하고 또 이름이 남성적일 때는 남자를 상상하게 한다.

철남(鐵男), 철주(鐵柱), 대위(大偉)라는 이름은 건장한 남성을 상상케 하고, 영숙(英淑), 정옥(貞玉), 미연이라는 이름은 얌전하고 예쁜 여성을 상상케 한다.

다. 이름의 유형

- 강건(康健), 견실(堅實), 광대(廣大)한 느낌을 주는 글자
  강(强), 강(剛), 견(堅), 광(廣), 기(基), 대(大), 산(山), 석(石), 실(實), 용(勇), 위(偉), 철(鐵) 등

- 진취, 분발, 분진(奮進)하는 느낌을 주는 글자
  개(開), 발(發), 분(奮), 생(生), 양(揚), 쟁(爭), 진(振), 진(進) 등

- 열렬하고 밝고 따사로운 느낌을 주는 글자
  광(光), 란(爛), 량(亮), 명(明), 양(陽), 열(列), 염(炎), 온(溫), 일(日), 조(照), 찬(燦), 홍(紅), 희(憙) 등

- 차갑고 고요하고 냉정한 느낌을 주는 글자
  냉(冷), 녕(寧), 동(冬), 빙(氷), 설(雪), 옥(玉), 월(月), 유(幽), 정(靜), 청(淸), 한(寒), 회(晦) 등

- 실리적이고 세리(勢利)적이며 세속적인 느낌을 주는 글자
  강(康), 공(功), 귀(貴), 녹(祿), 리(利), 만(滿), 복(福), 부(富), 수(壽), 영(盈), 재(財), 족(足), 풍(豊) 등

- 아담하고 말쑥하며 속되지 않은 느낌을 주는 글자
  결(潔), 란(蘭), 로(露), 매(梅), 미(薇), 산(珊), 수(修), 아(雅), 정(晶), 죽(竹), 학(鶴) 등

- 문인, 학자 등 교양 있고 예절 바른 느낌을 주는 글자
  겸(謙), 경(敬), 공(恭), 내(乃), 문(文), 사(思), 사(士), 서(書), 시(詩), 역(亦), 예(禮), 지(知), 지(之), 현(賢) 등

- 어여쁜 여인을 연상시키는 글자
  미(美), 애(愛), 여(麗), 영(英), 향(香), 화(花) 등

- 정직하고 엄숙하며 성실한 인물을 연상시키는 글자
  근(謹), 방(方), 성(誠), 수(守), 숙(肅), 신(愼), 엄(嚴), 인(忍), 장(莊), 정(正), 중(中) 등

- 정녀(貞女), 인인(仁人) 등을 연상시키는 글자
  덕(德), 숙(淑), 원(媛), 인(仁), 의(義), 정(貞) 등

2. 아무 글자나 이름에 쓰지 마라

이름 짓기 원칙

가. 이름은 단일해야 한다

'단일해야 한다'는 것은 한 사람의 이름이 단 하나여야 한다는 뜻이다. 즉 여러 명이 똑같은 하나의 이름을 쓴다거나 한 사람이 여러 개의 이름을 사용하는 것은 좋지 않다.

이름은 그 사람을 나타내는 일종의 부호로서 단일하고 배타적이어야 하며, 그 하나의 부호가 오직 한 사람에게만 독점되어야 한다.

만약 한 사람이 여러 개의 이름을 사용하거나 하나의 이름을 여러 사람이 공유한다면 혼란이 생길 수 있다.

한 사람이 세 개의 이름(장학철, 장광민, 장병욱)을 사용한다고 하자.

그와 안면이 없는 사람이라면 이 각각의 이름을 듣고 분명히 서로 다른 사람들이라고 생각할 것이다.

또한 여러 사람이 똑같은 이름을 사용할 경우에도 역시 혼란이 생기기 쉽다

한 지방 경찰서에서 '김광호'라는 범인을 체포하기 위해 그가 머물고 있는 마을로 형사들을 급파하였다.

그런데 그 동네에는 김광호라는 이름을 쓰는 사람이 무려 일곱 명이나 되었다. 형사들은 두 명의 김광호를 체포하였으나 그들은 모두 진범이 아니었다.

나. 이름은 간단해야 한다

이름은 간단하고 사용하기에 편리해야 한다. 어린아이의 이름을 지을 때는

첫째, 간단하여 쓰기에도 편리해야 한다.

둘째, 읽기에도 편리해야 한다.

쓰기 편리하다는 것은 어린아이 자신이 쓰기 쉽고 또 남들도 쓰기 쉽다는 두 가지 뜻을 포함한다. 어린아이가 처음으로 글을 배워 글자를 쓰기 시작할 때는 자기 이름부터 익히기 마련인데 이때 이름이 간단하면 쓰기도 쉽고 기억에도 오래 남게 된다.

반대로 복잡하고 기억하기 어려운 이름은 흥미를 잃을 뿐만 아니라 쉽게 낙담하게 된다.

아이가 성인으로 자라서 사회에 진출한 뒤에도 역시 마찬가지이다. 쓰기 쉽고 읽기 편한 이름은 그에게 좋은 기회를 많이 가져다 줄 수도 있지만 반대로 복잡하고· 어려운 이름은 오히려 좋은 기회를 빼앗아 갈 수도 있다.

황혜희(黃慧姬)라는 이름이 있다. 이 이름은 한글로든 한자로든 그리 간단하지 않다.

이처럼 획수가 많은 이름은 그 누구에게도 환영 받지 못한다.

인간 관계에 있어서 이름은 단번에 기억에 남고 또 쓰기도 쉬워야 한다.

어렵고 복잡한 이름은 사람들의 관심은커녕 냉대를 받기 쉽다.

다. 이름에는 뜻이 있어야 한다

이름에는 뜻이 있어야 한다. 그 뜻은 깊고 명쾌할수록 좋다. 고전 작품에 나오는 이름을 예로 들어 보자.

예쁜이(어여쁜 처녀), 놀부(욕심 많고 형제간에 우애도 없는사람), 얼마나 명쾌한가?

춘향(春香: 백화가 만발하는 봄날처럼 활력이 넘치고 그 인품은 어여쁜 꽃송이처럼 향기롭다) 그야말로 뜻도 좋고 이름도 향기롭다.

가령 우리가 외국 사람처럼 도스토에프스키나 이베레떼, 리오데자네이로등 뜻도 잘 모르는 이름을 짓는다면 결코 환영을 받지 못할 것이다.

정학송(鄭鶴松)이라는 이름을 풀이해 보면, 높은 산 우뚝 솟은 바위에 자란 노송(老松) 위에 백학이 앉아 있네!

문관하(文寬河), 바다를 향해 흐르는 큰 강같이 광활한 선비의 품성이 얼마나 뜻도 깊고 친절한 이름인가!

뜻이 좋은 이름은 사람들에게 깊은 인상을 주지만 무슨 의미인지 알 수 없는 이름은 하찮고 희미한 느낌을 줄 뿐이다.

미국의 한 학자가 실험을 하였다.

남자 대학생들에게 서른 장의 여자 사진을 주면서 평가를 내리게 하였다.

그 다음 그녀들의 이름을 밝히고 다시 재평가하도록 요청하였더니 뜻이 깊고 명쾌한 이름을 가진 여성들은 훨씬 높은 점수를 얻었다. 그러나 처음에 좋은 점수를 받은 여성들 중에서 이름이 그다지 좋지 않은 여성들은 오히려 점수가 떨어지는 결과가 나타났다는 것이다.

여기에서 우리는 이름의 중요성을 엿볼 수 있다.

우리가 외국인의 이름을 잘 기억하지 못하는 것도 이름의 뜻이 중요함을 간접적으로 증명해 주는 것이다.

이름 짓는 방법

가. 기념하여

(1) 출생 시간을 기념한다

오랫동안 매우 보편적으로 사용되었던 방법이다.

예를 들면 윤(閏)달에 출생하였다고 박윤생(朴閏生), 인시(寅時)에 태어났다고 조인생(趙寅生) 가을에 출생하였다고 유추생(柳秋生)이라고 짓는 것이다.

옛날에는 일년(12개월)을 네 계절(3개월씩)로 나눈 다음, 매 계절 석 달을 다시 맹(孟), 중(仲), 계(季)로 나누었다.

예를 들면 봄 3개월 중 정월을 맹춘(孟春), 2월을 중춘(仲春), 3월을 계춘(季春)이라 구분했다.

즉 출생 시간을 기념하여 맹춘(孟春), 중하(仲夏), 계추(季秋) 등으로 이름을 짓는 예도 많았다.

출생 시간을 비교적 함축성 있게 기념한 예도 있다.

즉 여자아이가 겨울에 출생했다고 동매(冬梅), 새벽에 낳았다고 효단(曉旦), 가을에 낳았다고 추국(秋菊), 대추나무 꽃이 필 때 출생하였다고 조화(棗花)라 짓 기도했다.

또 남자아이가 아침에 태어났다고 효명(曉明), 건국 기념일에 출생하였다고 '경일(慶日)' 등으로 짓는 경우도 있었다.

(2) 출생지를 기념하여

이 역시 많이 사용되었던 방법이다.

인천(仁川)에서 출생했다고 천생(川生), 제주도(濟州道)에서 낳았다고 제주(濟州), 길에서 출생했다고 노생(路生), 금강산(金剛山)에서 탄생했다고 금강(金剛)이라 짓곤 했다.

왕한생(王韓生)은 한국에서 출생한 중국 왕(王)씨의 이름이다. 또 김경생(金京生)은 중국 북경에서 태어난 한국 소년의 이름이다.

(3) 원적을 기념하여

송충남(宋忠南)은 아버지의 본적이 충청남도(忠淸南道)이므로 이름을 이같이 지었으며, 이충경(李忠慶)은 아버지의 본적은 충청도이고 어머니의 본적은 경상도이므로 이렇게 지은 것이다. 왕로(王魯)는 본적이 산동[山東: 약칭은 노(魯)]이기 때문에 이름을 이렇게 지었다.

(4) 사람이나 사건을 기념하여

남편 김학송(金鶴松)과 아내 윤영춘(尹英春)은 1남 1녀의 자식을 두었다. 그 아들의 이름을 김윤송(金尹松), 딸의 이름을 김윤춘(金尹春)이라 지었는데 부모의 성(姓)과 이름 중에서 각각 한 글자씩 따온 것이다. 어떤 가정에서는 아버지의 성씨가 봉(鳳), 어머니는 임(林)씨인데 딸의 이름을 봉애림(鳳愛林)이라 지었다. 애정이 넘치고 시(詩)적 의미가 흠뻑 담긴 이름이다.

이와 반대로 부친이나 모친 한 사람만을 기념하여 지은 이름도 있다.

즉 부친이 홍주(弘宙)라는 이름일 경우 아들은 학주(學宙)라 짓고 모친이 옥영(玉詠)이니 딸을 영매(詠梅)'라 지은 예도 있다.

또 조부모 이름 중의 어느 한 글자를 이용하여 이름을 짓기도 한다.

할아버지의 이름이 회인(懷仁) 이기에 손자는 인손(仁孫), 할머니의 이름이 순애(順愛)이므로 손녀는 애옥(愛玉)이라 지은 가정도 있다.

(5) 출생 당시의 사건을 기념하여

'2000년 추석특집 가요무대'에서' 반갑습니다를 부른 '통일소녀'는 조국통일을 간절히 염원하는 특별한 역사적 시간에 나타난 미명(美名)이다. 이경일(李慶日)', 태어난 날이 바로 건국 기념일이다.

담래희(譚來稀) 태어난 날이 바로 할아버지의 70세 생일, 즉인생칠십고래희(人生七十古來稀)라는 고어(古語)에서 따온 이름이다.

당(唐)나라의 위대한 시인'이백(李白)'은 그의 어머니가 꿈에 태백성(太白星)을 보았다고 이름을 백(白), 자(字)는 태백(太白)이라 지었다고 한다.

나. 쌍둥이 이름 짓기

쌍둥이는 생김새와 성격이 매우 비슷하고 동성(同性)인 경우가 많다. 그러므로 쌍둥이의 특징을 잘 표현하는 이름이 좋다. 가장 일반적인 방법은 두 아이의 이름이 서로 밀접하게 연계되도록 짓는 것이다.

예를 들면 언니를' 금수(錦繡)'라 짓는다면 동생은 강산(江山)이 적합하다.

중국에서 어떤 쌍둥이 형제 중 형을 이유묘(李維妙), 동생을 이유초(李維肖)라 지었는데 이는 한자성 유묘유초(維妙維肖) 에서 따온 것이다. 유묘유초는 '묘하게도 닮았다'는 뜻이다.

이 이름은 쌍둥이의 생김새를 적절하게 그려냈을 뿐만 아니라 다른 사람들은 도저히 분간하기 힘든 쌍둥이의 특징을 잘 나타내므로 매우 잘 지은 이름이다.

이와 유사한 예로써 이대쌍(李大雙)과 이소쌍(李小雙), 김명월(金明月)과 김월명(金月明) 등이 있다.

다. 희망을 나타내는 이름

(1) 부유에 대한 희망

허부자(許富子) 딸이 부자가 되어 평생 잘 살기를 바라는 부모님의 마음, 황금산(黃金山) 금을 산더미처럼 모아서 행복하게 잘 살아라.

왕발재(王發財) 여기에서 발재는 '돈을 번다'는 의미이므로 돈을 벌어 큰 부자가 되라는 기대를 나타낸다.

고만유(高萬有) 큰 부자가 되어 부귀영화를 누리기를 바라는 마음이 나타나 있다.

조영부(趙永富) 영원토록 부자가 되어라. 위의 이름들은 부(富)에 대한 부모의 기대가 그대로 담겨 있다.

(2) 고귀함에 대한 희망

지난날 우리 조상들은 아무런 권세도 지위도 없어 천대와 가난 속에서 살아왔기 때문에 자식들만은 잘 입고 잘 사는 귀한 사람이 되기를 몹시 고대했다. 그리하여 이름에도 고귀함에 대한 염원이 담겨 있는 경우가 많았다.

한귀녀(韓貴女) 반드시 귀한 사람이 되어 행복하게 살아다오. 이준흠(李俊欽) 암행어사 같은 큰 벼슬을 해라. 김국동(金國棟) 나라의 기둥이 되어 국민이 존경하는 존귀한 인물이 되어 다오.

중국에서는 점술가가 점을 쳐 아들이 거두(巨頭)로 될 가망이 없다고 하면, 그 아버지는 아들 대신 손자에게 기대를 건다고 한다. 그리하여 아들의 이름을 자귀(子貴), 자경(子卿)'이라고 짓는 경우가 많다. 즉 손자에게 귀인(貴人)이 되라, 경(卿) 벼슬을 해라라는 의미이다.

(3) 건강과 장수를 희망하며

김장수(金長壽), 오수산(吳壽山), 강수남(姜壽南)이라는 이름은 남산이 장구한 것처럼 오래오래 장수하라는 의미이다. 최철수(催鐵壽), 강영건(康永健)은 영원히 강철처럼 건강하게 장수하라는 의미가 담겨 있다.

(4) 학식이나 공명(功名)에서 성공하기를 희망하며

옛날에는 오직 과거시험에 급제해야만 벼슬과 공명이 생기고 상류사회로 진출할 수가 있었다. 그리하여 부모는 자식이 공부를 잘 해서 벼슬길로 나가길 바랐다.

장영학(張永學), 김문원(金文元)이라는 이름에는 글을 잘 배워서 급제하라는 바람이 담겨 있다. 김지혜(金智慧), 유문걸(劉文杰), 장문학(張文學)이라는 이름에는 부모의 이런 기대가 역력히 드러난다.

오늘날에도 가족의 명예를 소중히 하는 부모들은 자식이 학문에서 성취하기를 갈망하며 이름에 문(文), 민(敏), 박(博), 식(識), 재(才), 지(智), 지(知), 학(學), 혜(慧) 등의 글자를 많이 쓴다.

(5) 고상한 품행을 희망하며

우리는 윤리와 도덕을 숭상하는 민족이다. 이런 미덕은 자녀의 이름에도 잘 나타난다. 남자아이의 이름에는 덕(德), 예(禮), 인(仁), 충(忠), 현(賢), 효(孝) 등의 글자를 자주 사용한다.

예를 들면 강효준(康孝俊), 김인길(金仁吉), 김정덕(金正德), 이경현(李慶賢), 장학례(張學禮) 등이다.

여자아이의 이름에 잘 쓰이는 글자는 결(潔), 숙(淑), 순(順), 옥(玉), 정(貞), 정(靜), 혜(惠) 등이 있다.

예를 들면 김숙자(金淑子), 백옥결(白玉潔), 윤정녀(尹靜女), 이정옥(李貞玉), 임혜영(林惠英) 등이 있다. 이밖에도 유길선(柳吉善), 이성옥(李成玉), 이순희(李順姬), 최련숙(催蓮淑), 허창순(許昌順) 등도 이에 속한다.

(6) 미남과 미녀가 되기를 희망하며

여성의 이름에서 흔히 볼 수 있다. 즉 교(嬌), 매(梅), 미(媚), 미(美), 분(粉), 선(仙), 수(秀), 애(愛), 여(麗), 련(蓮), 옥(玉), 연(妍), 향(香), 화(花) 등 이다.

예를 들면 강선옥(姜善玉), 김미연(金美蓮), 김현미(金賢美), 서미화(徐美花), 선우향란(鮮于香蘭), 안분녀(安粉女), 안여옥(安麗玉), 유산옥(柳山玉), 이설매(李雪梅), 이순애(李順愛), 이연화(李連花), 이영매(李詠梅), 이옥선(李玉仙) 등이 있다.

남자는 강기(剛氣)와 양기(陽氣)가 있는 것을 미덕으로 여기므로 이름에 강건하고 광대한 기백을 보여주는 글자를 많이 쓴다.

즉 강(鋼), 강(剛), 강(强), 강(江), 견(堅), 광(廣), 광(光), 당(堂), 대(大), 맹(猛), 명(明), 산(山), 석(石), 성(城), 악(岳), 양(洋), 양(陽), 용(勇), 웅(雄), 위(偉), 일(日), 장(壯), 장(長), 천(天), 천(川), 철(鐵), 택(澤), 하(河), 해(海), 호(虎), 호(湖), 휘(輝) 등이다.

예를 들면 김광일(金廣日), 김대석(金大石), 김대중(金大中), 김용(金勇), 박천일(朴天日) 이기호(李基虎), 이대근(李大根) 등이 이에 속한다.

(7) 평안을 희망하며

부귀(富貴)도 영화도 다 싫고 오직 평안과 무사하기만을 바라는 사람도 있을 것이다.

이러한 의미로 쓰이는 이름자로는 고(固), 녕(寧), 안(安), 일(逸), 전(全), 정(定), 평(平) 등이 있다. 즉 소안녕(蘇安寧), 손일평(孫一平), 장학일(張學逸)이라는 이름이 이에 속한다.

(8) 자손이 번창하기를 기대하며

이에 속하는 이름으로는 권초제(權招弟), 박련생(朴連生), 이자성(李子盛), 정자만(鄭子滿) 등이 있다.

(9) 자유를 희망하며

마음이 담담하고 욕심이 없는 부모는 자식이 어떠한 제한과 속박도 없는 자유로운 삶을 살 수 있기를 바란다. 그러한 갈망은 그 자식들의 이름에 잘나타나 있다.

예를 들면 안락천(安樂天)이나 송아행(宋我行), 임극락(林極樂), 정유락(鄭遊樂) 등이다.

(10) 부귀와 길상(吉祥)을 희망하며

옛사람들은 벼슬길에 오르고 부자가 되는 것을 최고로 여겼다. 이외에도 결혼이나 자손이 태어나는 것, 평안, 건강 등을 모두 행복으로 여기곤 했다.

그리하여 이름에 경(慶), 길(吉), 복(福), 축(祝), 하(賀), 희(喜) 등의 글자를 많이 사용했다.

김용길(金龍吉), 김희순(金喜順), 이경현(李慶賢), 이성복(李成福) 등을 그 예로 들 수 있다.

(11) 부귀와 공명을 희망하며

귀(貴), 공(功), 명(名), 부(富) 등의 이름자가 이에 모두 포함된다. 이름으로는 권고승(權高昇), 김건업(金建業), 서대발(徐大發), 한대명(韓大名) 등이 있다. 물론 많은 이름이 부귀와 공명, 이 두 가지 소원을 동시에 나타내기도 한다.

예를 들면 허복순(許福順), 이 이름은 복도 바라면서 아울러 일생이 순조롭기를 기대하는 것이다.

이문걸(李文傑), 문학인 겸 걸출한 인물이 되기를 기대하는 마음으로 지어진 이름이다.

김정숙(金貞淑), 정녀(貞女)이면서 숙녀(淑女)가 되기를 바라고 있다.

라. 권계(勸戒)의 뜻을 담아

권계란 진취와 성과를 기대하는 것이 아니라 과실(過失)만 피하면 된다는 소박한 염원이 담겨 있으므로 다만 격려를 나타낼 따름이다.

여근신(呂謹愼) 엄격하게 삼가야 한다.

이근학(李勤學) 오직 근면하게 배워라.

정숙려(鄭熟慮) 모든 일에 심사 숙고하여라.

박재학(朴再學) 배우고 배우고 또 배워라.

주신사(周愼思) 주도면밀하고 신중히 사고하여라. 등이 있다.

마. 보완하는 뜻

조상님들은 사주를 믿었기 때문에 아이의 이름을 지을 때 아이의 운세를 보았다. 역술인이' 아이 명(命)에 수(水)가 부족하다'고 지적하면 오행(五行) 중 수(水)를 보완하는 방법을 취했다.

이때 가장 널리 쓰이던 한 가지 방법은 태어난 연월일시에 오행[금(金), 목(木),수(水), 화(火), 토(土)]중 부족한 부분을 보충하는 것이다. 예를 들면 본인 사주에

목(木)이 결핍되어 있다면 이름을 지을 때 목(木)자가 들어 있는 글자를 넣으면 된다. 즉 류(柳), 빈(彬), 송(松), 임(林), 촌(村) 등의 글자를 이름에 넣는 것이다.

화(火)가 결핍되어 있다면 화(火)자가 들어 있는 글자를 포함시켜야 한다. 즉 배(焙), 염(炎), 찬(燦), 황(煌) 등이 이에 속한다.

토(土)가 부족할 때는 토(土)자가 들어 있는 글자를 넣으면 된다. 즉 가(佳), 견(堅), 계(桂), 기(基), 당(堂), 두(杜), 배(培), 성(城) 등이다.

금(金)이 부족하면 금(金)자가 들어 있는 글자를 넣는다. 즉 감(鑒), 강(鋼), 금(金), 동(銅), 봉(鋒), 석(錫), 은(銀), 진(鎭), 철(鐵) 등의 글자를 넣으면 된다.

수(水)가 부족하면 수(水)나 우(雨) 등의 글자를 넣는다. 즉 강(江), 림(霖), 류(流), 설(雪), 상(湘), 유(孺), 청(淸), 하(河), 해(海) 등의 글자를 넣으면 된다.

바. 개인의 특징을 살려

별명이나 예명(藝名) 등에서 볼 수 있다. 이쁜이, 쌍가마, 코흘리개, 주걱턱, 깜둥이, 깍쟁이 등이 모두 그 사람의 생김새와 성격, 생리적 특징 등에 근거하여 지어진 별명들이다.

고대 중국 한성제(漢成帝)의 황후 조비연(趙飛燕)은 몸매가 호리호리하고 춤추는 자태가 제비처럼 가볍다고 비연(飛燕)이라는 미명(美名)을 얻었다.

이름 지을 때 주의 할 점

옛날에는 이름을 지을 때 많은 금기(禁忌)사항이 있었다. 예를 들면 국명(國名)이나 관직명(官職名), 일월(日月), 산천(山川), 가축(家畜), 그릇, 비단, 암질(暗疾) 등을 이름으로 쓰지 못했다.

당시의 말과 글에서 왕이나 높은 벼슬아치의 이름 부르기를 피하던 습관에서 비롯된 것이다. 그러나 현대에 이르러서 이런 습관은 대부분 사라졌다.

가. 윗사람과 같은 이름을 쓰면 안 된다

만약 아버지의 이름이 김찬성(金贊成)이라면 아들의 이름 또한 김찬성이라 지으면 안 된다. 왜냐하면 부자(父子)를 분간할 수 없기 때문이다. 그리고 동일한 글자가 있어도 안 된다.

예컨대 아버지가 유진산(劉振山)인 경우 아들이 유진하(劉振河)이거나 유진국(劉振國)이면 안 된다는 것이다. 동일한 진(振)이라는 글자 때문에 형제인 줄 오해할 수 있다.

물론 이름이 한 글자(외자)일 때는 예외이다. 예를 들어 아버지의 이름이 악비(岳飛)일 때 아들은 악운(岳雲), 아버지의 이름이 김철(金哲)일 때 아들은 김건(金健) 등이 이에 속한다.

이상과 같이 윗사람과 손아래 사람 사이에 성(姓)은 같을 수 있지만 이름은 다르게 지어야 한다.

나. 저명한 사람과 같은 이름은 삼가 한다

저명한 인물과 같은 이름을 쓰지 말아야 한다. 물론 성씨가 다른 경우는 예외이다.

이순신은 우리나라에서 누구나 다 아는 역사상의 명장이다. 그러므로 이씨 집안에서는 '순신' 이라는 이름을 쓰지 말아야 한다. 박씨, 김씨, 홍씨 등 다른 성(姓)은 '순신'이라 지어도 무관하다

안중근 또한 우리민족의 영웅으로써 크게 이름을 떨친 분이다.

안씨 집안에서는 '중근'이라는 동명(同名)을 삼가야 한다. 그러나 최씨, 한씨, 강씨, 조씨 등 다른 성씨들은 문제가 없다

다. 부정적인 뜻을 가진 글자는 삼가 한다

찬양이나 칭찬의 뜻이 포함된 글자로 이름을 짓는 것은 매우 좋다. 예를 들면 강(强), 견(堅), 결(潔), 공(公), 귀(貴), 달(達), 만(滿), 명(明), 미(美), 발(發), 부(富), 선(善), 성(盛), 이(利), 전(全), 정(正), 정(靜), 제(濟), 진(進), 왕(旺) 등은 사용해도 좋다.

그러나 부정적인 의미로 쓰이는 결(缺), 란(亂), 빈(貧), 사(私), 쇠(衰), 악(惡), 암(暗), 약(弱), 왜(歪), 장(臟), 조(阻), 천(賤), 체(滯), 축(丑), 퇴(退), 패(敗), 핍(乏), 해(害) 등은 좋지 않다.

예를 들어 유장선(柳長善)이라는 이름은 좋지만 유장악(柳長惡)은 매우 좋지 않다.

어쩔 수 없이 부정적인 의미의 글자를 사용하여 이름을 지어야만 할 경우 그 앞에 불(不)이나 거(去) 또는 무(無)자를 붙이면 좋다.

즉 권불패(權不敗), 김거빈(金去貧), 안무사(安無私), 왕예비(王乂非) 등을 예로 들 수 있다.

라. 오물이나 질병과 관련된 글자는 삼가 한다

뇨(尿), 담(痰), 병(病), 분(糞), 액(液), 증(症), 질(疾), 창(瘡), 체(涕), 통(痛), 풍(風), 혈(血) 등도 이름으로는 좋지 않다.

그러나 이러한 글자를 반드시 써야 할 경우가 있다. 이때는 반드시 그 글자 앞에 불(不), 거(去), 무(無) 혹은 기(棄) 등을 붙여야 한다. 즉 곽거병(槨去病), 신기질(辛棄疾), 안무병(安無病) 등이 이에 속한다.

마. 가축이나 해충과 관련된 글자는 삼가 한다

계(鷄), 구(狗), 마(馬), 묘(猫), 아(鵝), 압(鴨), 양(羊), 우(牛), 저(猪), 토(兎) 등 가축과 관련된 글자를 이름으로 사용하면 좋지 않다. 예전에는 귀한 아이일수록 개, 돼지에 비유해서 개똥이, 쇠똥이 등의 이름으로 부르곤 했다. 이는 아이의 건강과 요절(夭折)을 막기 위한 하나의 방법이었다. 그러나 이런 이름은 어린아이의 애칭(愛稱)으로 사용하는 것은 괜찮지만 정식 이름으로는 적당하지 않다. 이밖에 도 갈(蝎), 문(蚊), 사(蛇), 서(鼠), 승(蠅), 호(狐) 등 해충을 나타내는 글자도 이름으로 사용하면 역시 좋지 않다. 그러나 맹수(猛獸)는 예외이다.

바. 가구나 집물과 관련된 글자는 삼가 한다

탁(卓), 의(椅), 분(盆), 합(盒), 상(床), 병(瓶), 관(罐), 과(鍋), 표(瓢), 작(勺), 욕(褥), 완(碗), 저(箸) 등 집물을 나타내는 글자도 이름에 사용하면 안 된다.

그러나 문구(文具), 무기 등은 예외이다. 필(筆), 서(書), 검(劍), 극(戟) 등이다.

사. 불량하거나 악인과 관련된 글자는 삼가 한다

기(妓), 도(盜), 도(賭), 섬(殲), 적(賊), 창(娼), 표(剽) 등 인간 쓰레기를 나타내는 글자도 이름으로 사용하면 안 된다. 위에서 살펴본 일곱 가지 규칙을 다시 두 가지로 요약하면 다음과 같다.

첫째, 동명(同名)을 방지해야 한다.

둘째, 악명(惡名)과 비천한 이름을 쓰지 말아야 한다.

어울리지 않는 이름을 피하는 방법

이름을 지을 때 반드시 삼갈 할 규칙들을 앞에서 언급하였다. 그렇다면 이 규칙들만 지키면 과연 좋은 이름을 지을 수 있을까? 그렇지 않다. 왜냐하면 이름 짓기에는 그 이름의 적당함과 부적당함의 또 다른 문제가 있기 때문이다. 적당하지 않은 이름을 피하려면 다음의 몇 가지를 주의하면 된다. 남자는 남자다운 이름을, 여자는 여자다운 이름을 써야 자연스럽다. 건장하고 우람한 청년이 이순애(李順愛)라는 이름을 가졌다면 얼마나 우스꽝스러운 일인가.

또 호리호리하고 얌전한 소녀가 강공웅(康公熊)이라 불린다면 사람들은 두 눈이 휘둥그래질 것이다. 이처럼 남자가 여자 이름을, 여자가 남자이름을 가지고 있다면 오해가 생길 소지가 크고 불쾌한 인상까지도 남길 수 있다. 남자일 경우 강하고 굳센 기백을 나타내는 다음과 같은 글자로 이름을 짓는 것이 좋다.

가. 남자는 남자다운 이름을 써야 한다

(1) 굳건함을 나타내는 글자

강(强), 견(堅), 고(高), 광(廣), 대(大), 랑(朗), 맹(猛), 명(明), 승(勝), 실(實), 심(深), 양(亮), 웅(雄), 원(遠), 위(偉), 홍(洪)

(2) 적극성을 나타내는 글자

건(建), 득(得), 진(進), 달(達), 립(立), 발(發), 비(飛), 성(成), 승(昇), 시(施), 작(作), 진(鎭), 치(治)

(3) 군자의 덕을 나타내는 글자

겸(謙), 공(恭), 덕(德), 리(利), 선(善), 인(仁), 예(禮), 용(勇), 의(義), 이(理), 지(智), 현(賢), 화(和)

(4) 공리(功利)를 나타내는 글자

경(慶), 공(功), 귀(貴), 길(吉), 록(祿), 복(福), 부(富), 업(業), 재(財)

(5) 문(文)과 무(武)에 관련된 글자

갑(甲), 검(劍), 과(科), 군(軍), 모(矛), 무(武), 문(文), 병(兵), 빈(斌), 시(詩), 장(章), 학(學)

(6) 맹수(猛獸) 등 큰 짐승을 나타내는 글자

붕(鵬), 웅(熊), 응(鷹), 표(彪), 호(虎)

(7) 일월(日月), 성진(星辰), 강산(江山), 수림(樹林) 등을 나타내는 글자

강(江), 구(丘), 뢰(雷), 류(流), 림(霖), 림(林), 목(木), 백(柏), 사(沙), 산(山), 삼(森), 석(石), 설(雪), 성(星), 송(松), 암(岩), 야(野), 양(洋), 애(厓), 우(雨), 원(原), 월(月), 일(日), 재(梓), 재(材), 전(田), 죽(竹), 천(川), 천(泉), 택(澤), 풍(風), 하(河), 해(海)

나. 여자는 여자다운 이름을 써야 한다

(1) 부수(部首)가 여(女)자인 글자

교(嬌), 녀(女), 매(妹), 미(媚), 아(娥), 여(如), 연(娟), 연(姸), 오(娛), 완(婉), 요(姚), 자(姿), 현(玄), 희(嬉), 희(姬)

(2) 아름다움을 나타내는 글자

려(麗), 미(美), 방(芳), 분(芬), 수(秀), 염(艶), 찬(燦), 향(香)

(3) 화초를 나타내는 글자

계(桂), 근(芹), 당(棠), 도(桃), 란(蘭), 련(蓮), 리(莉), 매(梅), 모란(牡丹), 묘(苗), 미(薇), 비(菲), 사(莎), 여(茹), 용(蓉), 유(柳), 장(薔), 지(芝), 지(芷), 천(薦), 청(菁), 평(萍), 하(荷), 행(杏), 혜(蕙), 화(花)

(4) 진주나 보물에 관련된 글자

보(寶), 주(珠), 옥(玉), 진(珍), 령(玲), 환(環), 천(釧), 영(瑩), 벽(璧), 금(金), 은(銀)

(5) 색깔과 관련된 글자

담(淡), 대(黛), 등(橙), 람(藍), 록(祿), 백(白), 벽(碧), 소(素), 자(紫), 채(彩), 청(靑), 취(翠), 홍(紅), 흑(黑)

(6) 대자연과 관련된 글자

로(露), 문(雯), 설(雪), 예(霓), 운(雲), 월(月), 하(霞), 홍(虹), 빙(氷), 춘(春), 하(夏), 추(秋), 동(冬)

(7) 새에 관련된 글자

봉(鳳), 연(燕), 안(雁), 앵(鶯), 견(鵑), 란(鸞), 황(凰)

(8) 직물과 관련된 글자

금(錦), 견(絹), 기(綺), 영(纓), 선(線), 군(裙), 상(裳), 사(絲)

(9) 감정과 관련된 글자

념(念), 몽(夢), 애(愛), 이(怡), 희(喜)

(10) 여덕(女德)에 관한 글자

결(潔), 교(巧), 녕(寧), 단(端), 숙(淑), 순(順), 아(雅), 의(儀), 장(莊), 정(貞), 정(靜), 혜(慧)

다. 어린아이 같은 이름은 좋지 않다.

한 가정에 아기가 태어나면 모두 소중히 여기며 귀여워하기 마련이다. 그리하여 부모는 사랑이 넘치는 예명을 지어주기도 한다. 예쁜이, 귀동이, 똘똘이, 복돌이……. 이런 예명을 지어서 부르면 아기들은 더욱 귀엽게 보이는 효과가 있다.

그러나 아이가 성장하여 성인이 된 다음에 이런 이름은 고민거리로 남기도 한다.

어느 누구도 남에게 얏 보이는 것을 좋아하지 않을 것이다. 당신의 이름이 귀동이인데 사람들이 어린아이 부르듯 당신을 부른다면 과연 당신의 기분은 어떻겠는가? 그리고 50, 60여 세가 되어 손자와 손녀까지 생겼는데 마냥 귀동이라고 불린다면 정말 우스꽝스럽지 않겠는가?

그러므로 가장 좋은 방법은 가정에서 부르는 예명과 이름을 따로 짓는 것이 좋다.

라. 생소한 한자(漢字)는 쓰지 말아야 한다

앞에서도 언급했지만 생소한 한자를 쓰면 남들이 읽지도 못하고 이해하기도 힘들어 불이익을 당하기 쉬우며 인간관계까지 서먹하게 된다. 더구나 자신에게 주어진 기회마저 놓쳐버릴 때도 있다.

마. 우아하지 못한 글자는 피한다

어떤 이름은 의미상으로는 그럴듯하게 보이지만 그 글자를 소리 내어 읽어보면 다른 뜻을 연상시켜 좋지 않은 인상을 남기는 경우가 있다.

예를 들면 실제로는 없을 듯한 개자식(盖自識)이나 김치국(金致國), 손병신(孫炳臣), 강아지(姜亞知) 등이 그 예이다.

중국의 사례를 한 번 살펴보자.

료일부(廖一夫)라는 이름은 자칫 요일호(尿一壺: 오줌 한 주전자)처럼 들릴 수 있다. 물론 이런 이름은 사회생활에 매우 불리하게 작용한다. 중국 청나라 때 왕국균(王國均)이라는 사람이 경시(京試)에서 장원을 했지만 이름이 망국군(亡國君)처럼 들리기에 황후가 크게 노하였고, 황후의 한 마디에 그만 벼슬자리에 오르지도 못하고 낙향하게 되었다.

이뿐만 아니라 필배광(畢培光)이라는 상인이 있었는데 배광(賠光: 반드시 전부 물어주고 만다)과 동음이기에 어느 누구도 그와 거래를 하지 않았다.

대만의 저명한 작가 백양(柏楊)의 본래 이름은 곽의동(郭衣洞)이다. 그는 정치활동에도 참여하였고 대학교수로 재직했으며 신문편집과 소설도 썼다.

1986년 그는 사형을 언도 받았다가 후에 유기도형(有期徒刑)으로 바뀌었다. 10년간 옥중에 있을 때 수인(囚人)이 점을 쳐보더니 이런 일을 당한 원인은 순전히 이름을 잘못 지었기 때문이라고 말했다.

곽의동(郭衣洞)이라는 이름은 곽일동(廓一洞)과 비슷하여 즉 몸뚱이에 구멍 하나가 생긴다는 것이므로 사형은 뻔한 일이 아닌가.

그러므로 이름의 동음(同音)이나 비슷한 음(音)을 반드시 주의해야 한다.

바. 속된 말과 많이 쓰이는 이름은 피한다

지나치게 속된 글자는 이름으로 또는 별명으로도 쓰지 말아야 한다. 똥돌이, 개, 돼지, 당나귀, 또는 코흘리개, 외눈박이, 들창코 등은 매우 좋지 않다. 귀(鬼)와 괴(怪) 등의 글자를 이름에 사용해도 안 된다.

이외에도 의미상으로는 매우 좋지만 이미 너무 많이 사용했기 때문에 속된 느낌을 주는 이름도 있다. 즉 금화(金花), 숙자(淑子), 순희(順姬), 정자(貞子), 철수(鐵洙), 해룡(海龍), 학철(學哲) 등.

어느 누구나 존경 받기를 원한다.

그러나 이름이 너무 흔하고 속되다면 홀대 받기 마련이다. 이와 반대로 색다른 이름은 사람들의 주의를 끌게 되어 그에 대한 인기도 놀라가고 매우 특별해지게 된다.

어떤 부모는 이미 널리 쓰이는 이름으로 자식의 이름을 짓지만 이런 이름은 너무 흔해 결국 그 아이의 인생도 평범하게 된다. 매우 보편적인 이름은 사람들의 기억에서 너무도 쉽게 잊혀질 뿐 아니라 어느 모임이나 단체에서도 돋보이지 않으므로 특별한 인상을 남기지 못한다.

사. 글자 쓰기 습관도 고려한다

우리 한국인의 이름은 한글 외에 한자(漢字)로도 쓰게 되어 있다. 이런 현상은 북한이나 일본, 베트남 및 기타 동남아에도 존재한다. 이것은 매우 특이한 문화현상으로 이름을 지을 때도 고려해야만 한다. 다시 말해서 한글로 쓸 때는 별다른 문제가 없지만 일단 한자로 표기할 때는 문제가 발생하는 경우가 있다. 이러한 문제는 세 가지로 살펴볼 수 있다.

첫째, 우선 김상호(金峠岾)라는 이름을 살펴보자.

많은 사람들이 한글로는 김상호라고 올바르게 쓰지만 한자로는 여러 가지가 있을 수 있다. 즉 金尙浩, 金相浩, 혹은 金相鎬로 쓸지도 모르는 일이다.

모든 일에 있어서 가장 기억하기 쉽고 오랫동안 기억에 남는 것은 간결하고 간편한 것이다. 글자도 예외는 아니다. 그리하여 복잡한 한자보다는 간단한 한자를 더 잘 기억하고 순간적으로 가장 간단한 한자를 쓰는 습관이 있는 것이다.

장명욱(張明煜)이라는 이름을 사람들은 보통 張明旭이라고 쓴다. 왜냐하면 욱(旭, 6획)자가 욱(煜, 13획)자보다 간편하기 때문이다. 강남순이라는 이름을 들었을 때 사람들은 보통 여자로 생각하게 된다. 그러나 한자로 姜嵐舜이라고 표기하면 그때서야 비로소 고개를 끄덕이게 된다. 일반적으로 姜南順이라고 생각하여 당연히 여자라고 연상되기 때문이다. 이런 상황에 부딪쳤다면 그것은 이름을 지을 때 사람들의 글자 쓰기 습관을 전혀 고려하지 않은데 원인이 있는 것이다.

둘째, 이름의 앞뒤가 바뀌어 불리는 경우가 있다.

예를 들면 김란옥(金蘭玉)이라는 사람이 있다고 가정해 보자. 이 경우 사람들은 습관적으로 자연스럽게 김옥란(金玉蘭)이라 부르거나 쓰게 된다. 또한 이희순(李姬順)을 이순희(李順姬), 도홍(途弘)을 홍도(弘道), 수광(洙光)을 광수(光洙), 남영(男英)을 영남(英男)으로 뒤바꿔 부르거나 쓰는 것이 보편적인 현상이다. 이 역시 사람들의 습관을 고려하지 못한 탓이다.

셋째, 남녀의 이름을 사용하는데 있어서 생기는 문제이다. 예를 들어 신창순(申昌淳)이라는 여자가 있는데 사람들은 습관적으로 申昌順이라고 쓴다. 淳(순)자는 남자 이름에 잘 쓰이고 順(순)자는 여자 이름에 많이 쓰이기 때문이다. 박춘화(朴春華)라는 여성의 이름을 朴春花로 쓰는 것도 역시 습관에서 비롯된 현상이다. 반대로 김창순(金昌順)이라는 남자가 있었는데 대부분의 사람들은 金昌淳으로 쓰곤 했다. 그리하여 그는 끝내 金昌順을 金昌淳으로 고쳐야 했다. 이처럼 글자 쓰기 습관과 남녀 이름에 대한 습관을 존중하고 충분히 고려해야만 이름 짓기와 그 사용에 있어서 오류가 적게 생긴다.

아. 외국 이름은 좋지 않다

닉슨, 리사, 마리아, 안나, 알렉산드로, 오델로, 존슨, 햄릿처럼 외국 사람들을 지칭하는 듯한 이름을 우리 아이에게 지어준다면 큰 호응을 불러일으키지 못한다. 이 이름들을 우리말로 옮겨 쓴 후에도 우리의 이름 짓기 습관과 좀처럼 어울리지 않고 또 그 뜻도 알 수가 없기 때문이다. 또한 자연스럽게 동화되지 못하고 서먹서먹하여 동족(同族)감이 없어 보이기 때문이다.

자. 이름의 뜻에 주의를 기울여야 한다

1443년 세종대왕이 훈민정음을 만들기 전까지 우리 민족은 줄곧 한자만 써왔다. 물론 이름 짓기도 마찬가지였다. 절대 다수의 이름이 표의문자(表意文字)인 한자로 지어졌고 일정한 의미를 담고 있었다.

이런 습관은 지금까지도 계속 이어지고 있다. 물론 일부에서는 순 우리말로 이름 짓는 경우도 있지만 그러나 대부분의 사람들이 한자와 병행하여 사용하기에 한글과 한자 모두 그 의미를 고려해야 한다.

예를 들어 살펴보자. 성삼문(成三問), 이름은 매우 뜻이 깊다. 나는 하루에 세번 나 자신을 반성한다(吾日三省吾身)'라는 공자의 말씀에서 따온 이름이다.

혜영(慧英) 지혜롭고 아름다운, 여옥(麗玉) 옥처럼 예쁜 여자, 학곡(鶴谷) 천년된 학이 즐기는 골짜기, 홍서봉(洪瑞鳳) 길(吉)한 봉황새이니 한없이 길할 것이다.

설령 순 우리말로 된 이름일지라도 일정한 뜻이 있기 마련이다. 한글이 우리 한국의 글자라는 것은 누구나 다 아는 사실이다. 여기서 한글의 '한'이 어떤 뜻을 가지고 있는지 모든 사람이 다 아는 것은 아니다. 한글은 조선 왕조 제4대 세종(世宗) 28년(1446) 음력 9월에 훈민정음이라는 이름으로 반포되었다가 후에 한글로 고친 것인데 한글의 '한'이라는 글자는 '유일한 하나'라는 의미를 담고 있다. 그렇다면 한국(韓國)의'한'도'유일한 하나'라는 뜻인가? 한국에서의 '한'은 '크다'라는 뜻이다. 이외에도 우리에게 익숙한 이야기의 주인공들, 혹부리(얼굴에 혹이 달린 사람), 놀부(심술궂고 인색한 사람), 깍쟁이(인색한 성격의 소유자)처럼 한자어가 아닌 순 우리말 이름에도 그 뜻이 있다. 그러므로 좋은 이름은 좋은 뜻을 가지고 있어야 하며 그 뜻이 좋지 않은 이름은 결코 좋은 이름이 될 수 없다. 뜻이 좋은 이름은 사람들에게 아름다운 연상작용을 일으키는 동시에 친근감을 준다. 반대로 뜻이 좋지 않은 이름은 어색한 느낌만 준다.

차. 우리말을 다듬어서 이름을 지어야 한다

우리들이 쓰고 있는 말에는 아름다운 단어들이 매우 많다. 조금만 노력을 기울이면 아주 좋은 이름을 지을 수가 있다. 우리 고전문학 작품들에는 이런 실례가 많다.

즉 예쁘다고 '이쁜이', 곱게 자라라고 '곱분이', 꽃 같다고 '꽃분이', 똑똑하다고 '똑순이', 복스럽게 생겼다고 '복순이', 효성스러울 것이라고 '효순이', 인기 있는 인물이 되라고 '유인기', 조용하게 살라고 '조용희', 진작(어령) 이랬어야 했었다는 뜻에서 '이어령', 한국 국민으로 태어난 것이 한없이 좋다고 '조아라', 기대 높게 살 것이라고 '고기대' 이 밖에도 대단히 많다. 이처럼 우리말을 예술적으로 다듬어서 지은 이름은 우리가 이미 아는 단어이기 때문에 소박하면서도 새롭고 또 누구나 손쉽게 지을 수 있기에 대단한 환영을 받고 있다.

카. 글씨 모양에도 주의해야 한다

한글 이름일 경우와 한자일 경우를 나누어서 살펴보도록 하자.

첫째, 한글의 경우 그 변형이 자유롭기 때문에 글씨 모양이 아름답다. 또 가로쓰기와 세로쓰기에 전혀 불편 없이 다양하게 쓸 수도 있다. 한 가지 주의할 점이라면 필획(筆劃)이 너무 많은 것으로 이름을 지으면 좋지 않다. 예를 들면 황혜훈(黃慧勳), 권봉학(權鳳鶴) 등, 이와 반대로 필획이 너무 적은 것으로 지어도 보기에 그리 좋지 않다. 예컨대 이시미(李詩美), 이미자(伊美子) 등.

둘째, 한자인 경우는 필획의 경중(輕重)이 균형을 이루어야 한다. 료일부(廖一夫)라는 이름을 살펴보면 료(廖)자는 14획이고 일(一)자는 1획, 부(夫)자는 4획이다. 이 이름을 사람에 비유해 보면 머리는 크고 몸뚱이는 가늘어 위태로운 느낌을 준다.

우강건(于康健)이라는 이름을 살펴보면 작은 머리에 큰 몸뚱이를 가져서 둔중한 느낌을 준다. 이런 이름에는 균형미가 없다. 그러나 한글이든 한자든 똑같이 주의해야 할 점이 있다.

이름을 지을 때 같거나 비슷한 부수(部首)의 글들만 쓰는 것을 피하는 것이 바로 그것이다.

예를 들면 이시미(모두 모음'ㅣ'를 사용), 나가나(羅歌喇: 모두 모음'ㅏ'를 사용), 강항망(江航望: 모두'ㅏ'와 받침'ㅇ'을 사용), 임백수(林柏樹: 모두 나무 목(木)변 사용), 주국용(周國用: 부수가 유사) 등은 다채롭지가 않다. 강해도(江海濤)는 모두'물 수(水)'변이고 왕옥영(王玉瑛)은 모두'왕(王)'자를 포함하고 있기 때문에 글씨 모양이 매우 단조롭다. 반대로 송해(松海)의 경우 성(姓)은'나무 목(木)'변인데 이름은 '물 수(水)'변이어서 부수가 다채롭고 뜻도 깊어 훌륭한 이름이다.

정정부(丁正夫)는 뜻도 좋고 필획도 균형 잡혀 좋은 이름이지만 한글로 읽으면 음절미(音節美)가 좀 떨어진다.

타. 이름의 음절미(音節美)도 고려해야 한다

어떤 이름은 그 의미는 좋지만 읽어보면 음절미(音節美)가 전혀 없다. 예를 들면 왕예비(王乂非), '왕이 그릇된 일을 다스린다'라는 뜻으로 참 좋은 이름이다. 그러나 읽어보면 왕에비를 연상킨다. 강아지(强我志: 나의 투지를 굳세게 하리)의 경우 의미상으로 매우 좋지만 읽어보면 그 음은 그다지 좋지 못하다. 음절미에 있어서 몇 가지 주의할 것이 있다.

1) 동일한 자음의 중복을 피할 것

예를 들면 강건근(姜健根)의 경우 자음'ㄱ'이 연속되므로 음절미는 전혀없고 단조롭기만 하다.

전준진(田俊鎭), 역시 자음 'ㅈ'이 계속 이어지므로 부르기에 까다롭다.

2) 동일한 모음의 중복을 피할 것

예를 들면 유류규(柳類奎)의 경우 모음'ㅠ'가 중복되었고 고보오(高寶五)는 모음'ㅗ'가 중복되어 발음하기가 매우 까다로울 뿐만 아니라 단조롭고 무의미하다.

3) 동일한 받침의 중복도 피할 것

장향영(張香英)이라는 이름의 경우 의미는 좋은 듯하지만 음률상, 발음상 그다지 좋지 않다.

곽국격(郭局格), 성성송(成星頌) 이 두 이름은 받침이 같을 뿐만 아니라 자음까지 동일하여 더욱 좋지 않다.

2장

작명실무 이론 I

음오행(音五行)에 의한 작명법

작명실무 이론 II

수리론(數理論)에 의한 작명법

작명실무 이론 III

자오행(字五行)에 의한 작명법

작명실무 이론 IV

사주오행(四柱五行)에 의한 작명법

2장

작명실무 이론 I

음오행(音五行)에 의한 작명법

1. 음(音)오행의 원리
2. 125가지 오행배합(五行配合)에 따른 해설

1. 음(音)오행의 원리

음오행(音五行)란 자음의 소리를 원칙으로 오행으로 구분한 것으로 작명을 할 때 다음 표와 같이 구분하며, 오행(五行)에는 목 · 화 · 토 · 금 · 수(木 · 火 · 土 · 金 · 水)5가지 요소가 있다. 오행이 서로 조화롭게 상생(相生)관계에 있기도 하고, 상생(相生) 상극(相剋)이 혼합된 생극(生剋)관계도 있고, 서로 불협화음을 갖는 상극(相剋)관계가 되는가 하면, 서로 견주는 상비(相比)이기도 한다. 인간관계도 서로 돕기도 하지만 경쟁도하면서 발전을 하는 것과 같은 이치다. 이름을 지을 때는 성씨(姓氏)와 이름과 상생(相生)관계를 이루는 것이 좋고 한쪽 방향으로 생(生)하여주면 더욱 좋다.

음오행(音五行)표

오행(五行)	목木	화火	토土	금金	수水
소리(音)	ㄱ, ㅋ	ㄴ, ㄷ, ㄹ, ㅌ	ㅇ, ㅎ	ㅅ, ㅈ, ㅊ	ㅁ, ㅂ,ㅍ
	가, 카	나, 다, 라, 타	아, 하	사, 자, 차	마, 바, 파
발음기관	牙(아)어금니	舌(설) 혀	喉(후) 목구멍	齒(치) 이	순(脣) 입술

예시) '김대리'라는 이름을 음(音)오행으로 풀이해 보자.

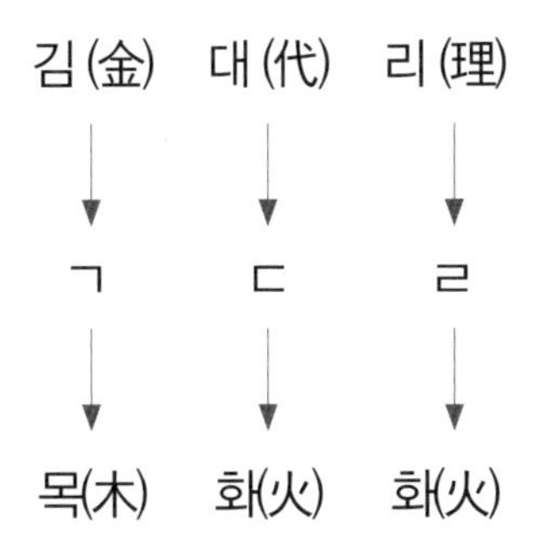

가. 상생(相生)관계

상생 (相生)관계란 목 · 화 · 토 · 금 · 수(木 · 火 · 土 · 金 · 水)가 서로가 원인과 결과의 순환구조를 갖고 돌아가는 것을 말한다. 나무는 불에 타 재가되고 재는 흙이 되고, 흙은 굳어 쇠가 되고, 쇠는 물을 담는 그릇이 되고, 물은 나무를 자라게 하는 생명수가 된다. 이와 같이 서로를 생(生) 하여주는 관계를 상생(相生)관계라 한다.

목생화(木生火) : 나무는 불을 활활 타게 한다. .
화생토(火生土) : 불에 탄 나무의 재는 흙이 되고
토생금(土生金) : 흙은 굳어 쇠가 된다.
금생수(金生水) : 쇠는 물을 담은 그릇이요, 차가운 금속 표면에 물이 맺히면
수생목(水生木) : 물은 초목을 자라게 한다.

木 → 火 → 土 → 金 → 水 → 木

◐ 성씨상생(姓氏相生)의 예

목생화(木生火)

목(木)의 성(聲) – ㄱ, ㅋ 발음의 성씨(姓氏)는 예를 들면 성씨가 가, 간, 갈, 개, 견, 경, 곽, 국, 권, 근, 기, 김 등을 들 수 있다.

화(火)의 성(聲) – ㄴ, ㄷ, ㄹ, ㅌ 발음의 성씨(姓氏)는 예를 들면 성씨가 남, 내, 단, 대, 도, 독고, 동, 두, 라, 련, 로, 류, 림, 탁, 태 등을 들 수 있다.

화생토(火生土)

화(火)의 성(聲) – ㄴ, ㄷ, ㄹ, ㅌ 발음의 성씨(姓氏) 상동

토(土)의 성(聲) – ㅇ, ㅎ 발음의 성씨(姓氏)는 예를 들면 성씨가 아, 안, 양, 엄, 오, 옥, 우, 유, 윤, 이, 임, 하, 한, 함, 허, 홍, 황보 등을 들 수 있다.

토생금(土生金)

토(土)의 성(聲) – ㅇ, ㅎ 발음의 성씨(姓氏) 상동

금(金)의 성(聲) – ㅅ, ㅈ, ㅊ 발음의 성씨(姓氏)는 예를 들면 성씨가 사, 서문, 선우, 성, 손, 신, 심, 장, 전, 정, 조, 주, 지, 차, 채, 천, 추 등을 예로 들 수 있다.

금생수(金生水)

금(金)의 성(聲) – ㅅ, ㅈ, ㅊ 발음의 성씨(姓氏) 상동

수(水)의 성(聲) – ㅁ, ㅂ, ㅍ 발음의 성씨(姓氏)는 예를 들면 성씨가 마, 맹, 모, 문, 민, 박, 방, 변, 팽, 표, 필 등을 들 수 있다.

수생목(水生木)

수(水)와 목(木)의 성씨(姓氏)는 위와 같다.

◐**길운(吉運) 상생배합(相生配合)** – 음(音)오행, 자(字)오행, 수리(數理)오행 모두 적용된다.

목木	木火土	木水金	木木火	木火火	木水水	木木水	木火木	木水木
화火	火土金	火木水	火火土	火土土	火木木	火火木	火土火	火木火
토土	土金水	土火木	土土金	土金金	土火火	土土火	土金土	土火土
금金	金水木	金土火	金金水	金水水	金土土	金金土	金水金	金土金
수水	水木火	水金土	水水木	水木木	水金金	水水金	水木水	水金水

예시) '김판사'라는 이름을 음(音)오행으로 풀이해 보자.

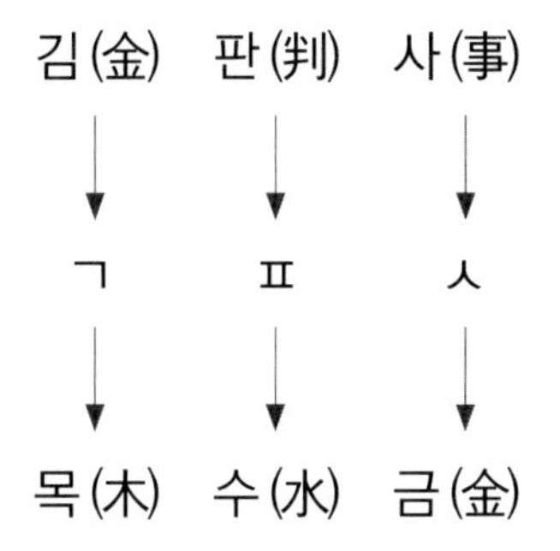

나. 상극(相剋) 관계

상극(相剋) 관계란 목 · 화 · 토 · 금 · 수(木 · 火 · 土 · 金 · 水)가 서로가 이웃하지 않고 한 칸씩 건너뛰어 응보(應報)하여 서로를 해(害)하고 있다. 쇠는 나무를 자르고, 나무는 흙을 뿌리를 내리고, 흙은 물을 흐리지 못하게 가두어버리고, 물은 불을 끄고, 불은 쇠를 녹여 버리는 이치다.

금극목(金克木) : 도끼의 금속 날에 나무가 찍혀 쓰러진다.
목극토(木克土) : 나무의 뿌리는 땅속 깊이 뻗어 나간다.
토극수(土克水) : 흙으로 둑을 쌓아 물을 막는다.
수극화(水克火) : 물은 불을 끌 수 있다.
화극금(火克金) : 불은 금속을 녹여낼 수 있다.

木 → 土 → 水 → 火 → 金 → 木

◐ 성씨상극(姓氏 相剋)의 예

목극토(木剋土)

목(木)의 성(聲) – ㄱ, ㅋ 발음의 성씨(姓氏)는 예를 들면 성씨가 가, 간, 갈, 개, 견, 경, 곽, 국, 권, 근, 기, 김 등을 들 수 있다.
토(土)의 성(聲) – ㅇ, ㅎ 발음의 성씨(姓氏)는 예를 들면 성씨가 아, 안, 양, 엄, 오, 옥, 우, 유, 윤, 이, 임, 하, 한, 함, 허, 홍, 황보 등을 들 수 있다.

토극수(土剋水)

토(土)의 성(聲) – ㅇ, ㅎ 발음의 성씨(姓氏) 상동.
수(水)의 성(聲) – ㅁ, ㅂ, ㅍ 발음의 성씨(姓氏)는 예를 들면 성씨가 마, 맹, 모, 문, 민, 박, 방, 변, 팽, 표, 필 등을 들 수 있다.

수극화(水剋火)

수(水)의 성(聲) – ㅁ, ㅂ, ㅍ 발음의 성씨(姓氏) 상동
화(火)의 성(聲) – ㄴ, ㄷ, ㄹ, ㅌ 발음의 성씨(姓氏)는 예를 들면 성씨가 남, 내, 단, 대, 도, 독고, 동, 두, 라, 련, 로, 류, 림, 탁, 태 등을 들 수 있다.

화극금(火剋金)

화(火)의 성(聲) – ㄴ, ㄷ, ㄹ, ㅌ 발음의 성씨(姓氏) 상동
금(金)의 성(聲) – ㅅ, ㅈ, ㅊ 발음의 성씨(姓氏)는 예를 들면 성씨가 사, 서문, 선우, 성, 손, 신, 심, 장, 전, 정, 조, 주, 지, 차, 채, 천, 추 등을 들 수 있다.

금극목(金剋木)

금(金)과 목(木)의 성씨(姓氏)는 위와 같다.

◐ 흉운(凶運) 상극배합(相剋配合) – 음(音)오행, 수리(數理)오행 모두 적용된다.

목木	木土水	木金火	木木土	木土土	木金金	木木金	木土木	木金木
화火	火金木	火水土	火火金	火金金	火水水	火火水	火金火	火水火
토土	土水火	土木金	土土水	土水水	土木木	土土木	土水土	土木土
금金	金木土	金火水	金金木	金木木	金火火	金金火	金木金	金火金
수水	水火金	水土木	水水火	水火火	水土土	水水土	水火水	水土水

예시) '이기자'라는 이름을 음(音)오행으로 풀이해 보자.

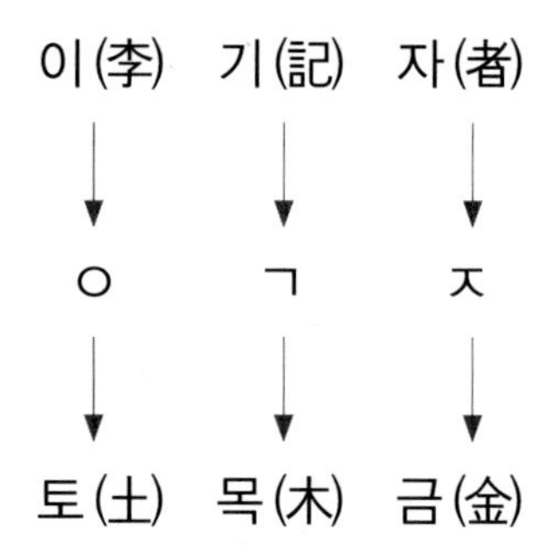

다. 생극(生剋)관계

생극(生剋)관계관 상생(相生), 상극(相剋)이 혼합되어 배합이 된 상태로 이름 3자 중 2자는 생(生)하고 1자가 극(剋)하는 경우, 2자는 극(剋)하고 1자가 생(生)하는 경우를 말하는데, 운세로 보면 중길(中吉)하다고 본다.

◐ 중길(中吉) 생극배합(生剋配合) - 음(音)오행, 수리(數理)오행 모두 적용된다.

<2자는 생(生)하고, 1자가 극(剋)하는 경우>

목木	木土火	木火水	木金水	木水火
화火	火金土	火土木	火水木	火木土
토土	土水金	土金火	土木火	土火金
금金	金木水	金水土	金火土	金土水
수水	水火木	水木金	水土金	水金木

예시) '홍길동'라는 이름을 음(音)오행으로 풀이해 보자.

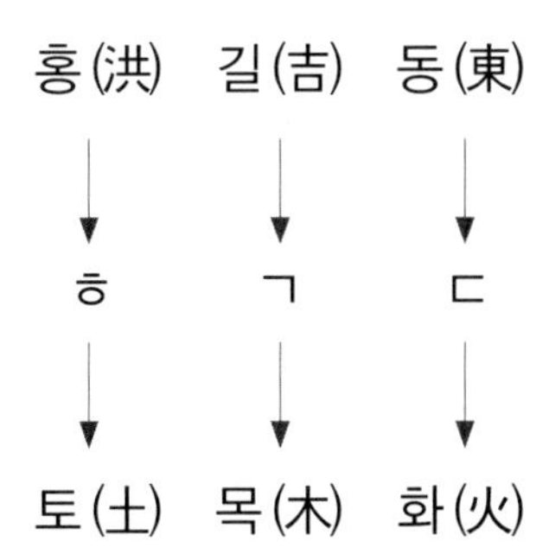

<2자는 극(剋)하고, 1자는가 생(生)하는 경우>

목木	木火金	木土金	木金土	木水土
화火	火土水	火金水	火水金	火木金
토土	土金木	土水木	土木水	土火水
금金	金水火	金木火	金火木	金土木
수水	水木土	水火土	水土火	水金火

예시) '변학도'라는 이름을 음(音)오행으로 풀이해 보자.

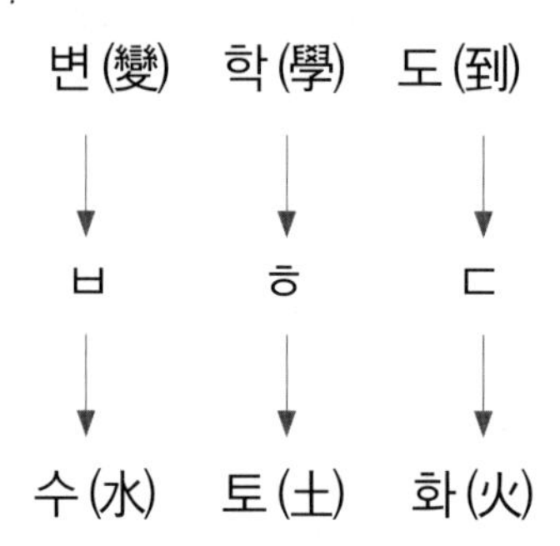

라. 상비(相比)관계

상비(相比)관계란 성씨(姓氏) 이름 모두가 같은 오행으로 배합이 된 것을 말하는데 길(吉)한 경우도 있겠지만 흉(凶)한 것이 있다. 흙(土)과 흙(土), 물(水)과 물(水)이 서로 만나면 서로 같은 성질로 잘 배합이되 하나를 이루고 나무(木)와 나무(木)가 만나면 숲을 이루어 길(吉)하다.

그러나 쇠(金)와 쇠(金)만나면 부딪쳐 소리가 나고 불(火)와 불(火)가 만나면 전부 타버리고 남은 것이 없기 때문에 흉(凶)하다고 보지만, 같은 오행이 3개기 겹친 경우 같은 성질이기 때문에 중길(吉)하다고 봐도 무방하다.

◐ 길흉(吉凶) 상비배합(相比 配合) - 음(音)오행, 수리(數理)오행 모두 적용된다.

길운(吉運)	水水水	土土土	木木木
흉운(凶運) / 중길(中吉)	火火火	金金金	

예시) '도다리'라는 이름을 음(音)오행으로 풀이해 보자.

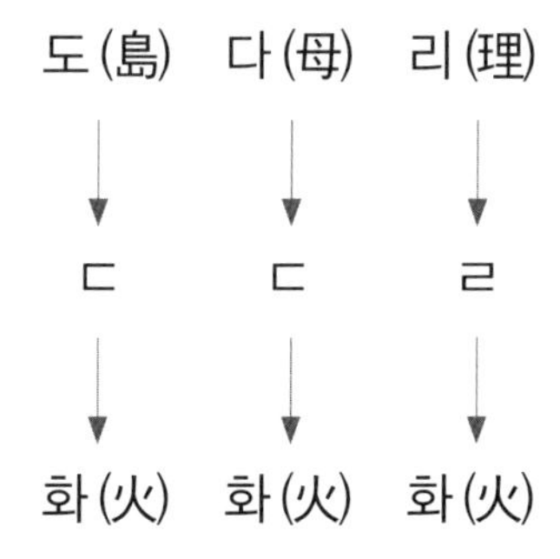

2. 125가지 오행배합(五行配合)에 따른 해설 및 작명법

목 · 화 · 토 · 금 · 수(木 · 火 · 土 · 金 · 水)라는 오행 갖고 작명을 할 때 오행배합이 상생(相生)하는 경우, 상극(相剋), 생극(生剋)하는 경우 상비(相比)하는 경우로 크게 4가지로 구분되며, 이 원리는 음오행(音五行)의 배합관계를 설명하고 있으나, 수리오행(삼원오행三元五行, 원형이정元亨利貞)에 응용해서 사용해도 무방하다 하겠다. 또한 이들 배합은 각각의 의미를 갈고 있으며, 인생(人生)의 길(吉) 흉(凶)을 암시한다.

1. 木 · 木 · 木

외유내강(外柔內剛)한 성품에 온건착실하고, 가정생활이 원만하고, 자녀의 덕이 있고, 인내력이 있으며, 총명하고, 지략도 있다. 사업운세는 기반이 튼튼해서 하는 일마다 순조로워 날로 발전한다.

만약 이름의 수리(數理) 구성이 흉(凶)할 경우 나쁜 인연으로 원수를 맺어 해를 입을 수 있다.

2. 木 · 木 · 火

감수성이 예민하여 희로애락이 극단으로 흐르기 쉽다. 총명하고 기략(機略)이 있다. 하는 일은 매사가 순조롭고, 목적을 달성하여 일생 장수하고 풍족하다.

다만 도량이 부족하고 편애하는 경향이 있어 부부간에 있을 불화가 염려된다.

3. 木 · 木 · 土

총명하고 재주와 지략 있고 착실하며 외유내강(外柔內剛)한 성격에 인내심이 많다. 사교성이 좋고 신용을 잘 지키므로 타인의 호감을 받는다. 운세가 순조로우니 성공해서 의기양양하며 가정도 화목하고 자녀들도 복이 많고, 심신이 건전하여 장수한다.

4. 木 · 木 · 金

성품이 정직해서 타인을 대함에 성심을 다하고 물질적 이익보다 의리를 중히 여긴다.

그러나 지나치게 완고해서 오히려 인간관계에서 문제가 생겨 동료로부터 반감을 갖게 된다.

사업에 대한 성공운은 있으나 성패가 무상하다. 괜한 일로 주의 동료로부터 피해를 당하고, 부하직원으로부터 배신을 당하는 등 늘 불안하다.

5. 木 · 木 · 水

열정적이며 감수성이 예민하여 타인에 대한 이해심 깊고, 온건 착실한 노력가이다.

가정생활은 원만하고 자녀들도 효심이 많다. 그러나 가끔 번민에 실의에 빠져 방황하는 경우도 있다. 사업운은 있으나 일시적이고 오래가지 못한다. 겉으로 보기에는 안정된 것으로 보이지만 종국에는 실패를 한다.

6. 木 · 火 · 木

기본적으로 친절하다. 그러나 감수성이 예민하여 좋고 싫어함을 극단적으로 표현한다.

특히 이성에게 너그럽게 대하여 사이 좋게 지내니 색정에 빠지는 것을 주의해야 된다.

운세는 상하를 막론하고 도움을 받아 순조롭게 성공 발전하여 지위나 재산이 안전하다.

또한 조상(祖上)의 은덕이 있고, 자녀들이 온순하며, 심신이 건전하니 행복과 장수를 누린다.

7. 木 · 火 · 火

성격이 급하여 희노(喜怒)와 애정이 극단적이다. 용맹과감하여 투지력이 강하고 쉽게 성내고 쉽게 풀리는 성격이다. 사회생활은 위 사람의 덕이 있어 순조롭게 발전한다. 그러나 인내력이 부족하여 오래가지 못하고 실패하는 경우도 있다. 가정생활은 원만한 편이나 병약하여 건강에 주의해야 하다. 혹 이성문제로 인해 고난을 당할 수 있으니 항상 바른 생각을 해야 된다.

8. 木 · 火 · 土

본성이 온순선량하고 감수성이 뛰어나며 정열적이고, 온화, 친절, 예의가 있어 대인관계가 원만하여 윗사람의 도움을 받아 순조롭게 성공 발달한다. 또한 심신이 건강하여 장수 부귀를 누리며 부모에게 효도하는 자식을 두게 된다.

9. 木 · 火 · 金

허영심이 많고 좋아하는 것이 편향적이라 풍류에 놀아나기 쉽다. 사업은 성공한 것으로 보아나 실상 복잡하다. 아랫사람으로부터 배신을 당해 해를 입고 성공은 한번에 그치고 만다.

가정도 불길하여 자식이 부모를 대하는 것이 불손하다. 건강은 호흡기질환, 비장, 피부병을 주의하여야 한다.

10. 木 · 火 · 水

성품이 강하고 주벽(酒癖)이 많다 위 사람의 도움으로 성공은 하나 일시적이요, 재화를 당하여 불안하다. 아랫사람과 뜻이 맞지 않아 고단분투(苦單奮鬪)하는 상이며, 산업은 실패가 빈번하다.

만약 이름의 수리(數理)가 흉(凶)하면 불길한 징조가 내포하고 있으니, 건강을 살피되 신경과민, 심장질환을 조심하여야 한다.

11. 木 · 土 · 木

호기심이 많으나 지구력(持久力)이 약하며 쉽게 실증을 잘 내는 성격이다. 환경이 불안하고 직장 또는 거주지이동이 많다. 부모, 처자의 인연(因緣)이 박약하여 고독한 상이다. 위장병, 신경쇠약 질환을 주의 해야 된다.

12. 木 · 土 · 火

호기심이 많고 인내력은 있으나, 환경이 바뀔 때 마다 변동이 잦고, 불평불만이 많아 재앙을 면하기 어렵다. 그러나 이름의 수리(數理)구성이 길하면 조그만 성공은 기약한다. 그리고 부모의 덕(德)은 없으나 자식으로부터 효도는 받는다.

13. 木 · 土 · 土

온건후덕하고, 내성적인 성격으로 주위의 유혹에 쉽게 넘어간다. 성공발달운이 억압당하는 형세를 피하지 못하므로 불평불만이 떠나지 않는다., 부모의 덕도 없고, 부부간에 정도 없으나 자녀와는 화목하다. 평생 삶을 볼 때 굴곡이 없이 평탄하다.

14. 木 · 土 · 金

세심하고 소극적이며 활동성이 없다. 타인에게 복종 당하기도 싫어한다. 환경이 불안하여 불평불만이 많고 큰 발전이 없다. 부모무덕(父母無德)하고 자식운은 원만한 편이다.

그러나 남녀모두 색정(色情)에 빠지기 쉬우니 조심해야 한다.

15. 木 · 土 · 水

담소(膽小)하고 보수적이며, 사람에 따라 친절도 베푸나, 사람과 교제가 넓지 못하는 편이라 타인과 원수를 맺기 쉽다. 하는 일마다 실패하여 불만이 많을뿐더러, 급변전락(急變轉落)하여 사소한 재앙이 끊이지 않는다. 그리고 가정이 평온치 못하다.

16. 木 · 金 · 木

침묵과언(沈默誇言)하여, 자기의사를 표현하는 능력이 부족하고 고집이 세 사고가 넓지 못하다.

또한 소심하고 반발심이 많으나, 인정미도 많다. 외부내빈격(外富內貧格)으로 재앙이 많고 발전성이 희박하며 가정운이 불행하다. 자녀에게 지나치게 엄중한 편이며, 건강은 심신과로, 신경쇠약, 근시 등의 신액(身厄)이 따르기 쉽다.

17. 木 · 金 · 火

세상사에 어두워 신분을 망각한 언동과 행동을 한다. 자승자박(自繩自縛)을 잘하며, 사람을 낮추어 보는 경향이 있다. 기초가 불안하여 만족할 만한 성공을 얻지 못한다. 자녀는 덕이 없고 말년은 더욱 불행하다. 건강은 신경쇠약을 주의해야 하고 이름의 수리(數理)구성이 흉하면 우울증, 자살 등의 액운이 초래한다.

18. 木 · 金 · 土

침묵(沈默)을 지키고 말이 적으나 마음속에 불평불만을 품고 있다. 비록 성공운은 없으나 각고의 노력으로 상당한 과정까지 발전한다. 그러나 심신이 불건전하여 방심하다 불행을 초래한다.

19. 木 · 金 · 金

재주가 뛰어나고 원만하나, 자만심이 가득해 말 실수가 잦은 편으로 시비언쟁을 잘한다. 또한 타인의 입에 오르려 가까이 하려 않으니 고독하며, 성공운이 좋지 못하고 가정파탄과 처자(妻子)와 불화가 잦다. 건강은 심신과로, 이비인후(耳鼻咽候)등에 고생할 수 있다.

20. 木 · 金 · 水

말수가 적고 표정이 자주 변하며 항시 불안해 한다. 번민과 불안이 떠나지 않고 곤란한 일이 자주 생기며 노력한 만큼 보람을 얻지 못한다. 하는 일이 잘되어 가는 중에도 실패하여 급변 몰락하여 비운에 빠지게 되며 자식의 운도 좋지 못하다. 뇌출혈, 불의사고 등의 흉액이 내재하고 있다.

21. 木 · 水 · 木

천성이 온순하여 윗사람을 곤경하고 아랫사람을 사랑한다. 어려운 가운데 재앙이 있을지라도 자연히 사라지고 날로 운세가 상승하고 계획을 세우는 일마다 순조롭게 풀리기 시작한다. 단 자식의 실패 수가 있는 것이 단점이다. 만약 이름의 수리(數理)구성이 흉(凶)하면 병액이 따르는데 심할 경우 단명(短命)할 수도 있다.

22. 木 · 水 · 火

민감하고 신경질이 많으며 자신의 과실을 너그럽게 이해하는 관용이 부족하다. 사업운은 어느 정도 순조로워 성공발전을 기약한다. 그러나 가정은 불행하게도 처자(妻子)을 극하는 운세다.

23. 木 · 水 · 土

스스로 잘난 줄 알고 거만하고 자기의 처지를 망각하는 경우가 있다. 외적으로는 평온한 듯하나 내면적으로는 안타까움과 고뇌가 있으며 성공은 일시적이요, 안정을 못하고 일생을 방황한다.

불의의 급변과 재앙이 따르며 부모에게 불효하고 자식에게도 모질게 한다.

24. 木 · 水 · 金

본성은 선량하나 일에 주의력이 소홀함이 많다. 비록 성공 발전하는 운을 갖고 있으나 내적으로는 실패의 암시도 같이 따른다. 만약 이름 수리(數理)구성이 길하면 크게 성공하고, 수리(數理)가 모두 불길하면 생각지 않은 변괴가 발행하여 실패의 고배를 마신다. 건강은 신장염 계통에 주의하라.

25. 木 · 水 · 水

이기적이고 인색해서 물질만 아는 까닭에 타인으로부터 뻔뻔스럽다는 혹평을 듣기 쉽다. 성공운이 순조로워 부귀를 누린다. 그러나 오래가지 못하고 파란(波瀾), 변전(變轉)으로 인해 실패하여 가정이 불행하고 고독한 운세이다. 생계는 독립적으로 운영하는 것이 좋다.

26. 火· · 木 · 木

외유내강(外柔內剛)하고 승부욕이 강하며 노력가이다. 항시 귀인의 도움이 있고 기초가 튼튼해 늘 발전하는 운이다. 또한 심신도 건강하고, 성공운이 빨라 쉽게 목적을 달성한다.

27. 火 · 木 · 火

심지가 곧고 타인을 배려할 줄 안다. 그러나 자존심이 강해 지기를 싫어한다. 일생 큰 재난 없이 평온하며 목표가 정해지면 열심히 노력해 성공한다. 큰 욕심을 내지않고 평범하게 장수복록(長壽福祿)을 누린다.

28. 火 · 木 · 土

승부욕은 강하나 사회생활은 원만하다. 단 여색을 좋아해 그로 인한 포액(包厄)을 당할까 염려된다. 기초가 튼튼해 성공운이 순조로워 부귀를 누리며, 심신이 건강해 화목한 가정생활을 누린다.

29. 火 · 木 · 金

애민한 성격으로 승부를 짓기를 좋아한다. 그러나 끝까지 끝내는 힘이 없어 유시무종(有始無終)하다. 한때 성공은 하나, 아랫사람의 변심으로 실패하고, 가정운도 불행해서 자식은 불효하고 가정도 어지러워진다. 건강은 심신과로로 인해 뇌출혈 간경화를 주의해야 한다.

30. 火 · 木 · 水

외유내강(外柔內剛)하나 승부욕과 시기심이 많고 투쟁을 잘한다. 비록 고통을 참고 성공발달하나 일시적이요, 결국 실패하고 난산급변(難散急變) 유난방랑(流難放浪)한다.

부모의 덕은 있으나 가정이 불안하고 자식운도 불길하다.

31. 火 · 火 · 木

친절하고 흡입력이 있으므로 사람을 잘 다룬다. 여자일 경우는 매력이 있다.

타인과 동업을 하거나 남의 힘을 빌어 사업을 경영하면 순풍에 배를 띄우는 것 같이 순조롭게 잘 풀리며 성공한다. 심신이 건전하여 장수하며, 가정생활은 원만하고 자녀들이 효도한다.

32. 火 · 火 · 火

용맹과감하고 정열적이다. 단, 인내력이 결핍되어 조급하고 폭발적이다. 간간히 성공운은 있으나 기초가 박약하여 경솔한 처사를 잘하니 결국 실패를 한다. 가정의 처자(妻子)는 불만이 많고 고단하고 노고가 따른다.

33. 火 · 火 · 土

온유하고 수양가적기질(修養家的氣質)이 충분하다. 선길후흉격(先吉後凶格) 겉으로 보기엔 길(吉)해 보이나 실상은 운이 산산이 흩어져 사라져가고 있다. 일시적 성공인 기약할지라도 곧 재난과 비참한 환경에 빠지게 된다. 색난(色難)에 주의 할 것이며, 부모의 인연이 박하여 어린 시절 고독하게 생계를 꾸려가야 한다.

34. 火 · 火 · 金

성격이 조급하고 풍류적이며, 허식, 사치스럽고 허영심도 있고 호색가 이다. 타인이 보기에는 안정적으로 보이나 사실상 실속은 그렇지 못하다. 사회생활은 아랫사람의 모함으로 실패하고, 가정불화, 처를 극(剋)한다.

35. 火 · 火 · 水

조급하고 신경질이 많으며 소심하다. 무슨 일이든 세심하게 살피다가 기회를 잃고 실의에 빠지게 된다. 한번의 성공은 있으나 의외의 재화(災禍), 급변으로 재산과 건강을 잃게 되며 가정불화도 크다. 만약 이름수리(修理) 구성이 흉하면 건강에 특히 주의해야 된다.

36. 火 · 土 · 木

온순하고 아량이 넓으며 사람을 대함에 진실성이 있다. 조부, 윗사람의 은덕이 있다. 그러나 영향은 일시적이요,. 결국은 성패다단(成敗多端)으로 재산을 잃고 가정도 화목하지 못하다.

37. 火 · 土 · 火

성격이 온순후덕(溫順厚德)하고 친절하여 사람들을 정성으로 예의 있게 대접한다. 부모, 혹 윗사람의 도움을 입어 발전이 순조롭고 의외의 성공을 기약한다. 뿐만 아니라 아랫사람의 보좌하는 영향도 적지 않으므로 일생 근심 없는 기반을 착실히 닦는다.

38. 火 · 土 · 土

천성이 부지런하고 원만하여 타인으로부터 인심을 얻는다. 부모나 윗사람의 도움을 입어 비록 큰 성공은 거두지 못 할지라도 운이 평탄하여 소소한 목적은 도달한다. 가정도 평온하고 심신도 건전하여 일생행복을 누린다.

39. 火 · 土 · 金

성격이 원만하고 신용이 있으나 소극적인 경향이 있다. 부모, 조상, 윗사람의 언덕으로 한때 성공발전하나 운의 천변(天變)이 많아 때때로 곤경에 처하는 경우가 있다. 가정은 처자(妻子)의 덕이 없고, 건강은 심장병을 조심해야 한다.

40. 火 · 土 · 水

인정이 없고 사람을 진심으로 대하지 않으며 교묘한 수작으로 잘 이용한다. 비록 윗사람의 비호를 받으나 시작은 좋으나 종국에는 실패, 실직 등 재앙으로 변천한다. 자식의 덕이 없고, 건강은 위장병 뇌출혈 등 병액(病厄)이 심하며 급사(急死)할 수도 있다

41. 火 · 金 · 木

담이 작고 의심이 많으며 행동은 민첩 하다. 윗사람의 보살핌이 있어 순조로운 것 같으나 실속은 없다. 만약 조심성 있게 처세하면 다소 안정을 얻을 수 있으나, 조급히 굴면 크게 실패하여 불행에 빠진다. 우울증, 자살 등의 흉액(凶厄)을 조심해야 된다.

42. 火 · 金 · 火

조심성이 없고 언어행동이 삼가하지 못하며, 자신에 대한 비판력이 결여되고 자승자박에 빠지기 쉽다. 기초가 불안정하여 성공하기 어렵고 시비쟁송(是非爭訟)이 따른다. 그리고 가정과 인연이 박하여 고단무의(孤單無依)한 격이다. 건강은 호흡기 질병, 정신병 등을 조심해야 된다.

43. 火 · 金 · 土

민감하고 의심이 많으며 스스로 잘난 척을 잘한다. 그로 인해 타인으로부터 비판을 받아 성공에 장애가 된다. 초년에는 가정환경이 좋아 안정된 생활을 하나, 성공운이 적어 발달이 어렵다.

44. 火 · 金 · 金

재능이 출중해 자신의 재주만 믿고 잘난 척하기를 좋아한다. 또한 이상은 높으나 뜻을 이루지 못하고 불평불만이 가득해 사람들이 인간관계를 갖기 싫어한다. 고독, 색정(色情)을 조심해야 된다.

45. 火 · 金 · 水

감정이 애민하고 의심이 많다. 가정은 적막하고 고독해서 의지할 때가 없다. 사업운은 갑작스럽게 몰락의 징조가 있고, 어려움이 많고 걱정이 많아 성공하기가 힘들다.

46. 火 · 水 · 木

기(氣)가 약하고 정(精)에 약하다. 복종심이 없고 불안하다. 하는 일마다 운(運)은 매번 엇갈려 가는데 혹 우연히 성공하는 일도 있으나, 대체적으로 파란과 급변과 같은 예사롭지 못한 일이 발생한다. 건강은 폐질환에 주의 해야 된다.

47. 火 · 水 · 火

감정이 예민하고 신경질이 많으며 책임감이 없고 복종심이 부족하다. 재앙이 빈번하고 이산(離散) 종종 있으니 생활이 불안정하여 마치 풍전등화(風前燈火)와 같은 운명이다. 가정은 처자(妻子)이별, 건강은 허약, 뇌출혈 등의 액운을 조심해야 된다.

48. 火 · 水 · 土

잘난 체 하고 거만해서 윗사람을 존경하고 복종하는 마음이 부족하다. 표면적으로는 안정되어 보이나 속은 불안해 번민이 많아 성패가 다단(多端)하며, 급변, 급과(急過)로 몰락하기 쉽다.

가정은 인연이 없고 처자(妻子)와 평화롭지 못하다

49. 火 · 水 · 金

책임감이 있고 큰 공을 세우기를 좋아하나, 윗사람의 지시를 잘 듣지 안고 독단적인 행동을 잘 한다. 성공운은 있으나 운세는 대체적으로 침체되어 불평불만이 쌓여 괴변을 늘어놓는다.

재앙, 가정파탄 등이 예견되며, 부모자녀와의 인연이 박(薄)하여 가정생활이 불행하다.

50. 火 · 水 · 水

◇◇◇◇◇◇◇◇◇◇◇◇◇◇◇◇◇◇◇◇◇◇◇◇◇◇◇◇◇◇

자존심이 강하고 승부 짓기를 좋아하며 스스로가 잘난 줄 알아 무리화 동화력이 부족하다. 한때 성공운은 있으나 이산(離散), 급변(急變), 병난(病難) 등 불행이 있다.

51. 土 · 木 · 木

◇◇◇◇◇◇◇◇◇◇◇◇◇◇◇◇◇◇◇◇◇◇◇◇◇◇◇◇◇◇

외유내강(外柔內剛)하나 자기자신을 의심하는 습성이 있고 복종심이 부족하다.

주위에서 도와주는 사람이 있어 기초는 안정돼 겉보기는 좋으나 실속은 비어있다. 발전은 느리고 번민이 따르며 부모자손(父母子孫)의 덕(德)이 없다.

52. 土 · 木 · 火

◇◇◇◇◇◇◇◇◇◇◇◇◇◇◇◇◇◇◇◇◇◇◇◇◇◇◇◇◇◇

적극적인 성격에 노력가이며, 때론 자기가 옳다고 생각하면 목적을 달성하기 위해 투쟁의식이 강하다. 비교적 성공이 느리고 인고와 번뇌가 있다. 오직 쉬지 않고 노력함으로 발전을 기약하며, 효심(孝心)있는 자녀를 두게 된다.

53. 土 · 木 · 土

◇◇◇◇◇◇◇◇◇◇◇◇◇◇◇◇◇◇◇◇◇◇◇◇◇◇◇◇◇◇

고집이 있고 생각이 정확함으로 세상의 풍속이나 인습에 쉽게 물들지 않는다. 기초 견고하나 성공 운은 더디고, 숨은 재주는 있으나, 써먹지 못하여 번민하게 된다. 만약 방황을 끝내면 성공운은 있다. 대체적으로 안정된 생활을 하나, 신경쇠약, 위장병 등 병난(病難)의 염려된다.

54. 土 · 木 · 金

◇◇◇◇◇◇◇◇◇◇◇◇◇◇◇◇◇◇◇◇◇◇◇◇◇◇◇◇◇◇

편안한 것을 좋아하고, 오락을 즐기며, 명령 받는 것을 싫어한다. 약간의 성공의 희망은 있다 .다만 환경변동이 많고 아랫사람의 비방과 배신으로 피해를 입으며, 노심노력(勞心勞力)한 보람없이 종국에는 실패한다. 가정인연이 박하고, 가사(家事)도 등한시 하는 경향이 있다.

55. 土 · 木 · 水

정직하고 노력가이며 지기(志氣)가 높다. 외적으로는 길상(吉相)이나 실속의 사정은 그렇지 못하다.

한때 순탄하여 성공운이 있으나 결국 품은 재간(才幹)에 적합한 성과를 거두지 못하고 번뇌를 일으키고 파란(波瀾), 급변(急變), 실패의 흉조가 발생한다.

56. 土 · 火 · 木

모든 일에 적극적이고 활동적이며 여자경우 온순하다. 명예와 재산이 쌍전(雙全)이다. 기초가 튼튼하고, 아랫사람의 보좌지덕(輔佐之德)이 있으며, 목적을 달성해서 직위와 재산을 확보한다.

또 심신이 안정하고, 여자경우 부모에게 효도하고 어질다.

57. 土 · 火 · 火

괴변성(怪變性)이 있고 신앙을 좋아한다. 여자경우 명안(明眼)하고 매력이 있으나 인내심이 강하지 못하다. 일시적으로 쉽게 뜻을 이루어 성공을 얻는다. 다만 기초가 박약(薄弱)하여 오래가지 못하고 실패에 빠지는데, 혹 귀인의 도움을 입게 된다면 파죽지세로 크게 발전할 수도 있다.

그러나 가족과 인연이 박하여 홀로 생활 할 운으로 고독무의(孤獨無依)하니 주색을 주의 할 것

58. 土 · 火 · 土

모든 일에 적극적이요, 사람을 상대함에 친절하고 정성을 다한다. 기초가 견실(堅實)하여 소정의 목적을 순조롭게 달성하니 공명(公明)을 성취해서 심신이 평안하다. 단 자녀의 우환이 염려되며, 건강은 고혈압을 주의 할 것

59. 土 · 火 · 金

강직하고 성급하며 무슨 일이든 고민 없이 급하게 처리하고, 아랫사람과 잘 다투어 성공은 일시적이다. 언뜻 보기는 안정돼 보이나 실상은 그렇지 않으며, 가정은 불안하다. 건강은 신경과민, 폐, 등에 주의 할 것

60. 土 · 火 · 水

담력이 작고 신경과민 주의가 박약하여 사실을 여러 번 부정하고, 여자는 쉽게 주의의 유혹에 빠지기쉽다. 급변과 돌발지사(突發之事)가 발생한다. 일시적 성공하나 가정불화, 손재(損財), 질병등의 재앙으로 불안정하여 심장마비, 뇌출혈 등 흉변(凶變)의 징조가 있다.

61. 土 · 土 · 木

정직하고 자부심이 강하다. 대인관계는 쉽게 친하고, 쉽게 멀어지기를 잘한다. 변화 이동이 빈번하여 불안정한 운명이다. 가정도 불안하고 자식 덕도 없어나 만년(晩年)에 성공하는 경우도 있다.

62. 土 · 土 · 火

정직, 인내, 노력가이며 여자는 사랑을 이끄는 매력이 있다. 성공운이 늦어 온갖 고난을 극복하고 난 뒤 성공 발달해 명예와 부귀를 얻는다. 또한 가정이 화목하고 자녀가 효순(孝順)하여 행복한 가정을 이끈다.

63. 土 · 土 · 土

사람이 활발하지 못하고, 비겁하고 좀스러우며 변변치 못해 괴변 늘어놓는다. 발달운은 느리나 대체적으로 행복하다. 한걸음 한걸음 발전해 갈수록 성취가 증진되는 운으로 가정생활도 행복하다.

단 이름의 수리(數理)가 흉하면 불행과 고난을 면치 못한다.

64. 土 · 土 · 金

행동이 느리고 태만하며 소극적이다. 여자는 정조관념(貞操觀念)이 부족하여 색정에 빠져 인액(因厄)을 당하기 쉽다. 성공운은 느리나 안정성 있게 발전한다. 심신이 건전하여 장수한다.

65. 土 · 土 · 水

개성이 강하며 완강해서 복종심이 없다. 정리(情理)를 중시하고 언변이 좋다. 비록 일시적 성공운은 있으나 기초가 불안정하여 실패한다. 변괴(變怪), 재화(災禍) 인해 건강과 재산을 손실하며 가정생활도 불행하다. 건강은 불길하고 질병, 변사(變死)의 흉액(凶厄)도 내포하고 있다.

66. 土 · 金 · 木

감성이 예민(銳敏)하고, 의심이 많으며 소심해 담력이 부족하다. 그러나 윗사람의 혜택을 받아 일시적으로 성공을 하나 외부내빈(外富內貧)이며, 매사에 의심하지 않으면 급변목락(急變沒落)의 실의에 빠지게 된다. 건강은 신경쇠약 등 질병에 걸릴까 우려된다.

67. 土 · 金 · 火

자신의 감정을 억제하지 못하고 자기계발에 게으르며 자포자기(自暴自棄)을 잘한다. 윗사람의 도움으로 성공운은 있으나 일시적이요, 환경이 나빠 가정파탄이 잦으며, 자녀가 모두 불효한다.

건강은 호흡기질환에 주의 할 것

68. 土 · 金 · 土

성격이 조금 소극적인 경향이 있으나, 온유평화(溫柔平和)해서 윗사람을 공경하고, 아랫사람을 잘 보살핀다. 상,하의 도움을 받아 기초를 튼튼히 세운다. 심신이 편안하고, 성공발전운이 순조로우며 부모처자(父母妻子)의 은덕이 있다. 가정생활도 원만하고, 건강장수한다.

69. 土 · 金 · 金

사람을 포용하는 도량과 일을 처리하는 능력이 부족하고 소극적이나, 자부심은 많아 높은 곳을 향한다. 만약 이름의 수리(數理)가 좋을 경우 사람과의 관계에 힘쓰면 운이 순조로워 크게 성공 한다. 그러나 무례한 행동과 말을 쓰면 불화로 인해 고립(孤立)되고, 마침내 실패를 하니 주의 해야 한다.

70. 土 · 金 · 水

자부심이 강하고 거만하다. 사람에 따라서는 윗사람에게 아부하고, 아랫사람에게는 멸시하는 경우가 많다. 얕은 수단과 방법으로 인해 일시적 성공을 얻을 수 있으나 오래가지 못하고 결국 의외의 재난으로 실패 등의 파경에 이르고 만다.

71. 土 · 水 · 木

온순 침착하고, 재능도 있으나 활동성이 부족한 것이 단점이다. 상부(相富)한 실력은 있으나 활동성 결핍으로 추진력이 약하여 발전이 더디다. 도노무공(徒勞無功)이요, 불평불만 있고 타인의 조소(嘲笑)를 받는다. 가정불화, 급변의 고난이 있으며, 단명의 우려가 있다.

72. 土 · 水 · 火

감정이 예민하고 재략이 있으나 신경질이 많으며 활동력이 부족하다. 비록 좋은 실력이 있으나 품은 재간(才幹)을 써먹지 못하다. 급변몰락의 재앙이 이르고 부모가 덕이 없고, 처자이별(妻子離別), 생명, 재산을 상실한다. 건강은 순환기계통의 질환을 주의해야 한다.

73. 土 · 水 · 土

총명하고, 재능은 있으나 활동력이 부족하다. 표면은 안정하나 종내 불안에 빠진다. 환경이 나쁘고 도노무공(徒勞無功)이며 변동, 횡액(橫厄)등이 따르고, 부모부덕에 자녀 불효한다. 건강은 심장병, 심장마비, 신장병 등의 인액(因厄)을 조심해야 된다.

74. 土 · 水 · 金

자부심이 많고 거만하여 자기만 못한 사람을 경시한다. 하는 일마다 연성연패(蓮成蓮敗)한다. 약간의 윗사람의 혜택으로 안정을 얻으나 말이 앞서고 실력은 부족하며, 노력에 비하여 공과(功過)가 적다. 가정은 가족과 생이사별수(生離死別數)로 급변몰락의 재앙이 있으며, 건강은 골절(骨折)을 주의 해야 한다.

75. 土 · 水 · 水

행동이 민첩(敏捷)하고 완만하며 낯이 두껍다. 하는 일은 일시적으로 성공은 거두나 재간(才幹)을 펴지 못하고 노력한 공노가 수포로 돌아간다. 파란변동(波瀾變動)이 많고 급변, 재화가 있으며 가정불화로 고통에 빠지기 쉽다. 여자는 대하증(帶下症)으로 고생한다

76. 金 · 木 · 木

감성은 예민하고 외유내강 하다. 사람을 만남과 사귐에 있어 의심이 많아 진실성이 없으나, 노력은 한다. 하는 일은 기반이 튼튼하여 남의 도움을 받게 되나, 성공은 어렵고 가족이 해어지고, 불안 속에서 세월을 보낸다. 건강은 신경쇠약 등 주의해야 하며, 심할 경우 반신불구의 위험이 있다.

77. 金 · 木 · 火

감성은 예민하고 의심이 많다. 삶이 평범하여 실패의 굴곡이 없으므로 큰 성공이나 발전을 기대하기 어렵다. 그렇다고 불평불만이 많으면 가정이 화목하지 못하고 불행하다.

78. 金 · 木 · 土

의심이 많고 어른이나 상사를 공경하지 않고 버릇없이 행동한다. 정신력이 박약하여 매사를 아래로 내려다 봐 성공을 기대하기 어렵다. 그리고 갑자기 불행해 지기도 쉽다. 건강은 정신쇠약, 호흡기 질환을 주의 해야 한다.

79. 金 · 木 · 金

감성은 예민하고 다정다감하나 의심이 많다. 환경변화가 일정하지 못하여, 이동이 심하고 불평불만이 많으며, 매사에 하는 일마다 피해를 입어 되는 일이 없다. 가정불화에 파란이 많고, 혹, 부부이별 등으로 인해 우울하게 지낸다. 정신쇠약, 폐병, 발광의 흉액(凶厄)이 내포되어있다.

80. 金 · 木 · 水

타인을 배려하며 희생할 줄 안다. 인내력이 강하여 일시적 성공은 있으나, 길지 못하고 종국에는 역경과 이변으로 인하여 실패의 고배(苦杯)를 마시거나, 처자(妻子)와 인연이 박해 이별한다.

81. 金 · 火 · 木

성실 친절하나, 주의로부터 잘난 채 한다는 평가를 받는다. 기초는 안정되 부하직원 또는 아랫사람의 도움이 있어 성공을 하나 일시적이다. 지위, 재산도 있지만 점차 운이 쇠약해 불행의 경지까지 몰고 간다. 신경과민, 폐병의 염려가 있으며, 발광, 변사의 흉조가 담겨있다.

82. 金 · 火 · 火

잘난 체 하여 뽐내기를 좋아하고, 허영심이 많으며 교묘하게 허세를 부린다. 한때 발전과 성공운이 있으나 오래가지 못하고 실패한다. 고단불만(孤單不滿)하여 고민이 많아 심신과로, 신경쇠약, 폐병의 우려가 있다. 만약 이름의 수리(數理)가 좋지 못하면 발광(發狂), 변사의 횡액을 당한다.

83. 金 · 火 · 土

자부심이 많고 잘난체 하며, 교묘한 말로 가식(假飾)을 잘 부린다. 초년에 기초가 튼튼하고, 환경이 안정된다. 그러나 세월이 흐르며 운세가 악화되어 발전이 없고, 도노무공(徒勞無功)이요, 부부불화, 가정불화 등으로 종내(終乃)는 실의와 실패에 빠진다.

84. 金 · 火 · 金

오만하고, 잘난체하여 과장을 잘하고, 여자경우 풍류에 빠지기 쉽다. 겉으로 보기에는 안정 행복한 것 같으나 실속은 그렇지 못하다. 불신불만과 시비쟁송(是非爭訟)이 많고 진행하는 일이 원만치 못하며, 발광, 변사, 자살 등을 조심해야 한다.

85. 金 · 火 · 水

외유내강하고 우아하고 품위가 있으며 고집이 세다. 운세가 불안정하여 발전이 어렵다. 의외의 급변, 재난을 만나 재산의 손실이 크며 가정은 행복하나 오래 이어가기 어렵다. 건강은 신경쇠약, 폐병 등 염려가 되며, 심할 경우 발광, 변사의 위험이 있다.

86. 金 · 土 · 木

자존심이 강하여 남에게 굴복하기 싫어하고, 풍자적(諷刺的) 기질이 있다. 하는 일은 처음에는 순조롭게 목적을 달성하나, 환경이 불안정하여 길흉(吉凶)이 반복되어 발전이 없다. 가정은 부모의 덕(德)은 있으나 자식이 불효한다.

87. 金 · 土 · 火

자기의 결점(缺點)을 엄폐하고, 교묘한 수단으로 윗사람의 비위를 맞추어 자기만 못한 사람을 멸시 한다. 기초가 견고하여 생각하지 못한 성공발전으로 명예와 부귀를 함께 얻는다.
다만 간간히 융변(凶變)이 발생하고, 불행에 빠지는 경우도 있다.

88. 金 · 土 · 土

과장을 잘하는 성격으로, 타인에게 지기를 싫어해 노력을 아끼지 않는다. 운은 순조롭게 발전하여, 명리(名利)를 상(賞)으로 얻으므로 일신이 평안 행복하다. 또한 윗사람의 덕을 입어 자녀가 화평하고 심심이 건강하여 장수 한다.

89. 金 · 土 · 金

성격은 원만하나 소극적이요, 명예를 존중(尊重)히 여기므로 신용을 잘 지킨다. 가정은 원만하고 화평하며, 무슨 일이든지 순조로워 성공발전이 크다. 집안은 번창하며 명예와 복록(福祿)이 충만하고 심신(心身)이 건전하여 장수한다.

90. 金 · 土 · 水

사람을 진심으로 대하지 않고 농간(弄奸)을 부리다, 자기 꾀에 넘어가 크게 실패한다. 비록 일시적인 성공운은 있으나 점차 무너지기 시작하여 급기야 재난과 불상사가 속출하여 실패로 이어진다. 가정은 처자는 덕도 없고 외상(外傷), 객사(客死) 등 흉변(凶變)의 징조가 엿보인다.

91. 金 · 金 · 木

성격이 지나치게 강하고 사람을 대하고 일을 처리하는 도량이 넓지 못하며 민감하고 의심이 많다.

우선 조금은 성공발달 함으로 외면적으로는 안정되어 보이나 내면에 있어서는 쇠운(衰運)의 징조가 엿보인다. 가정은 부부불화, 자녀불행, 처자이별 등 위험이 있다.

92. 金 · 金 · 火

성격이 과격하고 편협하여 단체생활에 동화력(同化力)이 없으며 자신의 신분을 망각한 언행을 저질러 자승자박에 빠지기 쉽다. 한때는 성공 발전하는 운이 있으나, 불안정한 운으로 의외의 재화(災禍), 변동이 심하고 부부불화(夫婦不和)에 자녀들은 불효한다.

93. 金 · 金 · 土

성질이 강하고 사람을 대는 도량이 넓지 못하지만, 심신이 건전하여 순조롭게 성공하여 목적을 달성한다. 그러나 이름의 수리(數理)가 불길하면 상상(想像)할 수 없는 재변(災變)으로 불행에 빠져 가정이 화목하지 못한다.

94. 金 · 金 · 金

재능이 있고 책략(策略)이 비범하다. 그러나 너무 잘난 척 하는 경향이 있다. 성공발전할 수 있는 운은 있다. 그러나 언행을 주의하고, 공손하지 않으면 뜻밖의 불상사(不祥事)가 생겨 기반을 넘어뜨리게 될 우려가 있다. 그리고 부부불화, 고독, 가족과 생사별(生死別)하는 비극을 초래한다.

95. 金 · 金 · 水

외유내강(外柔內剛)하며 타인과 협력해서 성공을 이루나, 도량이 좁아 다른 사람과 화목을 지키기는 어렵다. 단, 주위의 사람의 의견을 참작하라. 그러하지 않으면 남의 미움을 받게 되어 되돌릴 수 없는 재앙과 급변몰락의 큰 실패를 면키 어렵다. 또한 가정불화가 염려된다.

96. 金 · 水 · 木

온후(溫厚)하고 재략(才略)이 있으나 활동력이 부족하다. 부모, 조상의 은덕이 있어 노력 없이도 기초가 견실(堅實)하여 성공 발전하여 명예와 재산이 풍족하다. 단, 가정불화, 폐병, 심장병의 근심이 있는 징조다.

97. 金 · 水 · 火

감성은 예민하고 신경질적이나 노력형이다. 윗사람 혹 부모, 조상의 은덕으로 의외의 성공을 얻어풍족한 생활을 누리게 되나, 일시적이요 운세(運勢)가 쇠약해져 실패, 변고 등으로 인하여 곤경에 빠지게 된다. 뿐만 아니라 성패가 다단(多端)한 가운데 처자(妻子)와 생사별 할 흉조가 있다.

98. 金 · 水 · 土

자부심이 강하고 자신을 과신하는 경향이 있으며 거만하다. 표면은 안정되어 그럴듯해 보이나 실속은 빈곤하다. 초년에 부모조상의 덕(德)으로 부유하게 자라게 되나 운세가 점차 쇠약하여 재산을 탕진하고, 다시 재기하기 못한다. 정신질환으로 고생한다.

99. 金 · 水 · 金

명랑쾌활(明朗快活)하고, 사교성이 좋으며 임기응변(臨機應變)의 수단이 있다. 부모, 조상의 은덕이 있어 의외로 크게 발전하여 가정도 평안하며, 재원(財源)도 마르지 않는다.

100. 金 · 水 · 水

기지(奇智)가 발달하고 명랑쾌활하며 이해타산(利害打算)적이다. 보모조상의 은덕과 윗사람의 조력으로 발전하여 이상적 성공을 한다. 그러나 선길후흉(先吉後凶) 운으로 환경급변으로 인해 실패가 자주발생하고 종국에는 구사일생(九死一生) 곤경을 겪는다.

101. 水 · 木 · 木

내유외강(內柔外剛)하나, 타인에게 의지해 도움을 바라는 경향이 많다. 선고후영(先苦後榮)이다. 초년에 고생하나 윗사람의 도움과 자신의 노력으로 순조롭게 성공한다. 심신이 건전해 장수한다.

102. 水 · 木 · 火

감수성이 예민하고 눈치가 빠르며 표면은 인자해 보이나 내면은 엄격하다. 부모조상 및 윗사람의 덕이 있어, 성공 발달하여 평안을 얻는다. 선길후흉(先吉後凶)한 운세로 종국에는 실패하니, 파란(波瀾), 재화(災禍)등으로 불행하고, 신체가 허약하여 질병이 많다.

103. 水 · 木 · 土

온화(溫和), 공손(恭遜), 선량(善良)하며, 유익한 계획을 잘 세운다. 기초가 반석(盤石)과 같아 튼튼하고 가뭄에 단비를 맞는 것같이 일취월장(日就月將)해서 순조롭게 발전한다. 또한 가정생활도 원만하고, 심신이 건전하여 장수한다.

104. 水 · 木 · 金

마음은 연약하나 성품이 온순하여 희생정신이 있다. 메마른 초목에 단비가 내리는 형상(形象)으로 순조롭게 발전한다. 그러나 일시적(一時的) 길(吉)운이오 갈수록 운(運)이 나빠져 마침내 재화(災禍)로 실패한다. 건강은 심신과로, 폐병, 혹 와상(外傷) 등으로 재난이 있다.

105. 水 · 木 · 水

두뇌가 영민하고 감수성이 예민하며 노력가 이다. 선고후영격(先苦後榮格)이니 초년에는 인고(因苦)와 변동, 실패, 질병 등이 따르나 후에 노력으로 목적을 달성한다. 병약, 단명이 염려된다.

106. 水 · 火 · 木

감성(感性)이 예민하고 성급하나, 기반이 튼튼하고 환경이 좋아 대인관계가 좋다. 그로 인해 상당한 발전이 있으나 중도 좌절하여 재난으로 급변하여 불행에 빠진다.

107. 水 · 火 · 火

감성(感性)은 예민하며 정직하나, 성질이 급하여 한번 더 생각하지 않고 행동하는 경향이 있다. 일시적(一時的) 성공은 있으나, 급변재화로 실패한다. 일생(一生) 중 세 번은 이기고 세 번은 지는 격이니 파란(波瀾)이 계속되니 육친(肉親)의 (덕)德이 없고, 처자(妻子)를 보낸다.

108. 水 · 火 · 土

감성(感性)이 예민하고, 조급하며 담력(膽力)이 적다. 기초는 튼튼하나 성공운의 인연이 없고 돌발상황이 자주 발생하며 재화(災禍)가 발생한다. 그러나 절처봉생(絕處逢生)으로 꼼짝없이 죽을 상황에서 다시 살아 성공하는 경우도 있다.

109. 水 · 火 · 金

성품이 조급하고 감정은 예민하며, 배포가 크지 못하다. 겉보기는 안정되고 평온하나, 실상은 그렇지 못하다. 아랫사람으로 인한 상해를 입어 실패하고 급변재난(急變災難)의 징조가 있다.

간혹, 풍운아적(風雲兒的) 인물이 출생한다.

110. 水 · 火 · 水

스스로 위대한 척 뽐내며, 타인과 싸워 이기려는 하는 마음이 강하다. 운로(運路)은 안정되나, 의외의 급변으로 생명과 재산을 잃게 된다. 가정 파탄이 있으니 이혼 혹은 사별(死別)이요, 건강은 뇌출혈, 심장마비 등 상서(祥瑞)롭지 못한 일이 발생하기 쉽다.

111. 水 · 土 · 木

거만하고 편견이 많으며 허영심이 많아 남의 간섭(干涉)을 받기 싫어한다. 환경 또한 불안하여 자주 변화 이동하는 운이다. 타인으로 인해 장애가 많고 파란이 많으니 성공이 어렵다. 가정은 불화하여 자녀들은 불량(不良)하고, 단명(短命)할 염려가 있다.

112. 水 · 土 · 火

성질이 강하고 승부욕이 강하며 허영심이 많다. 또한 다른 사람의 지배를 받으려 하지 않는다. 모든 일에 장애와 마(魔)가 많아 생긴다. 어려운 난관을 뒤로하고 간신히 성공의 문턱에 도달하나 오래가지 못하고 실패한다. 이름의 수리(數理)가 흉(凶)하면 단명(短命)의 우려가 있다.

113. 水 · 土 · 土

허영심이 많고 성질이 강하여 승부욕이 있으나 활발하지 못하다. 모든 장애와 역경을 누르고 성공 발전하나 오래가지 못하고, 다시 실패를 하게 된다. 급변, 재화가 항시 따르고 질병으로 고생한다.

114. 水 · 土 · 金

자존심이 강하고, 세밀한 성격으로 소극적이다. 다른 사람의 지배를 받으려 하지 않아 충고나 의견을 잘 받아 들이지 않는다. 운(運)은 대체적으로 평범한 생활을 누릴 수 있다. 그러나 목적을 세워 큰 일을 추진함에 있어 뜻하지 않는 장애가 발생하여 성공이 지극히 어렵다. 심신과로로 인해 허약하기 쉽다.

115. 水 · 土 · 水

허영심이 많고 책임감(責任感)이 없으며, 남의 간섭을 싫어한다. 생활이 불안정하고, 급변전락(急變轉落)의 재앙으로 고난과 실의에서 벗어나기 어렵다. 건강은 소화기 질환으로 고생하고 생명(生命)의 위험도 없지 않다.

116. 水 · 金 · 木

감성(感性)이 예민하고 세심하며 의심이 많고 화 내기를 잘한다. 처음에는 운이 순조로워 발전하나 중도에 변동이 발생하고 풍파가 돌발하여 뜻을 이루지 못하고 좌절한다. 가정은 일찍 부친(父親)과 이별할 수요, 상처별자(喪妻別子)한다. 혹 빈곤으로 인해 불구가 염려된다.

117. 水 · 金 · 火

언행행동이 경솔하고 무게가 없으며 자승자기(自乘自棄)에 빠지기를 잘 한다. 처음에는 모든 일이 순조로워 용이하게 목적을 달성한다. 그러나 후반에 들어 차츰 운이 쇠퇴하고 말년에는 흉액이 심하다. 부모와는 인연이 없고 자녀들은 선량(善良)치 못하다.

118. 水 · 金 · 土

품은 뜻이 원대하고 머리가 총명하여 무리를 통솔하는 기질을 갖추었다. 모든 일이 여의(如意)하고 발전이 순조로우며 목적을 달성해서 명성을 떨친다. 가정도 평안하고 심신이 항시 건전하여 장수복록(長壽福祿)을 누릴 대길(大吉)한 운이다.

119. 水 · 金 · 金

재지기략(才智機略)이 출중하며 자존심이 강하다. 총명한 재간으로 능히 성공하여 자기의 뜻은 실천하나, 거만과 완고한 성격상의 결함으로 곧 잘 투쟁을 일으켜 본의 아니게 손해를 보는 경우가 있다. 이름의 수리(數理)가 길하면 대길(大吉)할 운이다.

120. 水 · 金 · 水

온화하고 겸손(謙遜)하며, 분수 밖의 재물을 탐하지 않는 검소담백(儉素淡白)한 성격이다. 여자는 온순하여 남자의 뜻을 착실히 받든다. 처음에는 모든 일이 뜻과 같이 되어 행복과 안정을 누리나 후반은 불행하여 급변몰락(急變沒落) 하게 된다. 가정운이 불리하여 고독하고 심신이 허약하다.

121. 水 · 水 · 木

자기를 과신하는 경향이 있고 큰 공을 세우기를 좋아한다. 분수를 지키고 적당한 위치에 만족하면 무사태평(無事泰平)하다. 그러나 성격상 포부가 지나쳐서 허황된 꿈을 세우고 있다가 모든 일이 수포로 돌아가니 만사는 일장춘몽(一場春夢) 되고 만다.

122. 水 · 水 · 火

감성(感性)이 예민하고 신경질이 많으며 자기과신으로 황당무계(荒唐無稽)한 꿈을 잘 꾼다. 또 방탕(放蕩)한 기질이 농후해 꿈과 소망이 이루어 지지않는다. 고집을 내세워 일생 파란이 많고 도노무공(徒勞無功)이요, 부부불화에 자손마저 불량(不良)하다.

123. 水 · 水 · 土

머리가 총명하고 거만하며 잘난 체 하고 방탕(放蕩)한 기질이 있다. 일시적인 성공은 순조롭게 이루어 진다. 그러나 불시의 재난, 급변, 허망한 일이 발생하고 가정불화에 자녀마저 불량(不良)하니, 결국 고독과 번뇌가 따른다. 질병, 단명의 운(運)이며 심장병으로 고생한다.

124. 水 · 水 · 金

거만하고 자부심이 많으며 자기과신, 공노를 세우는 일에 급급(急急)하는 경향이다. 본래 기초가 견실(堅實)하고 성공 발전하여 재산과 명예를 모두 얻게 되나, 방심과 방탕한 기질 때문에 황당무계(荒唐無稽)한 욕심으로 분수에 넘치는 일을 하다 실패하여 비운을 초래한다.

125. 水 · 水 · 水

자기과신이 지나치게 농후해 큰 공을 세우기에 급급(急急)하다. 초운(初運)의 길(吉)함은 일시적으로 크게 성공한다. 그러나 서서히 몰락하여 급변, 횡액(横厄)등으로 실패하고, 가정도 불행하여 고독, 번민으로 세월을 보낸다. 간혹 이상적(理想的)으로 크게 성공하는 사람도 있다.

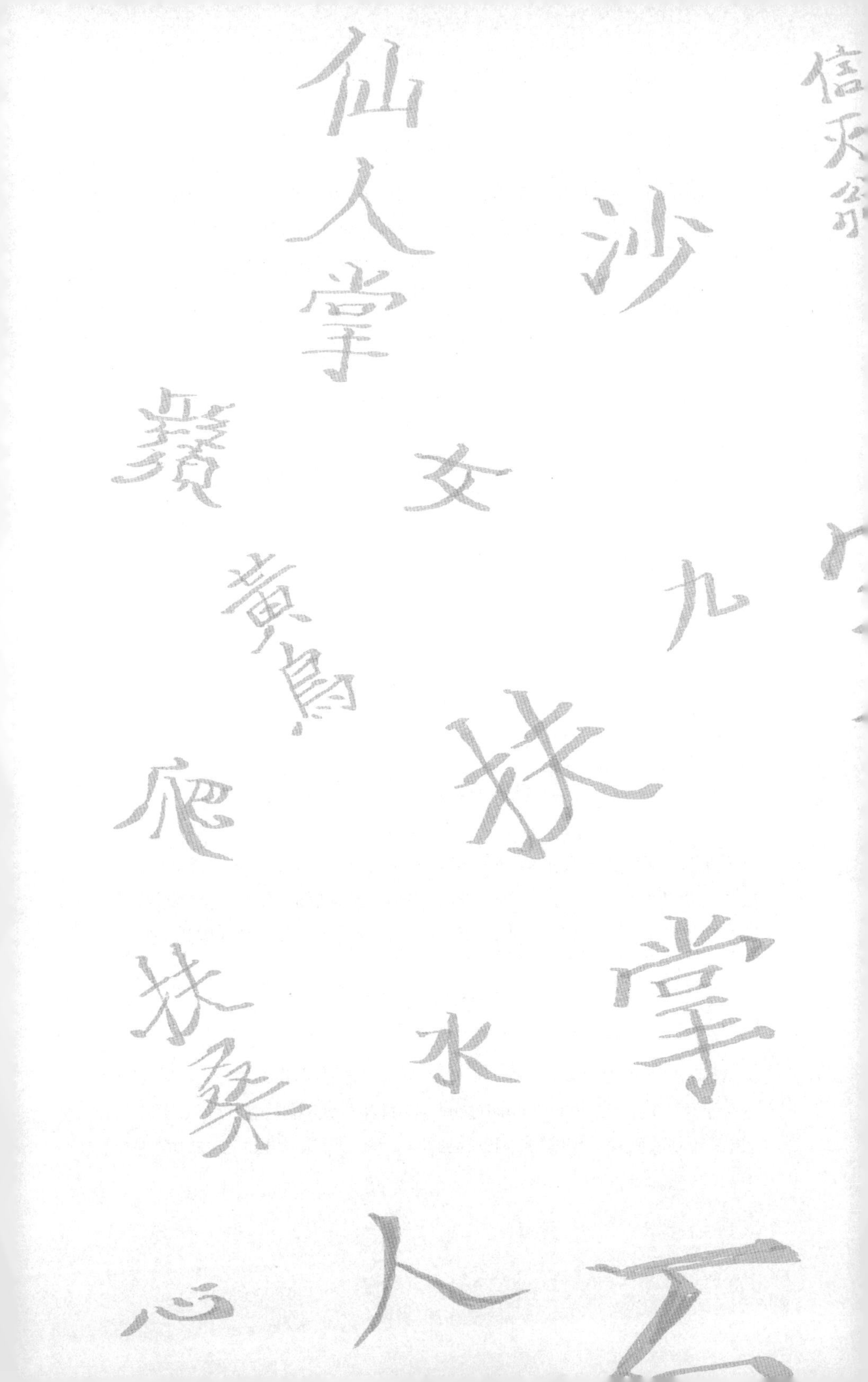

信天翁
沙
九
扶
掌
石
仙人掌
女
水
人
黄鳥
爬
扶桑
心

2장

작명실무 이론Ⅱ

수리론(數理論)에 의한 작명법

1. 수리론
2. 이름의 삼원오행(三元五行)
3. 이름의 사격(四格)

1. 수리론 數理論

가. 수(數) 의 원리

수(數)는 태극(太極)에서 기원해 우주전체의 이루고 있으며, 우주생명의 자체가 수의 요소가 되고, 우주의 삼라만상(森羅萬象)은 수로 인해 창조되고 수에 의해 지배된다.

우주의 대원령(大元靈)은 령(靈)과 체(體) 두 가지 요소로 결합되어있는데, 원래 우주의 생명은 그 존재가 자체가 시작도 없고 끝도 없으며 마치 무한의 원(圓)과 같다.

원(圓)은 동그라미로 령(靈)을 말하는데 령(靈)은 곧 무형(無形)의 생명력이다. 그러므로 그것이 바로 령(零)이요, 령(靈)이 되는 것이며, 불가에서 말하는 색불이공 공불이색(色不異空 空不異色)같아, 일(一)이 되는 수의 요소가 된다. 동시에 무無(零-靈)에서 유(有)가 되는 과정이기도 하다.

주자(朱子)의 태극설에 의하면 태극이전은 무극(無極-空이요) 무극에서 태극(太極)을 이루고 있다.

태극역시 무형의 체(體)나 이때에는 영(零-大元靈)의 경지로서 유(有)가 되는 대원소를 지닌 영-태극(零-太極)으로 진화된 과정이며, 이 태극에서 일기(一氣)가 시생(始生)하였으니 곧 유(有)이며 수(數)로는 일(一)이 된다.

태극에서 일기시생하고 그 일기일수에서 두 가지로 나누어지니 음양(陰陽)이다. 하나에서 둘이 되고, 음양이 또 둘로 나누어 사상-태양, 태음, 소양, 소음(太陽, 太陰, 少陽, 少陰)으로 넷으로 나누고, 사상(四象)에서 오행(五行) 목,화,토,금,수(木,火,土,金,水)으로 생겨났다.

이렇게 무형에서 유형로 발전하여 수억만의 만상으로 창조되고 아울러 숫자도 무無(零)에서 비롯되어 일(一)이 생기고 일이 배가된 숫자가 불가사의한 무량수(無量數)로 늘어간다.

수(數)의 대원인(大原因)이 이러할 진데 어찌 인간의 능력으로 숫자를 산정할 수 있겠는가.

그러기에 인간은 이미 정해진 수 가운데 일, 십, 백, 천, 만, 억 등의 한정된 숫자 안에서 양(量)의 많고 적음을 측정하기 위한 과학적인 방법이요, 생활수단에 불과하다.

그러므로 수(數)는 인간이 만들어내 계수상(計數上)의 반정이 아니고 이미 존속하고 있는 절대적인 실제의 수를 인간이 발견해서 사용할 따름이며, 실로 수(數)는 실상실재(實相實在) 그대로인 것이다. 우리가 과학으로 탐지해낸 우주의 천체만 해도 그렇다. 지구가 태양의 주위를 한 바퀴를 도는데 시속80마일로 계산할 경우 365일 5시간 48분 46초가 걸린다. 이것은 과학이 정한 것이 아니라 이미 위와 같은 숫자에 의하여 태초에 추호(秋毫)의 차이도 없이 돌고 있는 사실을 인간이 탐지해낸 것에 불과 하다.

더욱이 무한한 공간에 나열한 헤아릴 수없이 많은 별들의 성군(星群)도 하나 하나가 일정한 시간과 속도에 의하여 영원에서 영원으로 운행하고 있음은 수(數)에 의해 질서가 일호(一毫)의 착난(錯亂)이 없는 까닭이니, 우주대자연의 모두가 수에 의하여 존속됨을 알 수 있다.

역학(易學)을 비롯한 성명학(姓名學)에서도 수(數)의 원리를 기초로 구성되고 또 그에 의하여 운명상작용력이 미치기 때문에 수리론(數理論)을 무엇보다도 중요시 한다.

역학의 근본원리는 하도(河圖)와 낙서(洛書)에서 시작되는데 하도(河圖)에서는 선천수(先天數)를 정하는바 갑.기.자.오(甲己子牛)9, 을.경.축.미(乙庚丑未)8, 병.신.인.신(丙辛寅申)7, 정.임.묘.유(丁壬卯 酉)6, 무.계.진.술(戊癸辰戌)5 사.해(巳亥)4, 낙서(洛書)에서 후천수(後天數)를 정하니 임.자(壬子) 1, 정.사(丁巳) 2, 갑.인(甲寅) 3,

신.유(辛酉) 4, 무.진.술(戊辰戌) 5, 계.해(癸亥) 6, 병.오(丙午) 7, 을.묘(乙卯) 8, 경.신(庚申) 9, 기.축.미(己丑未) 10 이것이 성명학(姓名學)에서 81수는 수의 기본이 1(一)에서 9(九)까지고 9(九) 자승수(自乘數)가 81이 되는 까닭이다. 〈권세준 교수 辯〉

선천수 先天數		후천수 後天數			
간지 干支	수(數)	간지 干支	수(數)	간지 干支	수(數)
甲己子午	9	壬子	1	丙午	7
乙庚丑未	8	丁巳	2	乙卯	8
丙辛寅申	7	甲寅	3	庚申	9
丁壬卯酉	6	辛酉	4	己丑未	10
戊癸辰戌	5	戊辰戌	5		
巳亥	4	癸亥	6		

나. 수數의 분석 1(一)에서~9(九)까지 의미

1(一)은 만사의 기본이요, 일체의 시초이며 영구 불변하는 절대 움직일 수 없는 근본수이다. 따라서 1(一)은 당연히 가장 처음 시초의 영수(領數)등의 뜻을 지니고 있으므로, 자주독립, 발전, 부귀, 명예 등의 길상(吉祥)을 예시하고 있다.

2(二)는 1과 1의 합이요, 일양(一陽)과 일양(一陽)의 집합으로 화합력이 결여(缺如)되어 분리하기 쉬워, 2(二)는 불완전, 분산, 불구(不具), 연약(軟弱)을 암시하는 수(數)다.

3(三)은 일양(一陽), 일음(一陰)이 합한 확장 수이니 일체(一體)를 겸비한 뜻이 있다. 따라서 3(三)은 자연히 권위, 지혜, 영달, 부귀 등의 영 영력(靈力)을 발휘하는 수(數)이다.

4(四)는 2(二)와 2(二)의 음합(陰合)이나, 1(一)과 3(三)의 양합(陽合)으로 이루어져 화합의 의미가 없어 흉조가 되는 수이다. 군(軍)에서도 사사단, 사연대, 사중대 등의 4(四)자를 붙인 부대는 없다. 기타 엘리베이터에 층수 표기에 4(四)가 없거나 F로 표기하는 경우가 있다. 즉 4(四)는 죽음을 뜻하는 사(死)를 연상케 하여 잘 쓰지 않으며, 4(四)가 사(死)와 음이 같다고 해서뿐만 아니라 4(四)가 뜻하는 바가 불길하다고 여기기 때문이다.

5(五)는 3양(三陽) 2음(二陰)의 동화로 화합된 수로 중심에 위치하며 상,하,좌,우를 통솔하는 수(數)임으로 그 의미가 만물능생지상(萬物能生之像)으로 덕망, 영달, 대업, 영달 등의 길운(吉運)을 초대하는 수(數)이다.

6(六)은 약간의 복잡한 의미를 내포하고 있는 수(數)다.

1(一)에서 10(十)가지의 수 가운데 개개의 음양관계를 우선설명하자면 1(一), 3(三), 5(五), 7(七), 9(九)는 양수(陽數)이요, 2(二), 4(四), 6(六), 8(八), 10(十)은 음수(陰數)인바 원래 양(陽)속에 음(陰)의 기(氣)가 내포되어 있고 음(陰)속에도 양(陽)의 기(氣)가 포함되어 있는 것이 천지조화의 진리이다.

1(一)에서 10(十)까지 음(陰)양(陽)으로 크게 나누면 1(一)에서 5(五)까지는 양(陽)이요, 6(六)에서 10(十)까지는 음(陰)에 속하는데 이치로 볼 때 5(五)는 양극(陽極)이요, 10(十)은 음극(陰極)이며 1(一)은 양(陽)의 시초가 된다. 그러므로 6(六)은 계승, 음덕시태지상(陰德始胎之像)이라 하고 온화, 두수(頭數)을 암시 한다.

그러나 6(六)은 한편으로 3(三)과 3(三), 2(二)와 4(四), 1(一)과 5(五)오 그 합수가 양대양, 음대음이 되어있어 음양의 조화를 이루지 못하였으므로 분산, 파괴, 흉조도 암암리에 작용하는 까닭에 6(六), 16(十六)에 한하여 길조(吉兆)의 작용력도 있으나 26(二十六), 36(三十六)은 변난, 파괴 등의 극단적인 조화를 부리는 일이 발생하게 된다.

7(七)은 5(五)의 성운(盛運)과 2(二)의 파멸운이 합한 수(數), 또는 3(三)의 길운과 4(四)의 흉운이 합하여 이루어진 수(數)이므로 내면에는 길흉 두 극단의 힘이 작용하여 극제(剋制), 화성(化成)되는 결과로 인하여 자연히 강한 암시력이 생기는 동시에 강력불구의 전진력(前進力)이 발생하는 수(數)이다.

8(八)은 파괴의 수 4(四)가 중복인 동시에 5(五)와 3(三)의 통솔, 지덕이 합한 수이므로

각종 영력(靈力)이 작용하며 자취발전지상(自取發展之像)으로 노력, 용진의 추진력이 왕성한 수(數)이다.

9(九)는 양수(陽數)의 끝이요, 궁극수(窮極數)이다. 양의 영향력으로 지덕이 있고 활동력은 왕성하나 원래 종극지수(終極之數)이므로 궁박(窮迫)을 벗어나지 못하는 대재무용지상(大材無用之像)으로 고독 불우하고 일을 맡아 하지만 공은 없는 운세를 암시하는 수(數)이다.

10(十)은 기본수의 끝으로 종결을 구하는 수요, 음(陰)의 최 극이며 영(零)의 위치에 있는 수이니 그 의의가 공허무한지상(空虛無限之像)이라 각 수리(數理)가운데 꺼리며 이 수는 흉조(凶兆)를 발생하는 수(數)이다. 그러나 수리의 순환은 우주의 법칙으로 공허, 사멸, 종결은 다시 태생, 시초인 것이니 10(十)이 서로 거듭될 경우 전향이 되어 크게 발전한다는 이치도 알아야 한다.

〈권세준 교수 辯〉

다. 수(數)의 음양(陰陽)

홀수는 양(陽), 짝수는 음(陰)이다. 즉 1, 3, 5, 7, 9는 양(陽)이고 2, 4, 6, 8, 10은 음(陰)이다.

작명을 할 때는 문자(文字)를 사용한다. 문자에는 자의(字意) '이(理)'와 획'수(數)'가 있다.

그러므로 하나의 문자도 이와 수로서 음양을 구분할 수가 있다.

왕(王)자를 예로 들면, 임금은 남(男)이므로 이(理)면에서는 양(陽)이고, 획수는 4획이므로 수(數)면에서는 음(陰)이다. 이를 달리 표현하면 왕(王)자는 이양수음(理陽數陰)이다.

설(雪)자를 살펴보면, 설(雪)은 눈이고 여성이 좋아하는 것이므로 음이다. 획수는 11획으로 홀수, 즉 양이다. 그러므로 설(雪)자는 이음수양(理陰數陽)이다.

성은 왕(王)이요, 이름이 설(雪)인 사람이 있다면 그의 이름은 이(理)와 수(數) 모두평형을 이룬 것이다. 만약 역학(易學)의 음양부호 '–'로써 양(陽)을, '--' 로는 음(陰)을 표시하면 아래와 같은 표를 만들 수 있다.

	왕(王)	설(雪)
이(理)	━━━	━ ━
수(數)	━ ━	━━━

그러나 이처럼 음양이 평형을 이룬 이름은 좀처럼 찾아보기 힘들다. 보통은 음양 중 어느 한쪽이 더 강하거나 약한 경우가 많다. 옛 성명학가(姓名學家)는 음과 양 어느 한쪽이 지나치게 강한 사람은 이름으로 그 음과 양을 보완하여 평형을 이루도록 해야 한다고 주장하였다.

즉 양의 기운이 지나치게 강한 사람은 음으로 보완해야 하고, 음의 기운이 지나치게 강한 사람은 양으로 보완해야만 이름과 그 사람 사이의 음양이 평형으로 조화를 이룰 수 있다는 것이다.

다시 말하면 성(姓)은 태어날 때부터 정해져 있어 바꾸지 못하므로 이름을 고쳐서 보완해야 한다. 즉 성의 글자가 홀수라면 이름의 첫 번째와 둘째 글자모두 짝수이거나 홀수와 짝수, 또는 짝수와 홀수 등으로 하고, 성의 글자가 짝수라면 이름은 홀수와 홀수, 또는 짝수와 홀수 등으로 잘 섞어야 한다.

성(姓) 홀수일 경우	홀수+짝수+짝수	홀수+짝수+홀수	홀수+홀수+짝수
성(姓) 짝수일 경우	짝수+홀수+홀수	짝수+짝수+홀수	짝수+홀수+짝수

예컨대 화를 잘 내고 안절부절못하고 항상 안색이 붉게 상기되어 있으며 목에 핏줄이 도드라져 보이는 사람은 양기(陽氣)가 지나치게 강한 것이다. 이런 사람은 음의 성질을 가진 이름을 지어야 한다. 예를 들어 유(劉)씨 성이라면 이름을 정호(靜湖)라고 짓는 것도 좋다. 왜냐하면 정(靜)과 호(湖)가 이(理 : 의)나 수(數 : 획수) 모두 음이기 때문이다.

항상 수줍어하고 조용하며 겁이 많고 말소리도 작아 언행이 여성스러운 남자라면 이는 양기에 비해 음기(陰氣)가 지나치게 왕성하기 때문이다. 이때 는 양의 성질을 가진 이름을 지어 보완해야 한다. 만약 이(李)씨 성을 가진 사람이라면 이의(李毅)라는 이름도 좋다. '의(毅)'자가 수(數)나 이(理)모두 양이기 때문이다. 위의 내용을 다시 한번 요약해서 살펴보면 음양이 조화를 이루어 평형 한 사람은 이름도 음양이 평형 하도록 신경을 쓰고 음양이 어느 한쪽으로 치우쳐 양이 강하면 음명(陰名)을 취하고 음이 강하면 양명(陽名)을 취하여 보완해야 한다.

2. 이름의 삼원오행(三元五行)

성명을 획수(劃數)에 따라 "오행으로 분류"하여 길흉을 알아보는 방법이다. 천격(天格), 인격(人格), 지격(地格)을 이름의 삼원(三元)이라고 한다. 여기에 총격(總格), 외격(外格)을 덧붙여 운세를 분석하게 된다. 성명학에서 이 분석법은 매우 중요한 위치를 차지한다.

천격(天格)이란 성씨(姓氏)씨에 해당하는 것으로 태어날 때부터 이미 정해진 것이기에 인생에 크게 영향을 미치지 못한다. 계산법은 성씨(姓氏) + 1획(假成)이 천격이 된다. 외자(一字)이름일 경우 성씨(姓氏)에 1획(假成)을 더해 준다. 두 자(二字) 성씨(姓氏)이거나, 네 글자 이름의 두자 성씨(姓氏) 경우 앞의 두 글자의 총 필획 수를 계산한 것이 천격이 된다.

인격(人格) 은 한 사람의 미래에 대한 암시를 나타낸다.

인격의 계산법은 성씨(姓氏)를 제외하고 외자(一字)경우, 성씨(姓氏)와 이름의 획수를 계산한다.

즉 성씨(姓氏) + 이름을 합친 획수이다. 두 자 성씨(姓氏) 이거나, 네 글자 이름은 두 번째 글자와 세 번째 글자의 총 필획 수를 계산한다.

지격(地格) 은 가정과 사회환경을 암시한다. 성씨(姓氏)를 제외하고 이름 두 자(二字)를 합친 수다. 외자(一字)이름일 경우 이름에 1획(假成)을 더해 준다. 즉 두 번째 글자 + 1 획수를 더하면 된다. 두 자 성씨(姓氏) 이거나, 네 글자 이름은 마지막 두 글자의 총 필획 수를 계산한다.

총격(總格) 은 한 사람에 대한 지배력을 나타낸다. 계산법은 전체 필획 수를 계산하면 된다.

▣ 삼원(天地人) 오행 표 ▣

五行(오행)	木	火	土	金	水
획수	1, 2	3, 4	5, 6	7, 8	9, 10

※ 글자의 획수를 합쳐 일(一)자리 수, 15획 경우 10을 뺀 나머지 수가 5이므로 토(土)에 해당한다.

<획수 계산시 주의할 점>

한자의 획수를 계산할 때 한자의 좌우 또는 받침은 글자의 원래 부수의 획수로 계산해야 한다. 즉 月변은 肉으로 6획이고, 氵 변은 水으로 4획이다

숫자 1(一), 2(二), 3(三), 4(四), 5(五), 6(六), 7(七), 8(八), 9(九), 10(十)은 숫자의 획수와 관계없이 성명학에서는 그 의미로써 획수로 본다 (단 百 6획, 千 3획으로 본다)

■ 부수와 변의 획수 일람표 ■

약 부수	본 부수	획수	약 부수	본 부수	획수
扌	手	4획	忄	心	4획
氵	水	4획	犭	犬	4획
礻	示	5획	王	玉	5획
艹	艸	6획	衤	衣	6획
月	肉	6획	罒	网	6획
辶	辵	7획	耂	老	6획
阝(좌)	阜	8획	阝(우)	邑	7획

예시 1) 성씨(姓氏)와 두 글자 이름의 경우

총격(總格)은 성씨(姓氏) + 이름(두 글자)이니 23(火)이다.

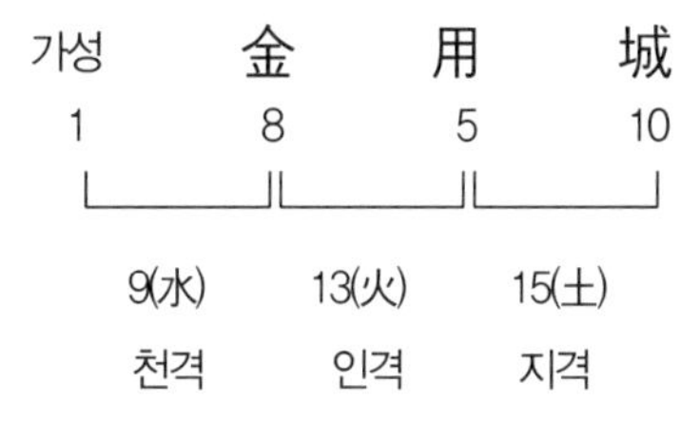

예시 2) 한 글자 성씨(姓氏)와 외자(一字)이름의 경우

총격(總格)은 성씨(姓氏) + 이름(한 글자)이니 15(土)이다.

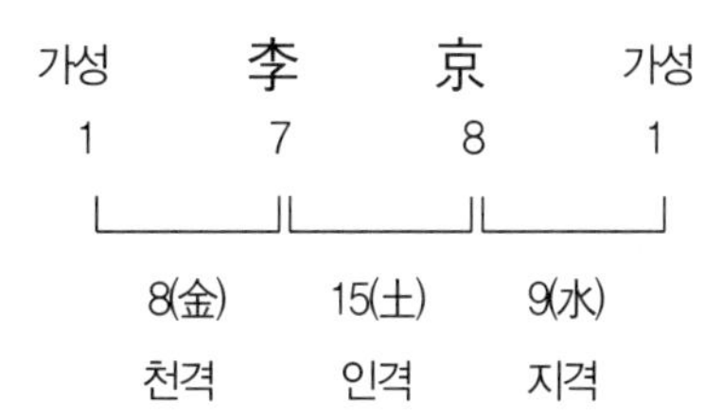

예시 3) 두 글자 성씨(姓氏)와 두 글자 이름의 경우

총격(總格)은 성씨(姓氏) 두 글자 + 이름 두 글자 이니 30(水)이다.

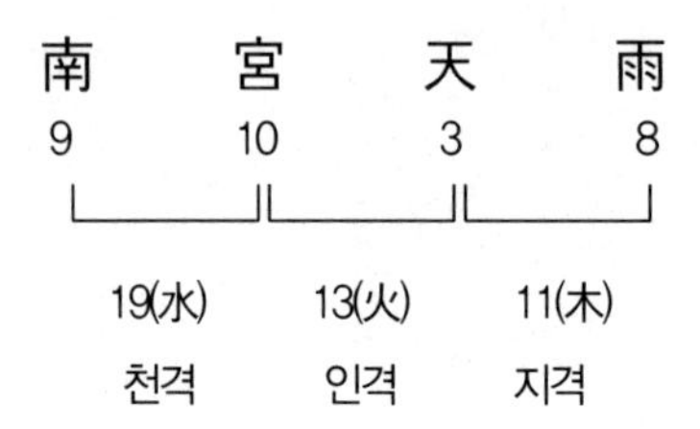

예시 4) 두 글자 성씨(姓氏)와 외자(一字)이름의 경우

총격(總格)은 성씨(姓氏) 두 글자 + 이름 한 글자 외자(一字) 이니 22(木)이다.

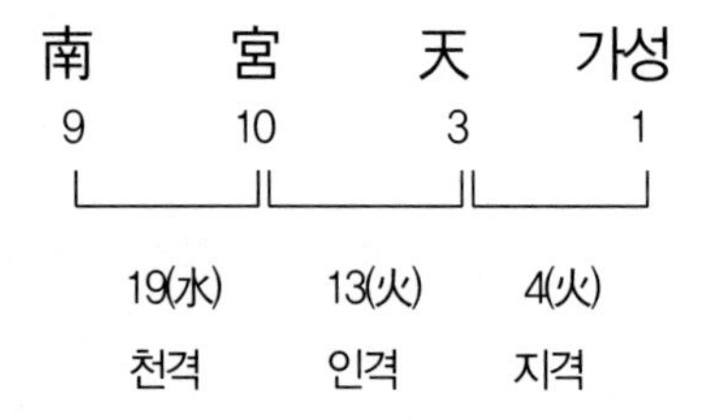

가. 삼원오행 (三元五行) 에 의한 작명(作名)

예시 1) 정(丁)씨 성(姓) ▶ 획수 2·3·10 오행배합 火·土·火

천격(天格)은 성(姓)씨의 획수가 2획이므로 (2+1=3) 화(火)
인격(人格)은 성(姓)씨 + 3 (2+3=5) 토(土),
지격(地格)은 이름 두 자의 합(3+10=13) 끝자리가 3이므로 화(火)가 되고, 오행배합은 火 · 土 · 火가 된다.

본서(本書)에서는 음양오행(陰陽五行) 상생(相生)원리가 길(吉)한 것으로 조합하여 성씨(姓氏) 기준으로 작명(作名) 예를 만들어 놓았으니, 혹 누락된 성씨(姓氏)가 있으면, 또한 획수를 참조하여 적용하며 좋은 이름을 작명할 수 있다.

예시2) 김 민 철 金(8획) 珉(10획) 徹(15획) 삼원오행 (三元五行) 감별

천격(天格) : 9획 水 = 金(8획) + 1
인격(人格) : 18획 金 = 金(8획) + 珉(10획)
지격(地格) : 25획 土 = 珉(10획)+ 徹(15획)

◐ 삼원오행 (三元五行) 배합 ▶ 水 金 土

◐ 水 金 土 해설
품은 뜻이 원대하고 머리가 총명하여 무리를 통솔하는 기질을 갖추었다. 모든 일이 여의(如意)하고 발전이 순조로우며 목적을 달성해서 명성을 떨친다. 가정도 평안하고 심신이 항시 건전하여 장수복록(長壽福祿)을 누리는 대길(大吉)할 운이다

▣ 삼원(天人地) 오행 표 ▣

五行(오행)	木	火	土	金	水
획수	1, 2	3,4	5,6	7,8	9,10

2劃 성씨(姓氏)

정(丁) 복(卜) 우(又) 도(刀) 역(力) 내(乃)

성과 이름의 획수	오행
2 · 1 · 10	火 · 火 · 木
2 · 3 · 10	火 · 土 · 火
2 · 4 · 9	火 · 土 · 火
2 · 9 · 4	火 · 木 · 火
2 · 9 · 12	火 · 木 · 木
2 · 9 · 14	火 · 木 · 火

성과 이름의 획수	오행
2 · 11 · 10	火 · 火 · 木
2 · 13 · 10	火 · 土 · 火
2 · 13 · 22	火 · 土 · 土
2 · 14 · 9	火 · 土 · 火
2 · 19 · 4	火 · 木 · 火

3劃 성씨(姓氏)

천(千) 대(大) 궁(弓) 범(凡) 우(于) 산(山) 자(子) 간(干)

성과 이름의 획수	오행
3 · 3 · 12	火 · 土 · 土
3 · 3 · 15	火 · 土 · 金
3 · 8 · 5	火 · 木 · 火
3 · 8 · 24	火 · 木 · 木
3 · 10 · 22	火 · 火 · 木
3 · 12 · 6	火 · 土 · 金

성과 이름의 획수	오행
3 · 13 · 2	火 · 土 · 土
3 · 13 · 5	火 · 土 · 金
3 · 13 · 22	火 · 土 · 土
3 · 18 · 14	火 · 木 · 木
3 · 20 · 12	火 · 火 · 木

4劃 성씨(姓氏)

윤(尹) 문(文) 원(元) 공(孔) 변(卞) 왕(王) 방(方) 모(毛) 구(仇) 인(仁) 우(牛) 공(公) 태(太)
천(天) 부(夫) 정(井) 화(化) 우(牛) 일(日) 파(巴) 개(介) 목(木) 편(片) 수(水) 근(斤)

성과 이름의 획수	오행
4 · 3 · 14	土 · 金 · 金
4 · 9 · 2	土 · 火 · 木
4 · 9 · 4	土 · 火 · 火
4 · 9 · 12	土 · 火 · 木
4 · 9 · 22	土 · 火 · 木
4 · 12 · 5	土 · 土 · 金

성과 이름의 획수	오행
4 · 12 · 13	土 · 土 · 土
4 · 13 · 4	土 · 金 · 金
4 · 13 · 12	土 · 金 · 土
4 · 14 · 11	土 · 金 · 土
4 · 19 · 12	土 · 火 · 木
4 · 20 · 15	土 · 火 · 土

5劃 성씨(姓氏)

전(田) 백(白) 신(申) 석(石) 감(甘) 옥(玉) 사(史) 피(皮) 평(平) 점(占) 영(永) 빙(氷) 포(包)
소(召) 책(冊) 태(台) 공(功) 북(北) 령(令) 홍(弘) 필(疋) 현(玄) 좌(佐) 구(丘) 비(丕) 왕(王)

성과 이름의 획수	오행
5 · 2 · 6	土 · 金 · 金
5 · 8 · 5	土 · 火 · 火
5 · 8 · 8	土 · 火 · 土
5 · 8 · 16	土 · 火 · 火
5 · 8 · 24	土 · 火 · 木
5 · 10 · 3	土 · 土 · 火

성과 이름의 획수	오행
5 · 10 · 6	土 · 土 · 土
5 · 10 · 14	土 · 土 · 火
5 · 12 · 4	土 · 金 · 土
5 · 12 · 6	土 · 金 · 金
5 · 18 · 14	土 · 火 · 木
5 · 20 · 4	土 · 土 · 火

6劃 성씨(姓氏)

전(全) 임(任) 안(安) 주(朱) 길(吉) 이(伊) 인(印) 모(牟) 미(米) 호(好) 박(朴) 서(西) 우(羽)
유(有) 택(宅) 수(守) 백(百) 노(老) 규(圭) 광(光) 곡(曲) 선(先) 후(后)

성과 이름의 획수	오행
6·9·6	金·土·土
6·9·9	金·土·金
6·9·14	金·土·火
6·9·16	金·土·土
6·10·5	金·土·土
6·10·7	金·土·金

성과 이름의 획수	오행
6·10·15	金·土·土
6·11·4	金·金·土
6·11·14	金·金·土
6·12·23	金·金·土
6·19·4	金·土·火
6·19·16	金·土·土

7劃 성씨(姓氏)

이(李) 지(池) 오(吳) 송(宋) 려(呂) 신(辛) 강(江) 성(江) 연(延) 차(車) 판(判) 보(甫) 두(杜) 좌(佐)
하(何) 량(良) 오(吾) 제(弟) 곡(谷) 효(孝) 정(廷) 여(余) 범(汎) 견(見) 군(君) 초(初) 지(池)

성과 이름의 획수	오행
7·8·10	金·土·金
7·8·16	金·土·火
7·8·17	金·土·土
7·9·8	金·土·金
7·9·15	金·土·火
7·9·16	金·土·土

성과 이름의 획수	오행
7·10·16	金·金·土
7·11·5	金·金·土
7·11·14	金·金·土
7·22·10	金·水·木
7·30·15	金·金·土

8劃 성씨(姓氏)

김(金) 임(林) 심(沈) 맹(孟) 기(奇) 방(房) 명(明) 상(尙) 구(具) 주(周) 지(知) 승(承) 계(季) 탁(卓) 봉(奉) 충(忠) 채(采) 흔(昕) 문(門) 부(斧) 악(岳) 공(空) 장(長) 승(昇) 경(庚) 사(沙) 경(京) 석(昔) 종(宗) 사(舍) 화(和) 창(昌) 적(狄) 내(柰) 애(艾) 야(夜)

성과 이름의 획수	오행
8 · 9 · 6	水 · 金 · 土
8 · 9 · 7	水 · 金 · 土
8 · 10 · 5	水 · 金 · 土
8 · 10 · 6	水 · 金 · 土

성과 이름의 획수	오행
8 · 10 · 15	水 · 金 · 土
8 · 23 · 10	水 · 木 · 火
8 · 24 · 7	水 · 木 · 木

9 劃 성씨(姓氏)

류(柳) 유(俞) 강(姜) 남(南) 우(禹) 하(河) 함(咸) 선(宣) 위(韋) 추(秋) 표(表) 시(柴) 태(泰) 준(俊) 천(泉) 언(彦) 단(段) 성(星) 정(貞) 사(思) 척(拓) 향(香) 율(律) 시(施) 요(姚) 편(扁) 초(肖)

성과 이름의 획수	오행
9 · 8 · 7	水 · 金 · 土
9 · 8 · 8	水 · 金 · 土
9 · 9 · 6	水 · 金 · 土

성과 이름의 획수	오행
9 · 12 · 20	水 · 木 · 木
9 · 20 · 12	水 · 水 · 木
9 · 22 · 10	水 · 木 · 木

10劃 (姓氏)

홍(洪) 서(徐) 고(高) 은(殷) 진(秦) 시(時) 계(桂) 궁(宮) 당(唐) 원(袁) 진(晉) 경(耿) 환(桓) 방(芳) 상(桑) 마(馬) 원(原) 안(晏) 공(恭) 하(夏) 공(貢) 손(孫) 화(花) 진(眞) 강(剛) 창(倉) 수(洙) 옹(邕)

성과 이름의 획수	오행
10 · 1 · 12	木 · 木 · 火
10 · 3 · 10	木 · 火 · 火
10 · 3 · 12	木 · 火 · 土
10 · 11 · 2	木 · 木 · 火
10 · 11 · 10	木 · 木 · 木
10 · 11 · 12	木 · 木 · 火
10 · 11 · 20	木 · 木 · 木

성과 이름의 획수	오행
10 · 13 · 12	木 · 火 · 土
10 · 14 · 7	木 · 火 · 木
10 · 14 · 11	木 · 火 · 土
10 · 14 · 17	木 · 火 · 木
10 · 19 · 12	木 · 水 · 木
10 · 11	木 · 木 · 木
10 · 14	木 · 火 · 土

11劃 (姓氏)

최(崔) 장(張) 강(康) 견(堅) 양(梁) 어(魚) 허(許) 방(邦) 계(啓) 주(珠) 호(扈) 나(那) 장(將) 마(麻) 랑(浪) 경(卿) 국(國) 율(栗) 건(乾) 위(尉) 상(常) 조(曺) 매(梅) 빈(班) 호(胡)

성과 이름의 획수	오행
11 · 2 · 4	木 · 火 · 土
11 · 4 · 20	木 · 土 · 火
11 · 10 · 14	木 · 木 · 火
11 · 10 · 20	木 · 木 · 水
11 · 12 · 12	木 · 火 · 火

성과 이름의 획수	오행
11 · 20 · 4	木 · 木 · 火
11 · 13	木 · 火 · 火
11 · 21 · 20	木 · 木 · 木
11 · 18	木 · 水 · 水

12劃 성씨(姓氏)

민(閔) 황(黃) 지(智) 동(童) 순(荀) 순(舜) 순(順) 돈(敦) 요(堯) 운(雲) 소(邵) 하(賀) 필(弼)
경(景) 정(程) 삼(森) 형(荊) 등(登) 팽(彭) 증(曾) 윤(閏) 한(閑) 선(善) 승(勝) 유(庾) 설(卨)
동방(東方) 풍(馮) 이(異) 저(邸) 일(壹) 부(傅) 구(邱) 단(單) 삼(森) 강(强)

성과 이름의 획수	오행
12 · 1 · 10	火 · 火 · 木
12 · 3 · 10	火 · 土 · 火
12 · 3 · 14	火 · 土 · 金
12 · 4 · 9	火 · 土 · 火
12 · 4 · 13	火 · 土 · 金
12 · 9 · 4	火 · 木 · 火
12 · 9 · 12	火 · 木 · 木

성과 이름의 획수	오행
12 · 9 · 14	火 · 木 · 火
12 · 9 · 16	火 · 木 · 土
12 · 11 · 10	火 · 火 · 木
12 · 12 · 4	火 · 火 · 土
12 · 12 · 12	火 · 火 · 火
12 · 13 · 4	火 · 土 · 金
12 · 23 · 12	火 · 土 · 土

13劃 (姓氏)

렴(廉) 양(楊) 목(睦) 금(琴) 장(莊) 초(楚) 뢰(雷) 가(賈) 경(敬) 욱(郁) 신(新) 온(溫) 아(阿)
사공(司空) 강산(岡山) 소봉(小峰) 돈(頓) 옹(雍) 춘(椿) 탕(湯)

성과 이름의 획수	오행
13 · 3 · 15	火 · 土 · 金
13 · 8 · 16	火 · 木 · 火
13 · 12 · 4	火 · 土 · 土
13 · 12 · 6	火 · 土 · 金

성과 이름의 획수	오행
13 · 12 · 12	火 · 土 · 火
13 · 12 · 23	火 · 土 · 土
13 · 18 · 6	火 · 木 · 火
13 · 18 · 14	火 · 木 · 木

14劃 (姓氏)

조(趙) 배(裵) 신(愼) 봉(鳳) 빈(賓) 단(端) 종(種) 기(箕) 화(華) 수(壽) 영(榮) 계(溪) 제(薺)
실(實) 괴(槐) 긍(兢) 견(甄) 국(菊) 연(連) 석(碩) 채(菜) 공손(公孫) 서문(西門)

성과 이름의 획수	오행
14 · 3 · 12	土 · 金 · 土
14 · 3 · 15	土 · 金 · 金
14 · 3 · 22	土 · 金 · 土
14 · 4 · 11	土 · 金 · 土
14 · 9 · 6	土 · 火 · 土

성과 이름의 획수	오행
14 · 10 · 11	土 · 火 · 木
14 · 10 · 15	土 · 火 · 土
14 · 11 · 4	土 · 土 · 土
14 · 11 · 7	土 · 土 · 金
14 · 11 · 12	土 · 土 · 火

15劃 (姓氏)

경(慶) 노(魯) 류(劉) 엽(葉) 동(董) 한(漢) 표(標) 광(廣) 가(價) 만(萬) 부(部) 갈(葛) 곽(郭) 만(漫)
묵(墨) 연(緣) 탄(彈) 한(漢) 량(樑) 루(樓) 빈(賓) 흥(興) 영(影) 제(諸) 사마(司馬) 장곡(長谷)

성과 이름의 획수	오행
15 · 2 · 14	土 · 金 · 土
15 · 3 · 14	土 · 金 · 金
15 · 8 · 24	土 · 火 · 木
15 · 9 · 7	土 · 火 · 土
15 · 9 · 8	土 · 火 · 金
15 · 9 · 14	土 · 火 · 火

성과 이름의 획수	오행
15 · 9 · 16	土 · 火 · 土
15 · 9 · 17	土 · 火 · 土
15 · 9 · 23	土 · 火 · 木
15 · 10 · 7	土 · 土 · 金
15 · 20 · 4	土 · 土 · 火
15 · 22 · 15	土 · 金 · 金

16劃 (姓氏)

진(陳) 노(盧) 음(陰) 연(燕) 용(龍) 제(諸) 반(潘) 우(遇) 도(陶) 육(陸) 전(錢) 도(道) 도(都)
황보(皇甫) 수(輸) 개(蓋) 강(彊) 교(橋) 두(頭)

성과 이름의 획수	오행
16 · 2 · 14	金 · 金 · 土
16 · 9 · 4	金 · 土 · 火
16 · 9 · 6	金 · 土 · 土
16 · 9 · 7	金 · 土 · 土
16 · 9 · 15	金 · 土 · 火
16 · 9 · 16	金 · 土 · 土

성과 이름의 획수	오행
16 · 13 · 8	金 · 水 · 木
16 · 19 · 4	金 · 土 · 火
16 · 19 · 5	金 · 土 · 火
16 · 19 · 6	金 · 土 · 土
16 · 21 · 4	金 · 金 · 土

17劃 (姓氏)

한(韓) 채(蔡) 장(蔣) 종(鍾) 선(鮮) 국(鞠) 양(陽) 촉(燭) 농(濃) 사(謝) 택(澤) 연(蓮), 추(鄒)

성과 이름의 획수	오행
17 · 8 · 7	金 · 土 · 土
17 · 8 · 10	金 · 土 · 金
17 · 8 · 16	金 · 土 · 火

성과 이름의 획수	오행
17 · 18 · 16	金 · 土 · 火
17 · 18 · 17	金 · 土 · 土
17 · 20 · 15	金 · 金 · 土

18劃 (姓氏)

위(魏) 간(簡) 쌍(雙) 대(戴) 추(鞦) 안(顔) 호(鎬)

성과 이름의 획수	오행
18 · 11 · 6	水 · 水 · 金
18 · 11 · 10	水 · 水 · 木
18 · 14 · 7	水 · 木 · 木

성과 이름의 획수	오행
18 · 14 · 15	水 · 木 · 水
18 · 19 · 10	水 · 金 · 水

19劃 (姓氏)

정(鄭) 설(薛) 담(譚) 방(龐) 남궁(南宮) 고이(古爾) 어금(魚金)

성과 이름의 획수	오행
19 · 6 · 7	水 · 土 · 火
19 · 11 · 7	水 · 水 · 金
19 · 12 · 4	水 · 木 · 土

성과 이름의 획수	오행
19 · 12 · 17	水 · 木 · 水
19 · 12 · 20	水 · 木 · 木

20劃 (姓氏)

엄(嚴) 라(羅) 환(還) 석(釋) 선우(鮮于) 하후(夏候)

성과 이름의 획수	오행
20 · 1 · 12	木 · 木 · 火
20 · 3 · 12	木 · 火 · 土
20 · 4 · 11	木 · 火 · 土

성과 이름의 획수	오행
20 · 4 · 17	木 · 火 · 木
20 · 9 · 23	木 · 水 · 木
20 · 12 · 20	木 · 木 · 木

21劃 (姓氏)

수(隋) 고(顧) 학(鶴) 등(藤)

성과 이름의 획수	오행
21 · 2 · 14	木 · 火 · 土
21 · 8 · 10	木 · 水 · 金

성과 이름의 획수	오행
21 · 10 · 14	木 · 木 · 火
21 · 12 · 12	木 · 火 · 火

22劃 (姓氏)

권(權) 소(蘇) 변(邊) 은(隱) 야율(耶律)

성과 이름의 획수	오행
22 · 1 · 10	火 · 火 · 木
22 · 1 · 16	火 · 火 · 金
22 · 9 · 14	火 · 木 · 火

성과 이름의 획수	오행
22 · 13 · 4	火 · 土 · 金
22 · 13 · 12	火 · 土 · 土
22 · 19 · 4	火 · 木 · 火

25劃 (姓氏)

독고(獨孤)

성과 이름의 획수	오행
25 · 9 · 7	土 · 火 · 土

31劃 (姓氏)

제갈(諸葛)

성과 이름의 획수	오행
31 · 2 · 4	木 · 火 · 土
31 · 20 · 1	木 · 木 · 木

성과 이름의 획수	오행
31 · 20 · 4	木 · 木 · 土

3. 이름의 사격(四格) - 원형이정(元亨利貞)

수리론(數理論)으로 이름을 작명할 때 성씨(姓氏)와 이름을 조합하여 4가지로 나누는데 이를 이름의 사격(四格)이라 고하며, 원격(元格), 형격(亨格), 이격(利格), 정격(貞格) 하고, 첫 글자만 따서 원형이정(元亨利貞)이라고 한다.

원격(元格)은 지격(地格)이라고도 하며, 성씨(姓氏)을 제외한 이름의 첫 글자와 끝 글자의 획수를 더한다. 15세까지의 초년운을 나타낸다.

형격(亨格)은 인격(人格)이라고도 하며, 본인(本人)의 성격을 의미하고, 청장년운으로 성씨(姓氏)와 이름의 첫 글자의 획수를 더한다.

이격(利格)은 배우자의 성격, 사회, 가정을 의미하며, 중년운으로 성씨(姓氏)와 이름의 끝 글자의 획수를 더한다. 외자(一字)이름일 경우 성씨(姓氏) 획수만 계산한다.

정격(貞格)은 말년운으로 성씨(姓氏)와 이름의 획수를 모두 더한다

가. 원형이정(元亨利貞)에 의한 작명(作名)

예시 1) 김용성(金用城)- 한 글자 성씨(姓氏)와 두 글자 이름의 경우

정격(貞格)은 성씨(姓氏) + 이름(두 글자) 23획이 된다.

예시 2) 이경 (李京) - 한 글자 성씨(姓氏)와 한 글자 이름의 경우

정격(貞格)은 성씨(姓氏) + 이름(한 글자) 15획이 된다.

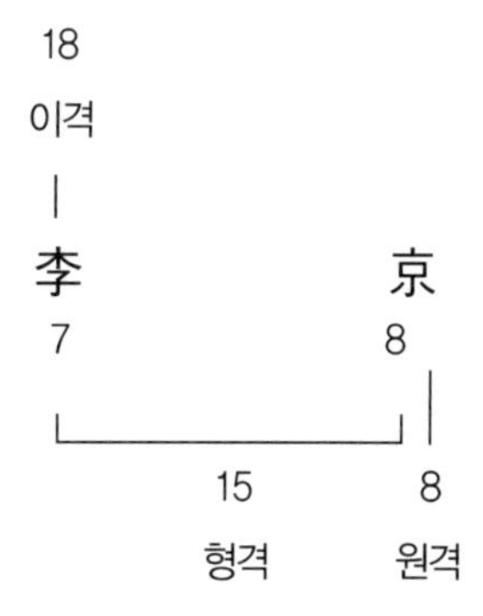

예시 3) 남궁천우(南宮千雨) - 두 글자 성씨(姓氏)와 두 글자 이름의 경우

정격(貞格)은 성씨(姓氏)(두 글자) + 이름(두 글자) 30획이 된다.

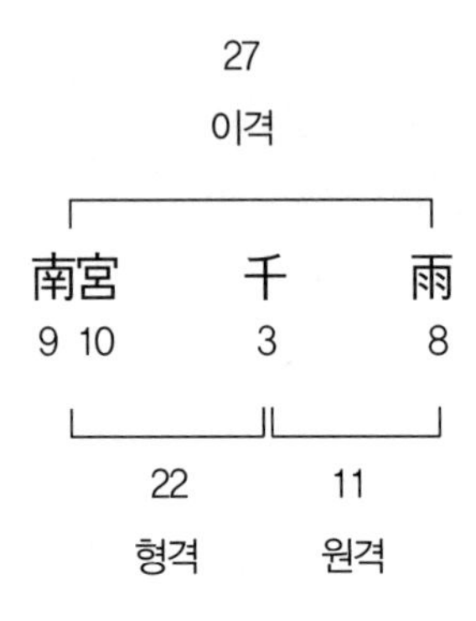

예시 4) 남궁천(南宮千) - 두 글자 성씨(姓氏)와 한 글자 이름의 경우

정격(貞格)은 성씨(姓氏)(두 글자) + 이름(한 글자) 22획이 된다.

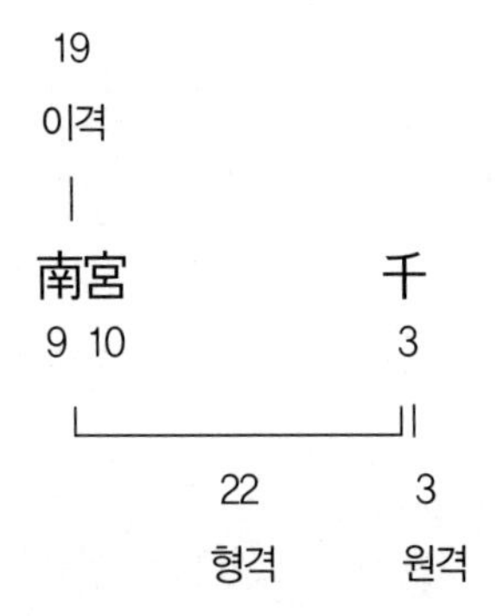

가. 원형이정(元亨利貞) 수리(數理)에 따른 길흉(吉凶)

한 사람 이름으로만 운(運)을 볼 때 이름의 획수를 합하여 길흉(吉凶)을 간(看)명 한다. 원격(元格)초년운, 형격(亨格)청장년운, 이격(利格)중년운, 정격(貞格)말년운을 본다.

예시) 김 민 철 金(8획) 珉(10획) 徹(15획)

◐ 사격(四格) 원형이정(元亨利貞) 감별

원격(元格) : 25획 안전격(安全格) = 珉(10획)+ 徹(15획) ▶초년운

형격(亨格) : 18획 발전격(發展格) = 金(8획) + 珉(10획) ▶ 청장년운

이격(利格) : 23획 공명격(功名格) = 金(8획) + 徹(15획) ▶ 중년운

정격(貞格) : 33획 승천격(昇天格) = 金(8획) + 珉(10획) + 徹(15획) ▶말년운

▣ 획수(劃數)에 따른 길흉(吉凶) 해설 ▣

1획(一劃) ◆ 초두운(初頭運) 태초격(太初格) 군왕옥좌지상(君王玉座之象)

1은 만물의 시작과 출발을 알리는 수이다. 큰 뜻을 성취하며 나날이 발전하여 부귀와 명예가 따르게 된다.

2획(二劃) ◆ 분산운(分散運) 분리격(分離格) 제사분리지상(諸事分離之象)

매사가 분산되거나 불화를 겪게 된다. 부모나 형제, 부부 관계가 순조롭지못하고 생이별이나 질병을 앓게 된다. 사회적으로도 인간관계가 원만하지 못하고 실패를 맛보게 된다. 이처럼 여러 방면에 있어서 좌절을 겪음으로 인해 심신이 허약하고 단명 한다.

3획(三劃) ◆ 명예운(名譽運) 수령격(首領格) 만물성형지상(萬物成形之象)

안정의 수로서 지혜가 뛰어나고 과감성이 있으며 원만한 성격으로 지도력을 발휘하게 된다. 사회적으로 이름을 날리는 한편 가정적으로도 편안하여 부귀를 누린다.

4획(四劃) ◆ 파멸운(破滅運) 부정격(不定格) 파괴흉변지상(破壞凶變之象)

추진력, 의지가 부족하여 하나 같이 성공하는 일이 없다. 여기저기 열심히 뛰어다니지만 노력과 시간만 허비한다. 만약 성공했다 하더라도 잠시일 뿐 오래 지속되지 못한다. 부부가 이별하게 된다.

5획(五劃) ◆ 성공운(成功運) 정성격(定成格) 음양화합지상(陰陽和合之象)

인물이 온후하고 지혜와 덕망을 두루 갖추어 주위에 사람이 많다. 자연적으로 지도력을 발휘하여 부귀를 누리게 된다. 부부와 자식이 잘 따르고 화합하여 재산도 모으게 된다.

6획(六劃 ◆ 부덕운(富德運) 계승격(繼承格) 천덕지상지상(天德地祥之像)

인내심이 강하고 부단히 노력하며, 조상(祖上)로부터 많은 유산을 이어받아 발전시킨다.

7획(七劃) ◆ 발달운(發達運) 독립격(獨立格) 정신준민지상(精神俊敏之象)

진취적인 기상이 있어 모든 일을 순조롭게 헤쳐나가고 성공에 이르게 된다. 이러한 추진력으로 인해 주위에 사람들이 모여들지만 자칫 고집이 강해 일을 그르칠 수도 있으므로 주의해야 한다.

8획(八劃) ◆ 진보운(進步運) 개물격(開物格) 강적분쇄지상(强敵粉碎之象)

일을 해내고야 말겠다는 의지와 추진력이 강해 여러 장해가 있더라도 결국에는 성취하게 된다.

9획(九劃) ◆ 불행운(不幸運) 궁박격(窮迫格) 이거명공지상(利巨名空之象)

수완이 뛰어나고 재주가 있어 부귀영화를 누리지만 오래가지 못하고 나락으로 떨어지게 된다. 가정이 파탄, 부부가 이별한다. 질병을 겪게 되거나 단명 한다.

10획(十劃) ◆ 허무운(虛無運) 공허격(空虛格) 신곡귀호지상(神哭鬼呼之象)

재주가 있지만 마음먹은 데로 안 된다. 일을 시작하면 중도에 실패가 잦고, 가정적으로도 불운을 겪고 단명하게 된다.

11획(十一劃) ◆ 중흥운(中興運) 신성격(新成格) 만난갱신지상(萬難更新之象)

온순하고 성실하며 의지가 강하다. 이지적이고 끊임없이 노력하여 사회적으로 성공에 이르게 된다.

12획(十二劃) ◆ 고독운(孤獨運) 박약격(薄弱格) 신패명열지상(身敗名裂之象)

의지와 심신이 허약하여 질병으로 인한 고통을 피할 수가 없다. 부모와 형제, 부부 사이도 이별을 하거나 불구 또는 변사 등의 횡액을 당하기도 한다. 성격도 내성적이어서 항상 고독하다.

13획(十三劃) ◆ 지혜운(智慧運) 지모격(智謀格) 지혜충만지상(智慧充滿之象)

두뇌가 명석하고 지혜가 뛰어나며 주어진 기회를 잘 포착하여 성공의 발판으로 삼고 세상사에 임기응변(臨機應變)이 있어 성공, 발전하게 된다.

14획(十四劃) ◆ 실패운(失敗運) 이산격(離散格) 낙루천애지상(落漏天涯之象)

지혜가 있어서 성공한다. 그러나 한때다. 가정적으로는 부부 사이 또는 자녀와 이별하고 파탄이나 병을 앓는다.

15획(十五劃) ◆ 통솔운(統率運) 통솔격(統率格) 수재원만지상(壽財圓滿之象)

음양이 화합하는 수(數)로서 명성이 뒤따르게 된다. 비록 초년에는 어렵게 지낸다 하더라도 온후한 성격과 지혜를 갖추고 있으므로 맡은 일에 두각을 나타내 부귀하게 된다.

16획(十六劃) ◆ 덕망운(德望運) 덕망격(德望格) 귀인득조지상(貴人得助之象)

덕망을 겸비하고 있어 주위 사람에게 도움을 받아서 성공할 수 있다. 그러나 자만이나 색정에 빠지면 실패하기도 한다.

17획(十七劃) ◆ 용진운(勇進運) 건창격(建暢格) 만난돌파지상(萬難突破之象)

의지가 강하고 적극적이어서 어려운 일에 봉착하더라도 뚫고 마침내 해내고야 만다. 그러나 이러한 불굴의 의지가 때로는 자기 고집으로 비춰져 인간관계에 좋지 않은 영향을 미치기도 하므로 조심해야 한다.

18획(十八劃) ◆ 발전운(發展運) 발전격(發展格) 진취왕성지상(進取旺盛之象)

지혜가 있고 끊임없이 노력하여 뛰어난 수완을 발휘하게 된다. 강한 의지로 밀고 나가 사업에 큰 성공을 하지만 자만심과 주변 사람들을 업신여기고 또 불화 때문에 손해를 볼 수도 있다.

19획(十九劃) ◆ 불행운(不幸運) 고난격(苦難格) 봉황상익지상(鳳凰傷翼之象)

뛰어난 지혜와 지략이 있고 의지 또한 강하지만 중도에 좌절을 당하게 된다. 가정적으로도 부모운이나 부부운, 자녀운조차도 없으며 이별, 불구가 된다.

20획(二十劃) ◆ 공허운(空虛運) 허망격(虛妄格) 악운연속지상(惡運連續之象)

하는 일마다 제대로 되는 것이 없고 온갖 고난을 당하여 일생 동안 편안하지 못하다. 부부간, 자녀와 이별하거나 단명하게 된다.

21획(二十一劃) ◆ 두령운(頭領運) 두령격(頭領格) 명월광조지상(明月光照之象)

의지가 강하고 끈기가 있어 난관에 봉착하거나, 어려움을 당하더라도 결국에는 뛰어넘어서 성공하게 된다. 초년에는 어려움이 있더라도 성격이 원만하고 지혜를 갖추고 있어서 중년 이후에는 무리의 우두머리가 된다.

22획(二十二劃) ◆ 중단운(中斷運) 중절격(中折格) 추초봉상지상(秋草逢霜之象)

두뇌 회전이 빠르고 재능도 뛰어나며 용모 또한 준수하다. 그러나 예상치 않은 장애를 만나 좌절하게 된다. 이러한 일을 거듭 당하면서 비관적이 되고 소극적으로 변하기도 한다. 가정적으로도 부부 사이가 좋지 못하고 부모운도 없으며 병약, 단명하게 된다

23획(二十三劃) ◆ 개신운(開新運) 공명격(功名格) 맹호첨익지상(猛虎添翼之象)

풍부한 감성과 강인한 의지, 명석한 두뇌, 탁월한 식견으로 가정을 일으키고 성공한다. 그러나 너무 무리하게 일을 추진하지는 말아야 한다. 남녀 모두 성욕에 빠질 수 있으며, 여성의 경우 남편을 잃거나 자기 주장이 강하여 남편의 기를 꺾게 된다.

24획(二十四劃) ◆ 축재운(蓄財運) 입신격(立身格) 가문여경지상(家門餘慶之象)

어려움에서 시작하더라도 자수성가하여 대단한 부(富)를 일구게 된다. 이 부(富)는 자손만대에까지 이른다.

25획(二十五劃) ◆ 재복운(財福運) 안전격(安全格) 유중대경지상(柔中大硬之象)

일평생 큰 고난이나 역경 없이 평범하게 보인다. 그러나 자신만의 재능을 가지고 성실하게 노력하면 그 대가를 받게 된다. 재물운이 많고 여자의 경우 애교가 많다.

26획(二十六劃) ◆ 만파운(晩波運) 파란격(波瀾格) 봉대폭풍지상(逢大暴風之象)

대부분의 영웅이 그렇듯이 의협심이 강하고 영리하며 희생정신이 투철한 반면 그만큼의 고독과 좌절, 파란만장한 삶을 살게 된다. 남녀 모두 성욕에 빠지거나 부부운, 자식운이 좋지 못하다.

27획(二十七劃) ◆ 중절운(中折運) 중단격(中斷格) 욕망무지지상(慾望無止之象)

두뇌가 명석하고 재주가 있으며 의지가 강해서 일을 잘 해나가다가도 욕심과 오만함, 괴팍한 성질을 드러내 중도에서 실패하게 된다. 남녀 모두 호색 기질이 있어 주의해야 한다.

28획(二十八劃) ◆ 파란운(波瀾運) 조난격(遭難格) 종신신노지상(終身辛勞之象)

영웅호걸처럼 사내다운 기질이 있지만 파란만장한 삶으로 되는 일이 없다. 부모운도 없고 부부운도 없어 생사별하게 되며 변사나 불구가 되기도 한다.

29획(二十九劃) ◆ 성공운(成功運) 성공격(成功格) 재략출중지상(財略出衆之象)

좋은 운을 타고난 데다가 지혜롭고 노력도 하여 크게 성공한다. 건강과 부귀, 권력 어느 것 하나 부족함이 없지만 만족할 줄 모르는 과욕으로 낭패를 당할 수도 있다.

30획(三十劃) ◆ 불측운(不測運) 부몽격(浮夢格) 모험투기지상(冒險投機之象)

요행을 바라고 성공과 실패를 거듭하여 결국에는 모든 것이 매우 어려운 상황에 이르게 된다. 부부운과 자식운도 좋지 않아 생사별하게 된다.

31획(三十一劃) ◆ 흥창운(興昌運) 개척격(開拓格) 대하고루지상(大廈高樓之象)

세상사를 꿰뚫어보는 안목이 뛰어나고 성격도 원만하여 주위에 사람이 많다. 지혜와 의지가 강하고 판단력이 있으므로 상하의 신임이 두텁다. 남녀모두 부귀와 권세를 누리게 된다.

32획(三十二劃) ◆ 요행운(僥倖運) 능성격(能成格) 갈용득수지상(渴龍得水之象)

귀인을 만나거나 뜻밖의 행운을 만나 성공하게 된다. 그러나 성욕에 빠져 패가망신할 수도 있다.

33획(三十三劃) ◆ 승득운(昇得運) 승천격(昇天格) 자기동래지상(紫氣東來之象)

자신감과 지혜와 판단력이 뛰어나 과감한 추진력으로 능력을 인정받는다. 그러나 능력이 뛰어날수록 겸허해야 하는데 자존심이 강해 좌절을 맛보기도 한다. 여자의 경우 이성 문제가 발생할 수도 있다.

34획(三十四劃) ◆ 파멸운(破滅運) 파멸격(破滅格) 재명위험지상(財命危險之象)

부모운, 부부운, 자식운 모두 좋지 않아 이별하고 외로울 수 있다. 성정이 원만하고 인간관계가 좋아 일시적으로 성공할 수 있지만, 큰 실패로 인해 화병으로 단명하게 된다.

35획(三十五劃) ◆ 평범운(平凡運) 안강격(安康格) 우아발전지상(優雅發展之象)

온화하고 원만하며 소극적이어서 모험을 하거나 경거망동하지 않고 분수를 지킨다. 모든 일에 근면, 성실하여 무난하게 생을 보낸다. 문학이나 예술방면에 이름을 떨친다.

36획(三十六劃) ◆ 부침운(浮沈運) 파란격(波瀾格) 풍랑부정지상(風浪不定之象)

의협심이 강하고 영웅호걸 같은 기질도 있어서 남을 위해 자신을 희생하기도 한다. 이러한 기질로 인해 파란 많은 삶을 살지만 때로는 성공하기도 한다. 그러나 이때 기질적 자만심과 오만함으로 좌절을 맛보게 된다.

37획(三十七劃) ◆ 출세운(出世運) 인덕격(仁德格) 독립창건지상(獨立創建之象)

결단력이 있는 반면 독선적인 기질도 있어 주위 사람들에게 신망을 얻고 따르는 이가 많다. 용모가 준수하며 부귀 공명이 뒤따른다.

38획(三十八劃) ◆ 예능운(藝能運) 복덕격(福德格) 예술성공지상(藝術成功之象)

재주가 뛰어나고 총명하다. 결단력과 추진력이 부족하지만 끊임없는 노력으로 문학에 정진한다면 명예를 얻을 수 있다.

39획(三十九劃) ◆ 부귀운(富貴運) 안락격(安樂格) 풍랑평정지상(風浪平靜之象)

재주와 지혜가 있어 관직으로 나가면 승승장구하게 된다. 초년에는 고난을 겪기도 하지만 점차 성공하여 부귀가 따르게 된다. 그 영향은 자손에까지 미치게 된다. 남자의 경우 첩을 두는 경향이 있고 여성의 경우 강한 운세라 고독하게 될 수도 있다

40획(四十劃) ◆ 무상운(無常運) 무상격(無常格) 길흉기로지상(吉凶岐路之象)

남달리 호기심이 많고 모험을 좋아하는 성격이라 성공을 하더라도 오래 지속되지 못하고 내 손에서 모든 것이 한 순간에 떠난다. 또한 덕이 없어 주위에 사람도 없다. 인생무상

41획(四十一劃) ◆ 대성운(大成運) 대공격(大功格) 순양독수지상(純陽獨秀之象)

타고난 길운에 용모 준수하고 덕까지 갖추어 만인이 따른다. 슬기롭고 지모가 뛰어나 성공하게 된다.

42획(四十二劃) ◆ 고난운(苦難運) 고행격(苦行格) 의지박약지상(意志薄弱之象)

성품이 완고하고 박학다식하여 여러 가지 일에 조금씩 참여한다. 그러나 한 가지 일에 매진하는 것만 못하다. 실천력이 빈약하여 좋은 기회를 잃는다.

43획(四十三劃) ◆ 산재운(散財運) 미혹격(迷惑格) 우후낙화지상(雨後落花之象)

의지가 약해 재능과 재주가 뛰어나더라도 그 빛을 발하지 못하며, 재운이 없어 생활의 어려움을 겪는다. 남녀 모두 이성에게 집착하고 유혹에 빠져든다.

44획(四十四劃) ◆ 비애운(悲哀運) 마장격(魔障格) 비애속출지상(悲哀續出之象)

불운이 겹쳐 일어나고 잘 돼가던 일도 예상 외로 중도에 실패하여 패가망신한다. 부부운도 좋지 않아 생사별하고 타향에서 불행한 최후를 맞이하게 된다.

45획(四十五劃) ◆ 대각운(大覺運) 대지격(大志格) 일범순풍지상(一帆順風之象)

뛰어난 지모와 추진력, 경륜 등으로 명예가 뒤따르고 선견지명과 고귀한 인품으로 주위에 사람이 많다. 고난과 역경이 닥쳐와도 좋은 운의 뒷받침으로 더 큰 성공을 일구게 된다.

46획(四十六劃) ◆ 암지운(暗知運) 부지격(不智格) 재보침주지상(財寶沈舟之象)

큰 뜻을 품었더라도 의지가 약하고 소극적이어서 허황된 뜬구름 같은 결과만 남겨진다. 결과적으로 병약, 파산하게 된다.

47획(四十七劃) ◆ 출세운(出世運) 출세격(出世格) 개화결실지상(開花結實之象)

만사형통한 운이다. 난관에 부딪치더라도 어디선가 도움의 손길이 뻗어와 곧바로 해결되고 성공하게 된다. 그 영향은 자손에게까지 미친다.

48획(四十八劃) ◆ 복덕운(福德運) 유덕격(有德格) 노화순청지상(爐火純靑之象)

지혜와 재능이 뛰어나 많은 사람들의 우두머리가 될 수 있는 운이다. 온후하고 원만한 성격이기 때문에 부부운도 좋고 자식운도 좋아 가정도 화목하다.

49획(四十九劃) ◆ 변화운(變化運) 은퇴격(隱退格) 길흉난분지상(吉凶難分之象)

일생 동안 길흉의 변화가 무쌍하다. 즉 성공과 실패가 반반이다. 성공에 이르렀다고 생각하는 순간 실패를 맛보기도 하고, 좌절의 순간에 길운이 찾아오기도 한다. 그러므로 적당한 시기에 그만두는 것도 좋다.

50획(五十劃) ◆ 상반운(相半運) 성패격(成敗格) 말년실패지상(末年失敗之象)

의지가 약하고 자립심이 없을뿐더러 만약 성공해도 곧 뒤따라 실패가 찾아오므로 심신이 허약하고 병약하여 말년이 고독하다.

51획(五十一劃) ◆ 흥망운(興亡運) 춘추격(春秋格) 순수천명지상(順隨天命之象)

길흉이 번갈아 나타나는 운으로 처음에는 좌절을 겪더라도 나중에는 큰일을 성취하게 된다. 가정적으로는 부부가 화합하게 되고 자손도 귀인을 얻게 된다.

52획(五十二劃) ◆ 상승운(上昇運) 총명격(聰明格) 일거천리지상(一擧千里之象)

세상 만물을 꿰뚫어볼 수 있는 통찰력과 뛰어난 지모로 명성을 얻고 승승장구하게 된다.

53획(五十三劃) ◆ 불화운(不和運) 우수격(憂愁格) 외부내빈지상(外富內貧之象)

실속은 없고 근심과 걱정이 끊이지 않는다. 초년에는 길운이 있지만 의지가 박약하여 중년 이후에 연속적인 불행으로 가족이 흩어지고 절망에 빠진다.

54획(五十四劃) ◆ 고독운(孤獨運) 신고격(辛苦格) 다변초액지상(多變招厄之象)

어려움이 많고 제대로 이루어지는 일이 없다. 지속적으로 고난이 닥쳐온다. 결국에는 패가망신하고 질병으로 고생하거나 이별하게 된다.

55획(五十五劃) ◆ 반길운(半吉運) 불안격(不安格) 선박등산지상(船舶登山之象)

표면적으로는 그를듯해 보이지만 속을 보면 전혀 엉뚱한 곳으로 가고 있다. 계속되는 생활고와 근심의 연속의 날을 지내게 된다.

56획(五十六劃) ◆ 패망운(敗亡運) 부족격(不足格) 매사불여지상(每事不如之象)

의지가 박약하고 하고자 하는 의욕과 실천력, 노력도 없어 현실적인 어려움에 직면한다. 한마디로 순조롭게 풀리는 일이 없다. 가정을 이루기도 힘들고 만사가 불길하다.

57획(五十七劃) ◆ 봉성운(逢盛運) 노력격(努力格) 주경야독지상(晝耕夜讀之象)

의지가 굳고 재능을 갖추었으므로 성공할 운이다. 초년에는 시련에 부딪치더라도 노력하면 말년에는 좋은 결과를 얻게 된다

58획(五十八劃) ◆ 만복운(晩福運) 후영격(後榮格) 공명영달지상(功名榮達之象)

처음에 고생하고 나중에 성취하게 된다. 인내와 끈기, 노력으로 시련을 극복하면 끝내 행운이 온다.

59획(五十九劃) ◆ 실의운(失意運) 실망격(失望格) 용두사미지상(龍頭蛇尾之象)

의지도 약하며 인내력과 끈기, 용기도 없어 제대로 이루어지는 하나도 일이 없다. 가족들도 생사별을 하거나 단명, 불구가 된다.

60획(六十劃) ◆ 재난운(災難運) 암혹격(暗惑格) 금의야행지상(錦衣夜行之象)

항상 불안하고 의지가 약하며 일정한 거주지도 없이 떠돌아다닌다. 거듭된 실패로 좌절을 겪고 질병이 잃게 된다.

61획(六十一劃) ◆ 명예운(名譽運) 영화격(榮華格) 일생안락지상(一生安樂之象)

결단성이 있고 지혜와 재주가 뛰어나 신망을 얻게 되고, 평생 가정적으로는 화목하고 편안한 삶을 누린다.

62획(六十二劃) ◆ 쇠퇴운(衰退運) 고독격(孤獨格) 단독야행지상(單獨夜行之象)

하는 일마다 실패를 거듭하여 좌절감에 빠지며 무기력하고 믿지 못할 사람이 되어버린다. 또한 독선적이고 괴팍스러워서 혼자 남겨지고 고독하게 된다.

63획(六十三劃) ◆ 성공운(成功運) 순성격(順成格) 효광부해지상(曉光浮海之象)

두뇌가 명석하여 고난을 극복하고 만사가 순조롭게 이루어지며 오래도록 부귀 영화를 누리며 자손에게까지 그 영향이 미친다.

64획(六十四劃) ◆ 파멸운(破滅運) 침체격(沈滯格) 천리만운지상(千里滿雲之象)

재능은 뛰어나지만 모든 일이 제대로 이루어지지 않고 거듭 실패하여 가정이 흩어진다. 질병, 재난이 떠나지를 않는다.

65획(六十五劃) ◆ 융창운(隆昌運) 휘양격(輝陽格) 순풍거범지상(順風擧帆之象)

영리하고 합리적이며 성실하여 사람들에게 신망을 얻는다. 부귀는 물론 자식운도 좋고 자손들까지 번창하는 길운이다.

66획(六十六劃) ◆ 패망운(敗亡運) 우매격(愚昧格) 양인익수지상(兩人溺水之象)

영리하고 여러모로 재능이 있지만 거듭된 실패와 고난으로 곤경에 처하게 된다. 부부운 역시 원만하지 못하고 패가망신하게 된다.

67획(六十七劃) ◆ 공명운(功名運) 천복격(天福格) 해천일벽지상(海天一碧之象)

하늘의 운과 스스로도 지혜와 덕을 두루 갖추어 만사형통이다. 사람들로부터 추앙을 받고 사업에 능력을 발휘하게 된다.

68획(六十八劃) ◆ 흥가운(興家運) 명지격(明智格) 정관자득지상(靜觀自得之象

주도면밀하고 근면하여 시작했으면 끝을 보고야 마는 성격으로 성공에 이른다. 그러나 부모운이 없어 생이별하지만 점차 성장하면서 집안을 일으켜 세운다.

69획(六十九劃) ◆ 불안운(不安運) 종말격(終末格) 봉별오동지상(鳳別梧桐之象

항상 불안에 떨며 자신의 의지대로 일을 처리하지 못하고 이리저리 휘둘려 성사되는 일이 없다. 가족이 산산이 흩어지고 병에 시달리며 죽음을 맞이할 운이다.

70획(七十劃) ◆ 공허운(空虛運) 공허격(空虛格) 흑해암야지상(黑海暗夜之象)

부모운도 없고 부부운과 자식운도 없어 생이별하고 타향에서 외롭게 지낸다. 노력하여도 운이 따르지 않아 헛수고에 불과하게 된다.

71획(七十一劃) ◆ 반행운(半幸運) 만달격(晩達格) 귀인은산지상(貴人隱山之象)

고생이 되더라도 끊임없이 노력해야 나중에 보상을 받게 된다. 실천력이 약하고 용기가 부족하지만 끝까지 노력하면 늦게라도 성공과 부귀를 거머쥐게 된다.

72획(七十二劃) ◆ 상반운(相半運) 상반격(相半格) 은운복월지상(隱雲覆月之象)

길흉이 교차는 운으로 인내를 가지고 노력하다 보면 불행을 넘어 생활이 안정된다.

초반은 불행하지만 말년은 소박한 행복을 누릴 수 있는 운수이다.

73획(七十三劃) ◆ 형통운(亨通運) 평길격(平吉格) 등산평안지상(登山平安之象)

평범함 속에서 평온하게 안정된 삶을 산다. 현실에 만족하며 근면하게 살면 행복이 머물게 된다.

74획(七十四劃) ◆ 우매운(愚昧運) 우매격(愚昧格) 화중화촉지상(畵中華燭之象)

무능력, 무계획, 무지한 가운데 실천력도 없어 고난을 겪는다. 부부운과 자식운도 박약하여 생이별하게 된다.

75획(七十五劃) ◆ 평화운(平和運) 정수격(靜守格) 산중식목지상(山中植木之象)

판단력이 뛰어나 좋은 운을 잡고 안정을 유지하며 순리대로 행동하면 부귀를 누릴 수 있다.

76획(七十六劃) ◆ 곤경운(困境運) 선곤격(先困格) 평지난행지상(平地難行之象)

하는 일마다 중도에 좌절되고 가족운이 없어 가족이 흩어지고 타향에서 홀로 지내다가 말년에 병으로 불행해진다.

77획(七十七劃) ◆ 불성운(不成運) 전후격(前後格) 수연과보지상(隨緣果報之象)

처음에는 풍족하여 행복한 삶을 살다가 말년에 흉운이 다가와 실패와 고생으로 불행한 삶을 산다. 또는 반대인 경우도 있다.

78획(七十八劃) ◆ 평복운(平福運) 선길격(先吉格) 일경서산지상(日傾西山之象)

초년에는 순조롭게 지내다가 중년부터 쇠퇴하여 발전이 없고 퇴보하게 된다.

79획(七十九劃) ◆ 무력운(無力運) 종극격(終極格) 임종유길지상(臨終有吉之象)

주위 사람들에게 신용이 없고 신체적으로도 기력이 부족하며 가족운도 약하여 자립하기 어렵다.

80획(八十劃) ◆ 종결운(終結運) 종결격(終結格) 천지종말지상(天地終末之象)

원대한 포부를 가지고 분수를 모르면 질병에 시달리고 단명하게 되지만 자중하면 편안한 인생을 보낼 수 있다.

81획(八十一劃) ◆ 왕성운(旺盛運) 환원격(還元格) 뇌문일개지상(雷門一開之象)

1로 환원하는 수, 고난과 역경을 초월하여 번영으로 나아가고 명예, 부귀를 맞아들인다.

나. 원형이정(元亨利貞) 수리(數理)에 따른 男女(남녀) 길흉일람표(吉凶一覽表)

획수(劃數)/운(運)	남자	여자
1획(一劃) 초두운(初頭運)	길(吉)	길(吉)
2획(二劃) 분산운(分散運)	흉(凶)	흉(凶)
3획(三劃) 명예운(名譽運)	길(吉)	길(吉)
4획(四劃) 파멸운(破滅運)	흉(凶)	흉(凶)
5획(五劃) 성공운(成功運)	길(吉)	길(吉)
6획(六劃) 부덕운(富德運)	길(吉)	길(吉)
7획(七劃) 발달운(發達運)	길(吉)	길(吉)
8획(八劃) 진보운(進步運)	길(吉)	길(吉)
9획(九劃) 불행운(不幸運)	흉(凶)	흉(凶)
10획(十劃) 허무운(虛無運)	흉(凶)	흉(凶)
11획(十一劃) 중흥운(中興運)	길(吉)	길(吉)
12획(十二劃) 고독운(孤獨運)	흉(凶)	흉(凶)
13획(十三劃) 지혜운(智慧運)	길(吉)	길(吉)
14획(十四劃) 실패운(失敗運)	흉(凶)	흉(凶)
15획(十五劃) 통솔운(統率運)	길(吉)	길(吉)
16획(十六劃) 덕망운(德望運)	길(吉)	길(吉)
17획(十七劃) 용진운(勇進運)	길(吉)	길(吉)
18획(十八劃) 발전운(發展運)	길(吉)	길(吉)
19획(十九劃) 불행운(不幸運)	흉(凶)	흉(凶)
20획(二十劃) 공허운(空虛運)	흉(凶)	흉(凶)
21획(二十一劃) 두령운(頭領運)	길(吉)	중길(中吉)
22획(二十二劃) 중단운(中斷運)	흉(凶)	흉(凶)
23획(二十三劃) 개신운(開新運)	길(吉)	중길(中吉)
24획(二十四劃) 축재운(蓄財運	길(吉)	길(吉)
25획(二十五劃) 재복운(財福運)	길(吉)	길(吉)
26획(二十六劃) 만파운(晩波運)	흉(凶)	흉(凶)
27획(二十七劃) 중절운(中折運)	흉(凶)	흉(凶)
28획(二十八劃) 파란운(波瀾運)	흉(凶)	흉(凶)
29획(二十九劃) 성공운(成功運)	길(吉)	중길(中吉)
30획(三十劃) 불측운(不測運)	흉(凶)	흉(凶)

획수(劃數)/운(運)	남자	여자
31획(三十一劃) 흥창운(興昌運)	길(吉)	길(吉)
32획(三十二劃) 요행운(僥倖運)	길(吉)	길(吉)
33획(三十三劃) 승득운(昇得運)	길(吉)	중길(中吉)
34획(三十四劃) 파멸운(破滅運)	흉(凶)	흉(凶)
35획(三十五劃) 평범운(平凡運)	길(吉)	길(吉)
36획(三十六劃) 부침운(浮沈運)	흉(凶)	흉(凶)
37획(三十七劃) 출세운(出世運)	길(吉)	길(吉)
38획(三十八劃) 예능운(藝能運)	길(吉)	길(吉)
39획(三十九劃) 부귀운(富貴運)	길(吉)	중길(中吉)
40획(四十劃) 무상운(無常運)	흉(凶)	흉(凶)
41획(四十一劃) 대성운(大成運)	길(吉)	길(吉)
42획(四十二劃) 고난운(苦難運)	흉(凶)	흉(凶)
43획(四十三劃) 산재운(散財運)	흉(凶)	흉(凶)
44획(四十四劃) 비애운(悲哀運)	흉(凶)	흉(凶)
45획(四十五劃) 대각운(大覺運)	길(吉)	길(吉)
46획(四十六劃) 암지운(暗知運)	흉(凶)	흉(凶)
47획(四十七劃) 출세운(出世運)	길(吉)	길(吉)
48획(四十八劃) 복덕운(福德運)	길(吉)	길(吉)
49획(四十九劃) 변화운(變化運)	중길(中吉)	중길(中吉)
50획(五十劃) 상반운(相半運)	흉(凶)	흉(凶)
51획(五十一劃) 흥망운(興亡運)	중길(中吉)	중길(中吉)
52획(五十二劃) 상승운(上昇運)	길(吉)	길(吉)
53획(五十三劃) 불화운(不和運)	흉(凶)	흉(凶)
54획(五十四劃) 고독운(孤獨運)	흉(凶)	흉(凶)
55획(五十五劃) 반길운(半吉運)	흉(凶)	흉(凶)
56획(五十六劃) 패망운(敗亡運)	흉(凶)	흉(凶)
57획(五十七劃) 봉성운(逢盛運)	중길(中吉)	중길(中吉)
58획(五十八劃) 만복운(晩福運)	중길(中吉)	중길(中吉)
59획(五十九劃) 실의운(失意運)	흉(凶)	흉(凶)
60획(六十劃) 재난운(災難運)	흉(凶)	흉(凶)
61획(六十一劃) 명예운(名譽運)	길(吉)	길(吉)
62획(六十二劃) 쇠퇴운(衰退運)	흉(凶)	흉(凶)
63획(六十三劃) 성공운(成功運)	길(吉)	길(吉)
64획(六十四劃) 파멸운(破滅運)	흉(凶)	흉(凶)
65획(六十五劃) 융창운(隆昌運)	길(吉)	길(吉)
66획(六十六劃) 패망운(敗亡運)	흉(凶)	흉(凶)
67획(六十七劃) 공명운(功名運)	길(吉)	길(吉)
68획(六十八劃) 흥가운(興家運)	길(吉)	길(吉)

획수(劃數)/운(運)	남자	여자
69획(六十九劃) 불안운(不安運)	흉(凶)	흉(凶)
70획(七十劃) 공허운(空虛運)	흉(凶)	흉(凶)
71획(七十一劃) 반행운(半幸運)	중길(中吉)	중길(中吉)
72획(七十二劃) 상반운(相半運)	흉(凶)	흉(凶)
73획(七十三劃) 형통운(亨通運)	중길(中吉)	중길(中吉)
74획(七十四劃) 우매운(愚昧運)	흉(凶)	흉(凶)
75획(七十五劃) 평화운(平和運)	길(吉)	길(吉)
76획(七十六劃) 곤경운(困境運)	흉(凶)	흉(凶)
77획(七十七劃) 불성운(不成運)	중길(中吉)	중길(中吉)
78획(七十八劃) 평복운(平福運)	중길(中吉)	중길(中吉)
79획(七十九劃) 무력운(無力運)	흉(凶)	흉(凶)
80획(八十劃) 종결운(終結運)	흉(凶)	흉(凶)
81획(八十一劃) 왕성운(旺盛運)	길(吉)	길(吉)

◐ 길운(吉運)

1, 3, 5, 6, 7, 8, 11, 13, 15, 16, 17, 18, 21, 23, 24, 25, 29, 31, 32, 33, 35, 37, 38, 39, 41, 45, 47, 48, 52, 61, 63, 65, 67, 68, 75, 81

◐ 흉운(凶運)

2, 4, 9, 10, 12, 14, 19, 20, 22, 26, 27, 28, 30, 34, 36, 40, 42, 43, 44, 46, 50, 53, 54, 55, 56, 59, 60, 62, 64, 66, 69, 70, 72, 74, 76, 79, 80

◐ 반길반흉운(半吉半凶運)

49, 51, 57, 58, 71, 73, 77, 78

◐ 수장운(首長運) - 리더가 되는 운

21, 23, 33, 39

◐ 재운(財運) - 부자가 되는 운

15, 16, 24, 41, 52

◐ 단명운(短命運)

2, 9, 10, 34

2장

작명실무 이론Ⅲ

자오행(字五行)에 의한 작명법

1. 자(字)오행이란
2. 성씨(姓氏)의 자오행(字五行)
3. 자·음오행 선명자(字.音五行 選名字) 획수기준

1. 자(字)오행이란

한자(漢字)오행, 자(字)오행이라고 하고, 그 특성은 자형(字形), 자의(字意)으로 구분한다.

가. 자형(字形)에 의한 방법

한자를 보면 글자 자체에 목(木), 화(火), 토(土), 금(金), 수(水) 가 포함되어 있는 것을 발견할 수 있는데 이렇게 한자 안에 스스로 오행(五行)이 포함되어 있는 경우를 자형(字形)에 의한 자오행(字五行) 선별방법이라고 한다. 이름으로 자오행(字五行)을 자형(字形)으로 선택할 경우 몇 가지 주의할 점이 있다.

첫째 필획이 너무 많은 글자와 글자 변이 같은 것은 쓰지 말아야 한다.
둘째 글자 구조가 너무 풍만하거나 너무 허약하고 너무 길거나 너무 짧은 것도 쓰지 말아야 한다.

셋째 글자의 모양에 주의를 기울여야 한다. 글자에도 약하고 강하고 충실함이 깃들어 있기 때문이다. 이 각각의 경우에 해당하는 글자를 살펴보자.

비(備), 사(賜), 시(施), 웅(熊), 원(圓), 풍(豊)처럼 풍만한 글자는 행동이 민첩하지 못하고 둔하다.
간(干), 변(卞), 복(卜), 소(小), 우(于), 자(子), 천(千), 칠(七)처럼 몸집이 작은 글자는 활력이 있으나 본성은 매우 약하다.
개(芥), 기(奇), 년(年), 신(申), 신(辛), 아(芽), 조(早), 죽(竹), 평(平), 피(被)처럼 긴 글자는 곧게 뻗을 수는 있어도 굽힐 수 없고 나아갈 줄은 알아도 물러날 줄 모르므로 참을성이 없다.
구(丘), 기(企), 사(四), 산(山), 생(生), 야(也), 여(女), 정(正), 축(丑), 토(土)처럼 짧은 글자는 추진력은 강하나, 강박감이 있어 귀인의 도움을 받을 수 없다.
맹(猛), 무(武), 비(飛), 성(成), 척(戚), 태(泰), 흥(興)처럼 강한 글자는 움직이기를 좋아하고 쉽게 달아오르는 반면 또 쉽게 식으며 교제를 잘하고 결단력이 있다.
몽(夢), 묘(苗), 미(美), 의(意), 자(姿), 화(花)처럼 약한 글자는 피동적이고 결단력이 부족하다.
공(空), 구(口), 기(己), 문(門), 유(幽), 항(亢)처럼 빈 듯한 글자는 목표가 정확하지 못하고 우왕좌왕하여 뜻을 실현하기 힘들다.
국(國), 복(福), 봉(鳳), 실(室), 의(宜), 존(尊), 창(昌), 황(凰)처럼 충실한 글자는 부지런하나 보수적이고 조금 완고하다.

목(木)

간(杆), 개(槪), 거(渠), 건(楗), 걸(杰), 검(檢), 격(格), 권(權), 귤(橘), 극(極), 근(根), 근(槿), 기(機), 기(棋), 기(杞), 길(桔), 단(檀), 도(桃), 도(棹), 동(棟), 동(桐), 두(杜), 락(樂), 란(欄), 량(梁), 량(樑), 루(樓), 류(柳), 리(李), 리(梨), 림(林), 말(末), 매(枚), 면(棉), 모(模), 모(某), 목(木), 미(未), 박(朴), 배(杯), 백(栢), 병(柄), 병(棅), 본(本), 봉(棒), 빈(彬), 사(査), 삼(杉), 상(桑), 서(棲), 서(栖), 속(束), 송(松), 수(樹), 식(植), 양(楊), 양(樣), 억(檍), 왕(枉), 용(榕), 유(楡), 장(杖), 재(材), 재(梓), 전(栓), 제(梯), 종(棕), 주(株), 주(朱), 주(柱), 즐(櫛), 지(枝), 집(集), 채(采), 초(樵), 촌(村), 추(楸), 춘(椿), 침(枕), 판(板), 표(標), 표(杓), 풍(楓), 해(楷), 핵(核), 행(杏), 화(樺), 황(榥), 회(檜), 횡(橫)

화(火)

경(炅), 경(耿), 돈(燉), 등(燈), 란(爛), 련(煉), 로(爐), 번(煩), 병(炳), 봉(烽), 섭(燮), 소(燒), 연(燃), 연(煙), 연(烟), 염(炎), 욱(煜), 재(災), 준(焌), 찬(燦), 현(炫), 형(炯), 홍(烘), 화(火) 환(煥), 황(煌), 휘(煇)

토(土)

감(堪), 강(堈), 견(堅), 경(境), 곤(坤), 괴(壞), 구(坵), 규(圭), 균(均), 기(基), 기(圻), 단(壇), 당(堂), 대(垈), 도(堵), 도(塗), 돈(墩), 매(埋), 묵(墨), 방(坊), 배(培), 배(配), 벽(壁), 보(堡), 분(墳), 사(寺), 새(塞), 성(城), 숙(塾), 식(埴), 악(堊), 압(壓), 양(壤), 옹(壅), 요(堯), 용(墉), 원(垣), 육(堉), 은(垠), 장(場), 재(在), 전(塡), 제(堤), 준(埈), 증(增), 지(至), 지(地), 지(址), 채(埰), 타(墮), 탄(坦), 탑(塔), 토(土), 토(吐), 퇴(堆), 파(坡), 판(坂), 행(幸), 형(型), 호(壕), 훈(塤)

금(金)

감(鑒), 건(鍵), 금(錦), 기(錤), 단(鍛), 동(銅), 련(鍊), 록(錄), 명(銘), 봉(鋒), 선(銑), 선(鐥), 순(錞), 영(鍈), 예(銳), 용(鏞), 용(鎔), 윤(鈗), 은(銀), 전(銓), 정(錠), 정(鉦), 정(鋌), 조(釣), 종(鐘), 종(鍾), 주(鑄), 진(鎭), 찬(鑽), 철(鐵), 추(錐), 추(錘), 침(針), 탁(鐸), 현(鉉), 호(鎬), 흠(欽)

수(水)

갈(渴), 감(減), 강(江), 결(決), 결(潔), 경(涇), 계(溪), 관(灌), 기(汽), 기(淇), 담(淡), 담(潭), 답(沓), 동(洞), 락(洛), 란(瀾), 람(濫), 루(淚), 류(流), 린(潾), 만(漫), 멸(滅), 명(溟), 목(沐), 몰(沒), 문(汶), 미(渼), 배(湃), 범(汎), 범(氾), 법(法), 부(浮), 부(溥), 분(汾), 빈(濱), 빙(氷),

사(沙), 사(泗), 상(湘), 석(汐), 석(淅), 선(渲), 섭(涉), 세(洗), 소(消), 소(沼), 수(水), 수(洙), 숙(淑), 순(淳), 순(洵), 습(濕), 식(湜), 심(深), 심(沁), 애(涯), 액(液), 양(洋), 어(漁), 여(汝), 연(沿), 연(涓), 영(永), 영(泳), 영(渶), 영(瀯), 옥(沃), 온(溫), 완(浣), 왕(汪), 욕(浴), 용(涌), 용(溶), 원(沅), 원(源), 위(渭), 유(油), 유(洧), 유(油), 윤(潤), 음(淫), 읍(泣), 일(溢), 잠(潛), 재(溨), 적(滴), 점(漸), 정(淨), 정(汀), 정(湞), 정(淀), 제(濟), 조(潮), 종(淙), 주(注), 주(洲), 주(酒), 주(湊), 준(浚), 준(濬), 지(池), 지(沚), 진(津), 집(潗), 징(澄), 찬(澯), 창(滄), 천(淺), 철(澈), 첨(添), 청(淸), 충(沖), 측(測), 치(治), 칠(漆), 침(浸), 침(沈), 탁(濁), 탁(濯), 탕(湯), 태(汰), 택(澤), 파(波), 팽(澎), 포(浦), 표(漂), 필(泌), 하(河), 한(漢), 한(汗), 한(澣), 한(瀚), 함(涵), 항(港), 항(沆), 해(海), 현(泫), 협(浹), 형(泂), 형(瀅), 호(浩), 호(湖), 호(澔), 호(淏), 호(濠), 호(灝), 혼(混), 혼(渾), 홍(洪), 홍(鴻), 홍(泓), 환(渙), 활(活), 황(滉), 회(澮), 효(涍), 흡(洽)

나. 자의(字意)에 의한 방법

자의(字意)에 의해 오행을 분별함에 있어서 아래의 예와 같이 글자의 의미로 오행을 구별할 수 있고, 사물의 성질에 의해서도 오행을 나누었다. 예를 들어 오방(五方), 오계(五季), 오장(五臟), 오상(五常) 등은 사물의 성질을 기본으로 구분하여, 이름에 부족한 오행을 보완하는데 사용하였다. 즉, 목(木)이 없는 사람은 춘(春), 풍(風), 청(靑), 인(仁) 등의 글자로 보완하였다. 이들은 모두 목(木)에 속하기 때문이다. 화(火)가 없는 사람은 남(南), 례(禮), 하(夏), 홍(紅) 등의 글자로 보완할 수 있다. 이들은 모두 화(火)에 속하기 때문이다. 토(土)가 결핍한 사람은 중(中), 신(信), 황(黃) 등의 글자로 보완할 수 있다. 이들이 모두 토에 속하기 때문이다. 금(金)이 부족한 사람은 서(西), 백(白), 의(義) 등의 글자로 보완할 수 있다. 이들이 모두 금에 속하기 때문이다. 수(水)가 부족한 사람은 동(冬), 북(北), 흑(黑), 지(智) 등의 글자로 보완할 수 있다. 이들이 모두 수에 속하기 때문이다.

각(刻), 강(剛), 검(劍), 극(剋), 렬(列), 류(劉), 리(利), 별(別), 부(副), 부(剖), 전(前) 제(制), 창(創), 판(判), 형(刑) 등의 한자는 모두 칼 도(刀) 변을 포함하고 있으므로 금(金)에 속한다

간(簡), 관(管), 답(答), 립(笠), 부(符), 생(笙), 소(笑), 소(簫), 적(笛), 제(第), 죽(竹), 책(策), 축(竺), 축(築) 등 글자에는 대죽(竹)변이 들어 있어 모두 목(木)에 속한다.
가(稼), 계(季), 과(科), 려(黎), 리(利), 목(穆), 색(穡), 수(穗), 수(秀), 온(穩), 위(委), 이(移), 적(積), 정(程), 종(種), 진(秦), 질(秩), 추(秋), 칭(稱), 향(香), 화(禾), 화(和), 희(稀) 등의 글자에도 벼화(禾) 변이 들어 있어 역시 목(木)에 속한다.

로(魯), 선(鮮), 어(魚) 등의 글자는 고기 어(魚)변이 들어 있고 로(露), 뢰(雷), 상(霜), 설(雪), 수(需), 우(雨), 운(雲), 진(震) 등의 글자는 비 우(雨)가 포함되어 있으므로 모두 수(水)에 속한다.

광(光), 요(耀), 휘(輝) 등의 글자는 빛 광(光)이 들어 있고 경(景), 곤(昆), 난(暖), 단(旦), 량(量), 명(明), 민(旻), 보(普), 성(星), 소(昭), 순(旬), 시(時), 신(晨), 안(晏), 앙(昂), 역(易), 영(暎), 왕(旺), 요(曜), 욱(旭), 일(日), 정(晶), 조(早), 지(智), 창(昌), 청(晴), 춘(春), 휘(暉) 등의 글자는 날 일(日) 변이 들었으므로 모두 화(火)에 속한다.

기(崎), 도(島), 람(嵐), 봉(峰), 산(山), 아(峨), 악(岳), 안(岸), 암(岩), 유(幽), 잠(岑), 준(峻), 치(峙) 등의 자는 메 산(山) 자가 들었고 려(礪), 뢰(磊), 벽(碧), 사(砂), 석(石), 석(碩), 연(研), 연(硯), 자(磁), 확(確) 등의 자는 돌 석(石)자가 들어 있다. 또한 갑(甲), 계(界), 남(男), 략(略), 류(留), 부(富), 사(思), 신(申), 유(由), 전(田), 주(疇) 등의 글자는 밭 전(田)이 들어 있고 각(珏), 곤(琨), 구(玖), 기(琪), 대(玳), 련(璉), 령(玲), 류(琉), 림(琳), 마(瑪), 산(珊), 선(璇), 영(瑛), 요(瑤), 위(瑋), 주(珠), 진(珍), 탁(琢), 호(瑚), 환(環), 황(璜) 등의 자는 임금 왕[王: 구슬 옥(玉)]변이 들어 있다. 그러므로 모두 토(土)에 속한다.

2. 성씨(姓氏)의 자오행(字五行)

가. 우리나라의 성씨(姓氏)와 중국의 대표적인 10대 성씨(姓氏)

우리나라의 성(姓)은 중국의 한자문화가 유입된 뒤인 삼국시대부터 사용되었으며 현재 274개의 성씨(姓氏)가 있다. 그 중에서도 가장 많이 쓰이는 성씨(姓氏)로 가락국 수로왕이 시조인 김(金)씨, 신라의 이한(李翰)이 시조인 이(李)씨, 신라의 박언침을 시조로 하는 박(朴)씨, 신라 소벌도리 (蘇伐都利)를 기원으로 하는 최(崔)씨, 고구려 강이식(姜以式)이 시조인 강(姜)씨, 신라 조맹(원래 이름은 바우)을 시조로 하는 조(趙)씨, 신라 정회문이 시조인 정(鄭)씨, 고려의 개국공신인 윤신달(尹莘達)이 시조인 윤(尹)씨, 고려 때의 임비를 시조로 하는 임(林)씨,고려 때의 한예(중국 송나라 팔 학사 중 한 사람)를 시조로 하는 한(韓)씨, 신라 자비왕 때의 문다성이 시조인 문(文)씨 등이 있다. 그리고 두 글자 성씨(姓氏)에는 중국 주나라 문왕 때 남궁자의 후예인 남궁(南宮)씨,

기자의 첫째 아들 기송이 2대 장혜왕으로 즉위하면서 아우 기중을 우산국에 봉하여 조선의 선과 우산국의 우를 합하여 성씨를 선우라고 했다는 선우(鮮于)씨, 고려 태조 왕건의 창업공신 중 한 사람인 금강성(金剛城) 장군 황보능장(皇甫能長)이 시조라는 황보(皇甫)씨, 고려 때의 독고신을 시조로 하는 독고(獨孤)씨 등이 있다.

성(姓)은 여(女)+생(生), 이것을 풀이하면 성이란 여자가 낳은 것을 뜻한다. 이것이 말해주듯 인간은 처음에는 모계(母系)의 성을 따랐다. 한자(漢字) 성씨를 처음 사용한 나라는 한자의 발명국인 중국이고 지금 중국에서 사용되는 성씨는 3000여 개가 있지만 흔히 볼 수 있는 성씨는 300여 개뿐이고 그 중 100위까지의 성씨는 중국 총 인구의 87%가 사용하고 있다. 중국백가대성(中國百家大姓)은 그 뿌리가 깊고 명인도 대단히 많다.

그런데 우리나라의 성과 중국 성 사이에는 어떤 관계가 있는 것일까? 여기서 중국 일부 성씨의 시조를 알아보도록 하자. 중국 역사에 나타난 명인의 이름은 중국 작명법(作名法)의 정수를 배울 수 있는 좋은 자료가 된다.

왕(王)씨

왕(王)씨는 현대 중국에서 1억이 넘는 인구가 사용하는 대성(大姓)이다. 왕(王)씨는 모두 동주(東周) 영왕(靈王)의 태자(太子) 진(晉)을 시조로 한다. 영왕(靈王) 22년(기원전 550년)에 수도 낙양(洛陽) 부근의 두 갈래 강, 즉 곡수(谷水)와 낙수(落水)에 홍수가 나서 왕궁을 위협하는 일이 있었다고 한다. 이때 영왕(靈王)은 둑을 쌓아 강물을 막고자 하였으나, 지혜가 뛰어난 태자가 나서며 막을 것이 아니라 물길을 터서 물이 빠져나가게 해야 한다고 주장했다.

그러나 영왕(靈王)은 고집을 꺾지 않았을 뿐만 아니라 태자마저 폐위(廢位)시켜 버렸다.

태자 진(晉)은 하루아침에 왕족(王族)에서 일개 백성으로 전락했고, 그 후부터 성을 왕(王)씨로 지었다고 한다. 중국 역사에서 볼 때 왕(王)씨 명인으로는 진(秦)나라 대장 왕리(王離), 신(新) 나라를 창건한 황제 왕망(王莽), 동한(東漢)의 승상(丞相) 왕윤(王允), 철학가 왕충(王充), 학자 왕부(王符), 시인 왕찬(王粲), 동진(東晋)의 승상 왕도(王導), 서법가 왕희지(王羲之), 왕헌지(王獻之), 전진(前秦)의 승상 왕맹(王猛), 당나라 시인 왕유(王維), 북송의 승상 왕안석(王安石) 등 수없이 많다.

이(李)씨

이(李)씨는 중국에서 왕(王)씨 다음으로 많은 사람이 사용하고 있다. 그 시조는 고도(皐陶)이다. 대리(大理)라는 벼슬을 하다가 그 벼슬이 이라는 성씨로 바뀐 경우이다.

중국 역사에 나타나는 이(李)씨 명인으로는 춘추(春秋)시대 사상가 이이(李耳), 진(秦)나라 승상 이사(李斯), 당(唐)나라 황제 이연(李淵), 이적(李勣), 학자 이연수(李延壽), 시인 이백(李白), 남송(南宋) 의학가 이시진(李時珍) 등이 있다.

조(趙)씨

조(趙)씨는 현대 중국에서 일곱 번째로 많은 성씨이다. 소호(少昊)의 후손 조부(造父)가 주목왕 (周穆王)의 마차부로서 큰 공을 세워 조씨 성을 하사 받았다. 그리하여 조(趙)씨의 시조가 되었다고 한다. 역사상 조(趙)씨의 명인으로는 진(秦)나라의 중신(重臣) 조고(趙高), 서한(西漢)의 황후 조비연 (趙飛燕), 남송(南宋) 황제 조구(趙構), 청(淸)나라 학자 조익(趙翼) 등이 있다.

임(林)씨

임(林)씨는 중국에서 16번째로 많은 성이다. 상(商)나라 비간(比干)의 후손인 견(堅)이 임(林)씨 시조라고 한다. 비간은 상나라 주왕(紂王)의 숙부인데 간언(諫言)을 했다 하여 죽여버리고 그 부인은 도망쳐 아들 견을 낳았다. 후에 주무왕(周武王)이 견에게 임(林)씨 성을 하사했다 한다.

역사적으로 이름을 남긴 임(林)씨는 북송(北宋)의 시인 임포(林逋), 남송(南宋) 의 시인 임경희(林 景熙), 화가 임춘(林椿), 청(淸)나라 중신(重臣) 임칙서(林則徐), 근현대에 이르러 임어당(林語堂) 등이 있다.

정(鄭)씨

정(鄭)씨는 중국에서 23번째로 많은 성씨이다. 서주(西周)에서 갈라져 나온 정(鄭)나라의 정환공 (鄭桓公)이 시조이다. 역사적으로 이름을 남긴 정(鄭)씨는 북위(北魏)의 시인 정도소(鄭道昭), 당나라 시인 정곡(鄭谷), 남송(南宋) 학자 정초(鄭樵) 등이 있다.

한(韓)씨

한(韓)씨는 중국에서 25번째로 많은 사람들이 사용하는 성씨이다. 서주(西周) 무왕(武王)의 서자(庶子), 즉 첩의 자식 한후(韓侯)가 시조이다. 역사적으로 이름을 남긴 인물 중 한씨는 진(晉)나라의 중신인 한만(韓萬), 전국(戰國)시대의 사상가 한비(韓非), 서한(西漢)의 장군 한신(韓信), 당나라 문학가 한유(韓愈), 남당(南唐) 문학가 한희재(韓熙載) 등이 있다.

강(姜)씨

강(姜)씨는 중국에서 60번째로 많은 성씨이며 가장 오래된 성씨 중 하나이다.

소전씨(少典氏)가 한(漢)민족의 시조라고 불리는 황제(黃帝, 皇帝와는 다르다)와 염제(炎帝)를 낳았는데 염제(炎帝)가 강수(姜水)유역에 살았으므로 후손들은 성을 강(姜)씨로 했다.

역사적으로 이름을 남긴 강씨는 제(齊)나라 국군인 강상(姜尙), 촉한(蜀漢)의 장군 강유(剛柔), 남송의 명장 강재(姜才), 명나라 학자 강보(姜寶) 등이있다.

김(金)씨

김(金)씨는 중국에서 69번째로 큰 성씨이다. 황제(黃帝)의 후대 소오(少昊)가 김(金)씨의 시조라고 한다. 역사적으로 이름을 남긴 김씨는 명나라 대학사(大學士) 김유자(金幼孜), 학자 김문(金問), 청나라 명장 김려(金礪) 등이 있다.

최(催)씨

최(催)씨는 중국에서 74번째로 큰 성씨이다. 염제(炎帝)의 후예(後裔), 강상(姜尙)의 후대가 최(催)씨의 시조이다. 역사적으로 이름을 남긴 인물은 동한(東漢)의 학자 최식(崔寔), 북위(北魏) 때 중신 최굉(崔宏), 학자 최광(崔光), 남송의 중신 최여지(崔與之) 등이있다.

윤(尹)씨

윤(尹)씨는 중국에서 91번째로 큰 성씨이다. 역사적으로 이름을 남긴 인물은 제(齊)나라 학자 윤문(尹文), 명나라 중신 윤직(尹直), 청나라 대학사 윤계선(尹繼善), 근현대에 이르러서는 윤달(尹達) 등이 있다.

문(文)씨

문(文)씨는 중국에서 100번째로 큰 성씨이다. 서주(西周)의 문왕(文王)이 시조라는 설(說)과 염제(炎帝) 의 예손(裔孫), 문숙(文淑)이 시조라는 설도 있다. 역사적으로 이름을 남긴 인물은 당나라의 고승(高僧) 문강(文綱)과 북송의 승상 문언박(文彦博), 화가 문동(文同), 명나라 때 문백인(文伯仁) 등이 있다.

나. 성씨(姓氏) 자오행(字五行) 및 작명법

성씨(姓氏) 자오행(字五行)은 자형(字形), 자의(字意)에 의해 구분되며, 자오행(字五行)을 기준으로 작명을 할 때, 첫째 성씨(姓氏)와 이름(명자名字)은 음(音)오행과 같이 목・화・토・금・수(木・火・土・金・水) 오행(五行)의 요소를 상생(相生)관계, 생극(生剋)관계, 상극(相剋)관계, 상비(相比)관계를 고려해서 작명을 하여야 한다. 둘째 성씨(姓氏)를 기준으로 이름(명자名字)을 붙일 경우 수리(數理)상 원형이정(元亨利貞) 조합이 길(吉)한 경우를 계산해야 된다. 그래서 다음과 같이 운(運)이 길한 조합을 표로 만들어 보았다.

예를 들면 2획의 성씨(姓氏) 정(丁) 복(卜) 우(又) 도(刀) 역(力) 내(乃)에 이름(명자名字)을 붙일 때 1획+4획, 1획+5획, 1획+14획, 1획+12획으로 조합할 경우 원형이정(元亨利貞) 운(運)이 길(吉)하고, 3획+3획(女), 3획+13획(女)을 붙일 경우 남자에도 길(吉)하지만 여자에게 더욱 좋다는 뜻이다.

그리고 본서(本書)에서 성씨(姓氏) 획수 기준으로 작명(作名) 예를 만들어 놓았으니, 혹 누락된 성씨(姓氏)가 있으면, 또한 획수를 참조하여 적용하여 좋은 이름을 작명할 수 있다

예시) 金(8획)성씨에 이름(명자名字)을 10획 15획으로 선택 할 경우

◐ 사격(四格) 원형이정(元亨利貞) 감별

원격(元格) : 25획 안전격(安全格) = 10획 + 15획 ▶초년운

형격(亨格) : 18획 발전격(發展格) = 金(8획) + 10획 ▶ 청장년운

이격(利格) : 23획 공명격(功名格) = 金(8획) + 15획 ▶ 중년운

정격(貞格) : 33획 승천격(昇天格) = 金(8획) + 10획) + 15획▶말년운

2劃 성씨(姓氏)

성씨(姓氏)	丁	卜	又	刀	力	乃							
음(音)	정	복	우	도	역	내							
자(字)오행	火	火	水	金	土	金							

• 성씨(姓氏), 이름이 길(吉)한 획수조합 •

성姓	2	2	2	2	2	2	2	2	2	2	2	2	2	2
명名	1	1	1	1	1	3	3	4	4	4	4	5	5	5
자字	4	5	14	15	22	3	13	1	9	11	19	6	11	16
						女	女		女	女		女	女	
	2	2	2	2	2	2	2	2						
	6	6	9	13	13	14	14	16						
	9	15	14	16	19	15	19	19						
	女		女	女		女								

3劃 성씨(姓氏)

성씨(姓氏)	千	大	弓	凡	于	山	子	干					
음(音)	천	대	궁	범	우	산	자	간					
자(字)오행	水	木	火	水	水	土	水	水					

• 성씨(姓氏), 이름이 길(吉)한 획수조합 •

성姓	3	3	3	3	3	3	3	3	3	3	3	3	3	3
명名	3	8	8	10	12	14	14	14		2	2	3	3	3
자字	10	13	21	8	20	15	21	18	18	3	13	10	12	18
			女	女		女	女			女	女		女	
	3	3	3	3										
	4	5	5											
	14	8	10	8										
		女	女											

4劃 성씨(姓氏)

성씨(姓氏)	尹	文	元	孔	卞	王	方	毛	仇	仁	牛	公	太
음(音)	윤	문	원	공	변	왕	방	모	구	인	우	공	태
자(字)오행	水	木	木	水	土	金	土	火	火	火	火	金	木

天	夫	井	化	牛	日	巴	介	木	片	水	斤			
천	부	정	화	우	일	파	개	목	편	수	근			
火	木	水	火	土	火	土	火	木	木	水	金			

• 성씨(姓氏), 이름이 길(吉)한 획수조합 •

성姓	4	4	4	4	4	4	4	4	4	4	4	4	4	4
명名	1	1	1	2	2	2	3	3	4	4	4	4	7	9
자字	2	12	20	9	11	19	4	14	7	9	13	17	14	12
	女	女	女	女	女		女		女	女				
	4	4	4	4	4	4	4							
	9	11	11	12	12	12	13							
	20	14	20	13	17	19	20							
		女	女	女										

5劃 성씨(姓氏)

성씨(姓氏)		田	白	申	石	甘	玉	史	皮	平	占	永	氷	包
음(音)		전	백	신	석	감	옥	사	피	평	점	영	빙	포
자(字)오행		土	金	金	金	土	金	水	金	木	水	水	水	金
召	册	台	功	北	令	弘	疋	玄	佐	丘	丕	王		
소	책	태	공	북	령	홍	필	현	좌	구	비	왕		
水	木	水	木	水	火	火	土	火	火	土	木	金		

• 성씨(姓氏), 이름이 길(吉)한 획수조합 •

성姓	5	5	5	5	5	5	5	5	5	5	5	5	5	5
명名	1	1	1	2	2	2	3	3		6	6	6		8
자字	2	10	12	6	11	16	8	10	6	10	12	18	8	10
			女	女	女	女	女	女		女				
	5	5	5	5	5	5	5	5						
	8	12	13		16			10						
	16	12	20	16	16	24	18	6						
	女	女						女						

6劃 성씨(姓氏)

성씨(姓氏)	全	任	安	朱	吉	伊	印	牟	米	好	朴	西	羽
음(音)	전	임	안	주	길	이	인	모	미	호	박	서	우
자(字)오행	土	火	木	木	水	火	木	土	木	土	木	金	火
有	宅	守	百	老	圭	光	曲	先	后				
유	택	수	백	노	규	광	곡	선	후				
水	木	木	水	土	土	火	土	木	木				

• 성씨(姓氏), 이름이 길(吉)한 획수조합 •

성姓	6	6	6	6	6	6	6	6	6	6	6	6	6	6
명名		1	1	2	2	2		5	5	5		7	7	7
자字	1	10	17	5	9	15	5	10	12	18	7	10	11	18
				女	女								女	女
	6	6	6	6	6	6	6	6	6	6	6	6		
	9	10	10		11	11	12	12		15		15		
	9	15	19	11	12	18	19	17	15	17	17	18		
	女	女	女			女	女	女						

7劃 성씨(姓氏)

성씨(姓氏)	李	池	吳	宋	呂	辛	江	成	延	車	判	甫	杜
음(音)	이	지	오	송	려	신	강	성	연	차	판	보	두
자(字)오행	木	水	水	木	水	金	水	火	木	火	金	水	木

佐	何	良	吾	弟	谷	孝	廷	余	汎	見	君	初	池	
좌	하	량	오	제	곡	효	정	여	범	견	군	초	지	
火	火	土	水	水	土	土	木	火	水	火	水	金	水	

• 성씨(姓氏), 이름이 길(吉)한 획수조합 •

성姓	7	7	7	7	7	7	7	7	7	7	7	7	7	7
명名	1	1	4	4	6	6	6			8	8	8	8	8
자字	10	16	4	14	10	11	18	6	8	8	9	10	16	17
			女	女		女	女				女	女		女
	7	7	7	7	7	7	7	7						
	9	10	11	14	14		16							
	16	14	14	17	18	16	16	18						
								女						

8劃 성씨(姓氏)

성씨(姓氏)		金	林	沈	孟	寄	房	明	尙	具	周	知	承	季
음(音)		김	임	심	맹	기	방	명	상	구	주	지	승	계
자(字)오행		金	木	水	水	土	水	火	金	金	水	土	水	木
卓	奉	忠	采	昕	門	斧	岳	空	長	昇	庚	沙	京	昔
탁	봉	충	채	흔	문	부	악	공	장	승	경	사	경	석
木	水	火	木	火	木	金	土	木	木	火	金	水	土	火
宗	舍	和	昌	狄	柰	艾	夜							
종	사	화	창	적	내	애	야							
木	火	火	火	火	木	木	水							

• 성씨(姓氏), 이름이 길(吉)한 획수조합 •

성姓	8	8	8	8	8	8	8	8	8	8	8	8	8	8
명名		3	3	3		5	5	5		7	7	7	7	7
자字	3	10	5	13	5	8	10	16	7	8	9	10	16	17
			女							女	女	女		女
	8	8	8	8	8	8	8	8	8	8	8	8	8	8
	9	9	9	10	10		13	13	13		15	15	16	17
	8	15	16	13	15	13	8	10	16	15	8	16	17	8
	女													

9劃 성씨(姓氏)

성씨(姓氏)		柳	兪	姜	南	禹	河	咸	宣	葦	秋	表	柴	泰
음(音)		류	유	강	남	우	하	함	선	위	추	표	시	태
자(字)오행		木	火	土	火	土	水	水	木	金	木	木	木	水
俊	泉	彦	段	星	貞	思	拓	香	律	施	姚	扁	肖	
준	천	언	단	성	정	사	척	향	율	시	요	편	초	
火	水	火	金	火	金	火	木	木	火	土	土	木	水	

• 성씨(姓氏), 이름이 길(吉)한 획수조합 •

성姓	9	9	9	9	9	9	9	9	9	9	9	9	9	9
명名	2	2	2	4	4	4	6	7	7	8	8	8	9	15
자字	4	6	14	4	12	20	9	8	16	8	15	16	14	8
	女	女					女	女		女				

10劃 성씨(姓氏)

성씨(姓氏)		洪	徐	高	殷	秦	時	桂	宮	唐	袁	晉	耿	桓
음(音)		홍	서	고	은	진	시	계	궁	당	원	진	경	환
자(字)오행		水	火	火	金	木	火	木	木	水	木	火	火	木
芳	桑	馬	原	晏	恭	夏	貢	孫	花	眞	剛	倉	洙	邕
방	상	마	원	안	공	하	공	손	화	진	강	창	수	옹
木	木	火	土	火	火	火	金	水	木	木	金	火	水	土

• 성씨(姓氏), 이름이 길(吉)한 획수조합 •

성姓	10	10	10	10	10	10	10	10	10	10	10	10	10	10
명名	1	1	1	1	3	3	3	5	5	6	6	7	7	8
자字	5	6	7	14	3	5	8	8	6	7	15	8	14	13
	女	女	女	女	女	女			女			女		
	10	10	10											
	8	11	14											
	15	14	15											
		女	女											

11劃 (姓氏)

성씨(姓氏)	崔	張	康	堅	梁	魚	許	邦	啓	珠	扈	那	將
음(音)	최	장	강	견	양	어	허	방	계	주	호	나	장
자(字)오행	土	金	木	土	木	水	金	土	水	金	木	土	土

麻	浪	卿	國	栗	乾	尉	常	曺	梅	海	彬	班	胡	
마	랑	경	국	율	건	위	상	조	매	해	빈	반	호	
木	水	木	土	木	金	土	木	土	木	水	木	金	水	

• 성씨(姓氏), 이름이 길(吉)한 획수조합 •

성姓	11	11	11	11	11	11	11	11	11	11	11	11	11	
명名	2	2	4		6	6	6	7	7	10	14	14	18	
자字	4	5	14	6	7	12	18	6	14	14	7	10	6	
	女	女	女		女		女	女					女	

12劃 성씨(姓氏)

성씨(姓氏)		閔	黃	智	童	舜	博	敦	堯	荀	淳	順	雲	邵
음(音)		민	황	지	동	순	박	돈	요	순	순	순	운	소
자(字)오행		木	土	火	金	木	火	金	水	木	水	火	水	土
賀	弼	景	程	森	荊	登	彭	曾	閏	閑	善	勝	庾	異
하	필	경	정	삼	형	등	팽	증	윤	한	선	승	유	이
金	金	火	木	木	木	火	火	火	火	木	水	土	木	土
馮	卨	東	方	邸	壹	傅	邱	單	森	强				
풍	설	동	방	저	일	부	구	단	삼	강				
火	土	木	土	土	土	火	土	水	木	金				

• 성씨(姓氏), 이름이 길(吉)한 획수조합 •

성姓	12	12	12	12	12	12	12	12	12	12	12	12	12	12
명名	1	1	3	4	4	5	5	6	6	6	9	11	12	12
자字	4	5	20	9	19	6	20	5	11	19	12	6	13	17
	女	女					女	女		女			女	女

13劃 (姓氏)

성씨(姓氏)	廉	楊	睦	琴	莊	楚	雷	賈	敬	郁	新	溫	阿
음(音)	렴	양	목	금	장	초	뢰	가	경	욱	신	온	아
자(字)오행	木	木	火	金	木	木	水	金	金	土	金	水	土
司 空	岡	山	小	峰	頓	雍	椿	湯					
사 공	강	산	소	봉	돈	옹	춘	탕					
水 水	土	土	水	土	火	火	木	水					

• 성씨(姓氏), 이름이 길(吉)한 획수조합 •

성姓	13	13	13	13	13	13	13	13	13	13	13	13	13	
명名	2	3	3	4	4	5		8	8	8	10	12	16	
자字	3	2	8	4	12	20	8	8	10	16	8	12	8	
	女	女		女	女							女		

14劃 (姓氏)

성씨(姓氏)	趙	裵	愼	鳳	賓	端	種	箕	華	壽	榮	溪	薺
음(音)	조	배	신	봉	빈	단	종	기	화	수	영	계	제
자(字)오행	土	水	火	火	金	金	木	木	木	木	木	水	土
公 孫	西 門		實	槐	兢	甄	菊	連	碩	菜			
공 손	서 문		실	괴	긍	견	국	련	석	채			
金 水	金	木	木	木	水	土	木	土	金	木			

• 성씨(姓氏), 이름이 길(吉)한 획수조합 •

성姓	14	14	14	14	14	14	14	14	14	14	14	14	14	14
명名	1	1	2	2	2	3	3	4	4	4	4	4	7	7
자字	2	10	1	9	15	4	5	3	11	7	17	21	10	11
	女	女	女		女	女	女		女			女		
	14	14	14	14	14	14								
	9	10	10	10	10	11								
	15	1	7	11	15	10								
		女			女									

15劃 (姓氏)

<table>
<tr><td colspan="2">성씨(姓氏)</td><td>慶</td><td>魯</td><td>劉</td><td>葉</td><td>董</td><td>漢</td><td>標</td><td>廣</td><td>價</td><td>萬</td><td>部</td><td>葛</td><td>郭</td></tr>
<tr><td colspan="2">음(音)</td><td>경</td><td>노</td><td>류</td><td>섭</td><td>동</td><td>한</td><td>표</td><td>광</td><td>가</td><td>만</td><td>부</td><td>갈</td><td>곽</td></tr>
<tr><td colspan="2">자(字)오행</td><td>木</td><td>火</td><td>金</td><td>木</td><td>木</td><td>水</td><td>木</td><td>木</td><td>火</td><td>木</td><td>土</td><td>木</td><td>土</td></tr>
<tr><td colspan="15"></td></tr>
<tr><td>漫</td><td>墨</td><td>司</td><td>馬</td><td>長</td><td>谷</td><td>緣</td><td>彈</td><td>漢</td><td>樑</td><td>樓</td><td>賓</td><td>興</td><td>影</td><td>諸</td></tr>
<tr><td>만</td><td>묵</td><td>사</td><td>마</td><td>장</td><td>곡</td><td>연</td><td>탄</td><td>한</td><td>량</td><td>루</td><td>빈</td><td>흥</td><td>영</td><td>제</td></tr>
<tr><td>水</td><td>土</td><td>水</td><td>火</td><td>木</td><td>水</td><td>木</td><td>金</td><td>水</td><td>木</td><td>木</td><td>金</td><td>土</td><td>火</td><td>金</td></tr>
</table>

• 성씨(姓氏), 이름이 길(吉)한 획수조합 •

성姓	15	15	15	15	15	15	15	15	15	15	15	15	15	15
명名	1	2	2	2	2	3		6	6		8	8	8	10
자字	2	1	6	14	16	20	6	10	18	8	8	10	16	14
				女				女						女
	15	15	15	15	15	15	5							
	14	14		16	16	17	18							
	10	18	16	8	16	6	6							
	女		女		女									

16劃 (姓氏)

성씨(姓氏)		陳	盧	陰	燕	龍	諸	潘	遇	陶	陸	錢	道	都
음(音)		진	노	음	연	용	제	반	우	도	육	전	도	도
자(字)오행		土	水	土	火	土	金	水	土	土	土	金	土	土
皇	甫	輸	蓋	疆	橋	頭								
황	보	수	개	강	교	두								
金	水	火	木	金	木	火								

• 성씨(姓氏), 이름이 길(吉)한 획수조합 •

성姓	16	16	16	16	16	16	16	16	16	16	16	16	16	16
명名		1	1	2	2	2	2		5	5		7	7	8
자字	1	7	15	5	13	15	19	5	8	16	7	8	16	13
		女	女		女		女							
	16	16	16	16	16	16	16	16	16	16				
	8	8	9	9		13		15	15					
	15	17	8	16	13	16	15	17	16	17				
				女		女			女					

17劃 (姓氏)

성씨(姓氏)	韓	蔡	蔣	鍾	鮮	鞠	陽	燭	濃	謝	澤	蓮	鄒
음(音)	한	채	장	종	선	국	양	촉	농	사	택	연	추
자(字)오행	金	木	木	金	水	木	土	火	水	金	水	木	土

• 성씨(姓氏), 이름이 길(吉)한 획수조합 •

성姓	17	17	17	17	17	17	17	17	17	17	17	17	17	17
명名	1	1	4	4	4	4		6	6	6	7	7		8
자字	6	14	4	12	14	20	6	12	15	18	8	14	8	16
		女									女	女		
	17	17	17	17	17	17								
	12	15		16		16								
	12	16	16	15	18	8								
	女			女	女									

18劃 (姓氏)

성씨(姓氏)	魏	簡	雙	戴	鞦	顔	鎬						
음(音)	위	간	쌍	대	추	안	호						
자(字)오행	火	木	火	金	木	火	金						

• 성씨(姓氏), 이름이 길(吉)한 획수조합 •

성姓	18	18	18	18	18	16	18	18	18	18	18	18	18	18
명名		3	3		5	6	6	6	6		7	11		
자字	3	3	14	5	6	7	11	15	17	7	6	6	13	15
						女	女			女	女	女		
	18	18	18											
	15		17											
	6	17	6											

19劃 (姓氏)

성씨(姓氏)	鄭	薛	南	宮	古	爾	魚	金	譚	龐			
음(音)	정	설	남	궁	고	이	어	금	담	방			
자(字)오행	土	木	火	木	水	火	水	金	金	土			

• 성씨(姓氏), 이름이 길(吉)한 획수조합 •

성姓	19	19	19	19	19	19	19	19	19	19	19	19	19	
명名	2	2	4	4	4	6	6	10	12	12	13	14	16	
자字	4	14	2	14	12	10	12	6	4	6	16	4	13	
						女	女	女		女	女		女	

20劃 (姓氏)

성씨(姓氏)	嚴	羅	還	釋	鮮于		夏候						
음(音)	엄	라	환	석	선우		하후						
자(字)오행	水	木	土	木	水	水	火	火					

• 성씨(姓氏), 이름이 길(吉)한 획수조합 •

성姓	20	20	20	20	20	20	20	20	20	20	20	20	20	20
명名	1	1	3	3	3	4	4	4	4	5	5	9	11	12
자字	4	12	15	18	12	1	9	11	17	12	13	4	4	1
						女		女	女	女			女	
	20	20	20	20	20									
	12	12	12	13	13									
	3	9	13	5	19									
		女												

21劃 (姓氏)

성씨(姓氏)	隨	顧	鶴	藤									
음(音)	수	고	학	등									
자(字)오행	土	土	火	木									

• 성씨(姓氏), 이름이 길(吉)한 획수조합 •

성姓	21	21	21											
명名	4	3	3											
자字	12	8	14											
	女	女	女											

22劃 (姓氏)

성씨(姓氏)	權	蘇	邊	隱	耶 律								
음(音)	권	소	변	은	야 율								
자(字)오행	木	木	土	土	土	火							

• 성씨(姓氏), 이름이 길(吉)한 획수조합 •

성姓	22	22	22	22	22	22	22	22	22	22	22	22	22	22
명名	2	2	2	2	3	3	3	7	7	9	9	10	10	10
자字	9	11	13	15	10	13	20	9	10	7	16	11	13	15
			女	女	女	女		女	女	女	女			女
	22	22	22	22	22									
	11	1	1	1	16									
	10	2	10	16	9									
					女									

25劃 (姓氏)

성씨(姓氏)	獨	孤
음(音)	독	고
자(字)오행	土	水

• 성씨(姓氏), 이름이 길(吉)한 획수조합 •

성姓	25	25	25	25	25	25	25							
명名	4	6		10		10	8							
자字	4	10	8	22	7	6	8							
		女		女		女								

31劃 (姓氏)

성씨(姓氏)	諸	葛
음(音)	제	갈
자(字)오행	金	木

• 성씨(姓氏), 이름이 길(吉)한 획수조합 •

성姓	31	31	31	31	31	31	31	31	31	31	31	31		
명名	1	1	2	2	6	7	4	7		8				
자字	6	16	4	6	10	10	4	14	8	8	16	6		
				女	女	女	女			女	女			

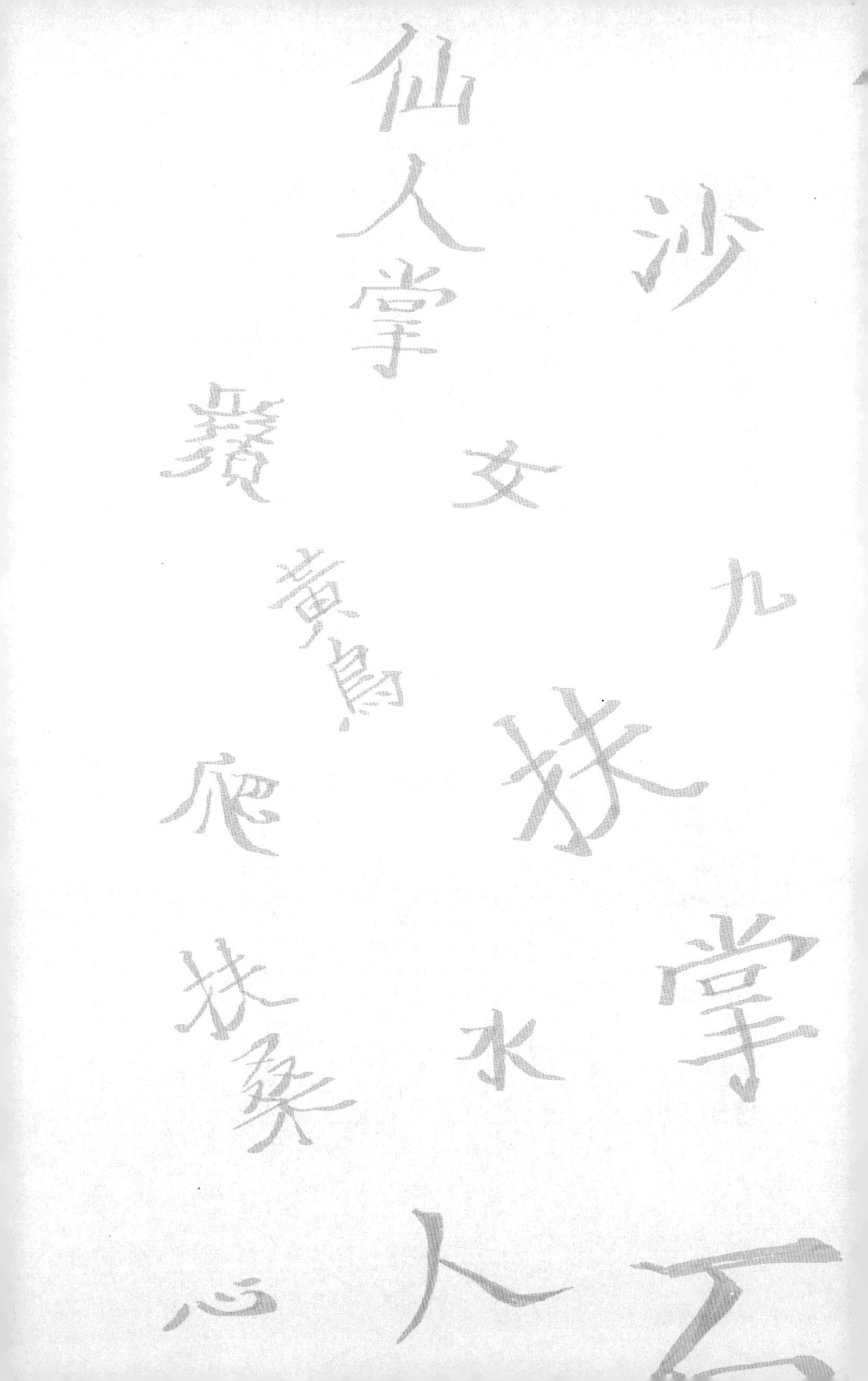
沙
掌
九
扶
水
人
女
仙人掌
黃鳥
發
爬
扶桑
心

3. 자 · 음오행 선명자

字 · 音五行 選名字 획수기준

– 대법원선정 인명용한자 중 이름으로 길(吉)한 한자만 선별하여 자,음오행으로 구분하였다. –

1획 一劃			
자字	뜻 음	자字오행	음音오행
一	한 일	木	土
乙	새 을	木	土

2획 二劃			
자字	뜻 음	자字오행	음音오행
二	둘 이	木	土
乃	이어 내	金	火
刀	칼 도	金	火
了	밝을 료	金	火
人	사람 인	火	土
入	들 입	木	土
力	힘 력	土	火
卜	점 복	火	水
又	또 우	木	土
丁	남방 정	火	金
乂	어질 예	金	土

3획 三劃			
자字	뜻 음	자字오행	음音오행
三	석 삼	火	金
上	위 상	木	金
万	일만 만	木	水
丸	탄자 환	土	土
也	이끼 야	木	土
于	어조사 우	水	土
凡	무릇 범	水	水
千	일천 천	水	金
川	내 천	水	金
大	큰 대	木	火
丈	길 장	木	金
士	선비 사	木	金
土	흙 토	土	火
子	아들 자	水	金
寸	마디 촌	土	金
山	뫼 산	土	金
工	장인 공	火	木
己	몸 기	土	木
小	작을 소	水	金
女	계집 녀	土	火
弓	활 궁	火	木
久	오랠 구	水	木
干	방패 간	木	木

4획 四劃			
자字	뜻 음	자字오행	음音오행
四	넉 사	火	金
丑	소 축	土	金
中	가운데 중	土	金
丹	붉은 단	火	火
之	갈 지	土	金
云	이를 운	水	土
井	우물 정	水	金
今	이제 금	火	木
介	낱 개	火	木
分	나눌 분	金	水
公	귀 공	火	木
仁	어질 인	火	土
化	될 화	火	土
元	으뜸 원	木	土
王	임금 왕	金	土
午	낮 오	火	土
升	되 송	木	金
友	벗 우	水	土
太	클 태	木	火

孔	구멍 공	水	木
引	끌 인	火	土
心	마음 심	火	金
支	간지 지	土	金
文	글 문	木	水
斗	말 두	火	火
方	모 방	土	水
斤	근 근	金	木
日	날 일	火	土
比	견줄 비	火	水
毛	털 모	火	水
爻	점괘 효	火	土
尹	다스릴 윤	水	土
允	진실 윤	土	土
天	하늘 천	火	金
夫	지아비 부	木	水
少	젊을 소	水	金
壬	북방 임	水	土
月	달 월	水	土
木	나무 목	木	水
水	물 수	水	金
片	조각 편	木	水
止	그칠 지	土	金
以	써 이	火	土
手	손 수	木	金
氏	성 씨	火	金
牛	소 우	土	土
內	안 내	木	火
勿	말 물	金	水
尤	더욱 우	土	土
夬	쾌할 쾌	木	木
兮	어조사 혜	金	土
予	나 여	金	土

5획 五劃			
자字	뜻 음	자字오행	음音오행
五	다섯 오	土	土
丘	언덕 구	土	木
且	또 차	木	金
世	인간 세	火	金
丙	남녘 병	火	水
主	임금 주	木	金
仕	벼슬 사	火	金
仙	신선 선	火	金
代	대 대	火	火
令	하여금 령	火	火
出	날 출	土	金
可	오를 가	水	木
加	더할 가	水	木
占	점 점	火	金
卯	토끼 묘	木	水
右	오른쪽 우	水	土
左	왼 좌	火	金
司	맡을 사	水	金
史	사기 사	水	金
台	별 태	水	木
外	바깥 외	火	土
央	중앙 앙	土	土
功	공 공	木	木
巨	클 거	火	木
去	갈 거	水	木
市	저자 시	木	金
弘	클 홍	火	土
戊	별 무	土	水
末	끝 말	木	水
未	아닐 미	木	水
本	근본 본	木	水

正	바를 정	土	金
民	백성 민	火	水
玄	검을 현	火	土
永	길 영	水	土
玉	구슬 옥	金	土
甘	달 감	土	木
生	날 생	木	金
用	쓸 용	水	土
田	밭 전	土	金
甲	갑옷 갑	木	木
白	흰 백	金	水
石	돌 석	金	金
禾	벼 화	木	土
召	부를 소	水	金
由	말미암을 유	木	土
申	납 신	金	金
立	설 립	金	火
示	보일 시	木	金
皮	가죽 피	金	水
句	글귀 구	水	木
仟	일천 천	火	金
付	붙일 부	火	水
旦	아침 단	火	火
乎	어조사 호	金	土
古	옛 고	水	木
半	반 반	土	水
北	북녘 북	水	水
只	다만 지	水	金
丕	클 비	水	水

6획 六劃			
자字	뜻 음	자字오행	음音오행
六	여섯 육	土	土
交	사귈 교	火	木
休	쉴 휴	火	土
任	맡길 임	火	土
伊	저 이	火	土
伍	다섯 오	火	土
企	바랄 기	火	木
全	온전 전	土	金
光	빛 광	火	木
匡	바룰 광	土	木
先	먼저 선	火	金
共	함께 공	金	木
在	있을 재	土	金
再	두 재	木	金
列	벌 열	金	土
米	쌀 미	木	水
合	합할 합	水	土
吉	좋을 길	水	木
仲	버금 중	火	金
向	향할 향	水	土
价	착할 개	火	木
收	거둘 수	金	金
同	한가지 동	水	火
回	돌아올 회	水	土
名	이름 명	水	水
好	좋을 호	土	土
有	있을 유	水	土
如	같을 여	土	土
宇	집 우	木	土
羽	깃 우	火	土
多	많을 다	水	火

安	편할 안	木	土
存	있을 존	木	金
宅	집 택	木	火
自	스스로 자	木	金
年	해 년	木	火
式	법 식	金	金
州	고을 주	水	金
朱	붉을 주	木	金
地	땅 지	土	金
旨	맛 지	火	金
至	이를 지	土	金
求	구할 구	水	木
牟	클 모	土	水
百	일백 백	水	水
兆	억조 조	火	金
守	지킬 수	木	金
臣	신하 신	火	金
考	헤아릴 고	土	木
次	버금 차	火	金
行	다닐 행	火	土
西	서녁 서	金	金
亥	돼지 해	水	土
丞	도울 승	木	金
汀	물가 정	水	金
氾	물 범	水	水
旬	열흘 순	火	金
充	가득할 충	木	金
圭	홀 규	土	木
旭	빛날 욱	火	土
老	늙을 노	土	火
戌	개 술	土	金
竹	대 죽	木	金
羊	양 양	土	土
早	일찍 조	火	金
后	황후 후	水	土
因	인할 인	水	土
印	도장 인	木	土
伎	재주 기	火	木

7획 七劃

자字	뜻 음	자字오행	음音오행
七	일곱 칠	金	金
亨	형통할 형	土	土
佑	도울 우	火	土
佐	도울 좌	火	金
何	어찌 하	火	土
位	벼슬 위	火	土
作	지을 작	火	金
伸	펼 신	火	金
伯	맏 백	火	水
佛	부처 불	火	水
伶	영리할 령	火	火
住	머물 주	火	金
江	물 강	水	木
汝	너 여	水	土
汎	물 범	水	水
池	못 지	水	金
克	이길 극	木	木
兵	군사 병	金	水
判	판단 판	金	水
兌	바꿀 태	金	火
利	이로울 리	金	火
吾	나 오	水	土
究	연구 구	木	木
材	재목 재	木	水
呈	드릴 정	水	水

廷	조정 정	木	金
汀	옥소리 정	金	金
呂	음률 려	水	火
坊	막을 방	土	水
址	터 지	土	金
坂	언덕 판	土	水
告	고할 고	水	木
君	임군 군	水	木
妙	묘할 묘	土	水
壯	씩씩할 장	木	金
孝	효도 효	水	土
完	완전 완	木	土
成	이룰 성	火	金
局	판 국	木	木
志	뜻 지	火	金
希	바랄 희	木	土
延	뻗을 연	土	土
形	모양 형	土	土
我	나 아	金	土
杏	살구나무 행	木	土
村	마을 촌	木	金
杓	자루 표	木	水
見	볼 견	火	木
戒	경계 계	金	木
杜	막을 두	木	火
束	묶을 속	木	金
秀	빼낼 수	木	金
杠	깃대 강	木	木
杞	구기자 기	木	木
均	고를 균	土	木
甫	펼 보	水	水
男	사내 남	土	火
良	어질 양	土	土

谷	골 곡	水	木
辰	별 진	土	金
里	마을 리	土	火
李	오얏 리	木	火
酉	닭 유	金	土
岐	뫼 기	土	木
免	면할 면	木	水
町	밭 정	土	金
序	차례 서	木	金
忍	참을 인	火	土
妊	아이밸 임	土	土
辛	매울 신	金	金
更	고칠 경	火	木
冏	빛날 경	火	木

8획 八劃

자字	뜻 음	자字오행	음音오행
八	여덟 팔	金	水
事	일 사	木	金
社	모일 사	木	金
使	하여금 사	火	金
享	누릴 향	土	土
庚	일곱째천간경	金	木
京	서울 경	土	木
坰	들 경	土	木
炅	빛날 경	火	木
佳	아름다울 가	火	木
侍	모실 시	火	金
佺	이름 전	火	金
佶	바를 길	火	木
侑	짝 유	火	土
侊	클 광	火	木
晄	밝을 광	火	木

佰	일백 백	火	水	昊	하늘 호	火	土
來	올 래	火	火	易	쉬울 이	火	土
侖	둥글 륜	火	火	卷	책 권	木	木
妌	단정할 정	土	金	刻	새길 각	金	木
定	정할 정	木	金	到	이를 도	金	火
政	정사 정	火	金	制	법 제	金	金
姈	영리할 영	土	土	協	화할 협	水	土
汶	물 문	水	水	効	본받을 효	土	土
沅	물 원	水	土	受	받을 수	木	金
沇	물이름 연	木	土	和	화할 화	木	土
坤	땅 곤	土	木	周	두루 주	木	金
昆	맏 곤	火	木	姝	예쁠 주	木	水
坵	언덕 구	土	木	奉	받을 봉	木	水
坪	들 평	土	水	季	끝 계	木	木
坡	언덕 파	土	水	宜	마땅 의	木	土
兩	두 양	土	土	宗	마루 종	木	金
其	그 기	金	木	宙	집 주	木	金
奇	기이할 기	土	木	尙	오히려 상	金	金
技	기술 기	木	木	岳	뫼 악	土	土
具	가출 구	金	木	岩	바위 암	金	土
典	법 전	金	金	幸	다행할 행	木	土
玖	옥돌 구	金	木	府	마을 부	土	水
玗	옥돌 우	金	土	忠	충성 충	火	金
雨	비 우	水	土	知	알 지	金	金
旼	화할 민	火	水	枝	가지 지	木	金
旻	하늘 민	火	水	林	수풀 림	木	火
昇	해돋을 승	火	金	松	소나무 송	木	金
承	이을 승	水	金	秉	잡을 병	木	水
昔	옛 석	火	金	采	채색 채	木	金
析	분석 석	木	金	杰	호걸 걸	火	木
明	밝을 명	火	水	枓	구기 두	木	火
命	목숨 명	水	水	東	동녘 동	木	火
虎	범 호	木	土	欣	기쁠할 흔	火	土

舍	집 사	火	金
門	문 문	木	水
長	긴 장	木	金
青	푸를 청	木	金
旿	낮 오	火	土
卓	높을 탁	木	火
岡	뫼 강	土	木
叔	아재비 숙	水	金
弦	시위 현	木	土
券	문서 권	金	木
沃	기름질 옥	水	土
函	함 함	火	土
扶	잡을 부	木	水
艾	쑥 애	木	土
姓	성 성	土	金
奄	문득 엄	水	土
亞	버금 아	火	土
奈	어찌 내	火	火
武	호밤 무	金	水
征	길 정	火	金
供	바칠 공	火	木
固	굳을 고	水	木
汽	증기 기	水	木
帛	비단 백	木	水
旺	왕성 왕	火	土
汪	넓을 왕	水	土
抄	빼길 초	木	金
快	쾌할 쾌	火	木
呼	부를 호	水	土
昌	창성 창	火	金
沄	흐를 운	水	土
直	곧을 직	木	金
牧	다스릴 목	土	水
味	맛 미	水	水
岬	산기슭 갑	土	木

9획 九劃

자字	뜻 음	자字오행	음音오행
九	아홉 구	水	木
炯	밝을 형	火	土
炫	밝을 현	火	土
泫	물가 현	水	土
炳	밝을 병	火	水
昞	밝을 병	火	水
柄	자루 병	木	水
星	별 성	火	金
省	살필 성	木	金
性	성품 성	火	金
昱	빛날 욱	火	土
昭	밝을 소	火	金
沼	못 소	水	金
昤	빛날 령	火	火
昰	여름 하	火	土
怡	화활 이	火	土
映	빛일 영	火	土
泳	물가 영	水	土
春	봄 춘	火	金
河	물 화	木	土
治	다스릴 치	水	金
法	법 법	水	水
泌	물가 필	水	水
泓	물가 홍	水	土
柚	유자 유	木	土
宥	도울 유	木	土
泉	샘 천	水	金
垠	언덕 은	土	土

垣	담 원	土	土	度	법도 도	木	火
垞	언덕 택	土	火	建	세울 건	木	木
律	법 율	火	土	彦	선비 언	火	土
沿	물 연	水	土	思	생각 사	火	金
衍	넓을 연	水	土	拓	개척할 척	木	金
姸	고을 연	土	土	是	이 시	火	金
泰	클 태	水	火	柱	기둥 주	木	金
癸	북방 계	水	木	相	서로 상	木	金
俊	준걸 준	火	金	庠	학교 상	木	金
保	보전할 보	火	水	秋	가을 추	木	金
信	믿을 신	火	金	皇	임금 황	金	土
俓	곧을 경	火	木	美	아름다울 미	土	水
勁	굳셀 경	金	木	重	무거울 중	土	金
侯	재후 후	火	土	革	바꿀 혁	金	土
俞	맑을 유	火	土	奕	클 혁	木	土
柳	버들 류	木	火	飛	날 비	火	水
亮	밝을 량	火	火	香	향기 향	木	土
貞	곧을 정	金	金	玟	옥돌 민	金	水
亭	정자 정	火	金	玧	옥돌 윤	金	土
冠	각 관	木	木	玩	구경 완	金	土
前	앞 전	金	金	祉	복지 지	木	金
勉	힘쓸 면	金	水	宣	베풀 선	木	金
勇	용맹 용	土	土	柔	부드러울 유	木	土
南	남녘 남	火	火	宦	벼슬 환	木	土
厚	두터울 후	土	土	畇	쟁기 균	土	木
咸	다 함	水	土	叙	펼 서	水	金
哉	이끼 재	水	金	施	배풀 시	土	金
姬	계집 희	土	土	枰	나무 평	木	水
姞	계집 길	土	木	紀	기록 기	木	木
奎	별 규	土	木	禹	임금 우	土	土
姜	성 강	土	木	柾	나무 정	木	金
室	집 실	木	金	段	계단 단	金	火
帝	임금 제	木	金	表	바깥 표	木	水

致	이를 치	土	金
契	먹을 계	木	木
俚	속될 리	火	火
帥	장수 수	木	金
奈	어찌 내	木	火
奐	빛날 환	木	土
垌	항아리 동	土	火
炡	빛날 정	火	金

10획 十劃

자字	뜻 음	자字오행	음音오행
十	열 십	水	金
乘	탈 승	木	金
倉	창고 창	火	金
修	닦을 수	火	金
洙	물가 수	水	金
倍	배 배	火	水
倫	인륜 윤	火	火
俸	녹 봉	火	水
峰	봉우리 봉	土	水
俱	갖출 구	火	木
候	제후 후	火	土
倞	굳셀 경	火	木
倬	밝을 탁	火	火
俓	곧을 경	火	木
耕	갈 경	木	木
耿	빛날 경	火	木
剛	굳셀 강	金	木
原	언덕 원	土	土
哲	밝을 철	水	金
唐	당나라 당	木	火
城	재 성	土	金
娍	고울 성	土	金
娥	예쁠 아	土	土
夏	여름 하	火	土
娟	고울 연	土	土
娜	예쁠 나	土	火
財	재물 재	金	金
宰	재상 재	木	金
栽	심을 재	木	金
素	힐 소	木	金
玿	옥 소	金	金
容	얼굴 용	木	土
埈	가파를 준	土	金
峻	높을 준	土	金
席	자리 석	木	金
庭	뜰 정	木	金
島	섬 도	土	火
恩	은혜 은	火	土
殷	나라 은	金	土
晃	빛날 황	火	土
時	때 시	火	金
晉	나라 진	火	金
眞	참 진	木	金
珍	보배 진	金	金
秦	진나라 진	木	金
書	글 서	火	金
徐	차례 서	火	金
津	물가 진	水	金
案	책상 안	木	土
桓	굳셀 환	木	土
洞	고을 동	水	火
桐	오동나무 동	木	火
根	뿌리 근	木	木
桂	계수나무 계	木	木
烓	밝을 계	火	木

자字	뜻 음	자字오행	음音오행
桃	복숭 도	木	火
挑	도전할 도	木	火
株	주식 주	木	金
校	학교 교	木	木
耘	김맬 운	木	土
桄	나무 광	木	木
洸	물솟을 광	木	木
桀	호걸 걸	木	木
晏	늦을 안	火	土
珏	쌍옥 각	金	木
珉	옥돌 민	金	水
旅	나그네 여	土	土
珌	옥돌 필	金	水
玹	구슬 현	金	土
玳	옥 대	金	火
栻	판 식	木	金
洪	넓을 홍	水	土
晁	아침 조	火	金
洛	낙수 낙	水	火
洋	바다 양	水	土
純	순전할 순	木	金
洵	참을 순	水	金
記	기록 기	金	木
起	일어날 기	火	木
訓	가르칠 훈	金	土

11일획 十一劃

자字	뜻 음	자字오행	음音오행
建	건강할 건	火	木
乾	하늘 건	金	木
偉	훌륭할 위	火	土
冕	면류관 면	火	水
凰	봉황 황	木	土
副	다음 부	金	水
動	움직일 동	水	火
偵	살필 정	土	金
桯	평상 정	木	金
得	얻을 득	火	火
偕	다 해	火	土
御	모실 어	火	土
務	힘쓸 무	土	火
卿	벼슬 경	木	木
參	삭 삼	火	金
茂	성할 부	木	水
偶	짝 우	火	土
冑	맏아들 주	水	金
啓	고칠 계	水	木
商	장사 상	水	金
祥	상서 상	木	金
常	떳떳 상	木	金
基	터 기	土	木
執	잡을 집	土	金
堂	집 당	土	火
培	북돋을 배	土	水
寅	동방 인	木	土
寄	붙일 기	木	木
宿	잘 숙	木	金
國	나라 국	土	木
將	장수 장	土	金
專	오로지 전	土	金
庵	암자 암	木	土
庸	떳떳 용	木	土
涌	물솟을 용	水	土
康	편할 강	木	木
彩	채색 채	火	金
彬	빛날 빈	火	水

斌	빛날 빈	火	水
梅	매화 매	木	水
梧	오동나무 오	木	土
樑	들보 량	木	火
振	떨칠 진	木	金
旣	이미 기	水	木
悅	기쁠 열	火	土
敎	가르칠 교	金	木
浩	넓을 호	水	土
皓	밝을 호	火	土
晩	늦을 만	火	水
晤	밝을 오	火	土
晟	밝을 성	火	金
晥	밝을 환	火	土
朗	밝을 랑	水	火
晛	별기운 현	火	土
敏	민첩할 민	金	水
海	바다 해	水	土
涉	건널 섭	水	金
浪	물결 랑	水	火
浚	깊을 준	水	金
晙	밝을 준	火	金
焌	태울 준	火	金
涇	물 경	水	木
范	풀 범	木	水
浣	씻을 완	水	土
域	지역 역	土	土
涓	고을 연	水	土
珠	구술 주	金	金
珪	옥돌 규	金	木
珗	구슬 선	金	金
望	바랄 망	金	水
珣	옥돌 순	金	水

硏	연구할 연	金	土
章	글자 장	金	金
笠	삿갓 립	木	火
翊	나래 익	金	土
英	꽃뿌리 영	木	土
規	법 규	火	木
許	허락할 허	金	土
設	배풀 설	金	金
貨	재화 화	金	土
貫	본 관	金	木
近	가까울 근	土	木
那	나라 나	土	火
野	들 야	土	土
雪	눈 설	水	金
竟	마침 경	金	木
頃	아랑 경	火	木
珖	옥피리 광	金	木
旋	돌이킬 선	水	金
迎	맞을 영	土	土
崙	산이름 윤	土	土
悌	공경 제	火	金
梯	사다리 제	木	金
第	차례 제	木	金
彗	별 혜	火	土
救	구할 구	金	木
鹿	사슴 록	木	火
胤	맏아들 윤	水	土
焄	향기 훈	火	土
崎	산길 기	土	木
孰	누구 숙	水	金
崑	뫼 곤	土	木
苑	동산 원	木	土
悠	멀 유	火	土

流	흐를 유	水	土
畢	다할 필	土	水
梨	배나무 리	木	火
涍	물이름 효	水	土
珥	옥 이	金	土
婉	순할 완	土	土
悟	깨달을 오	火	土
崇	높을 승	土	金
埻	관녁 준	土	金
晞	마를 희	火	土
軟	부드러울 연	火	土
珙	옥 공	金	木
堈	언덕 강	土	木
浦	물가 포	水	水
苾	향기 필	木	水
紹	이을 소	木	金
苟	풀 구	木	木
彪	범 표	火	水
崗	언덕 강	土	木

12획 十二劃

자字	뜻 음	자字오행	음音오행
傑	호걸 걸	火	木
備	갖출 비	火	水
傅	스승 부	火	水
復	다시 부	火	水
勝	이길 승	土	金
博	넓을 박	水	水
喜	기쁠 희	木	土
善	착할 선	水	金
堯	요나라 요	土	土
報	갚을 보	土	水
堤	방죽 제	土	金
富	부자 부	木	水
巽	손괘 손	木	金
幾	몇 기	火	木
弼	도울 필	金	水
筆	붓 필	木	水
程	길 정	木	金
情	뜻 정	火	金
晸	해돋을 정	火	金
淨	깨끗할 정	水	金
晶	수정 정	火	金
幀	그림 정	木	金
珽	옥홀 정	金	金
珵	옥돌 정	金	金
淀	얕은물 정	水	金
惠	은혜 혜	火	土
敦	도타울 돈	金	火
景	볕 경	火	木
晳	밝을 석	火	金
晴	맑을 청	火	金
普	넓을 보	火	水
最	가장 최	火	金
智	지혜 지	火	金
曾	일찍 증	火	金
替	바꿀 체	火	金
量	헤아릴 양	火	土
期	기약 기	水	木
朝	아침 조	水	金
棅	나무 병	木	水
森	수풀 삼	木	金
植	심을 식	木	金
棟	기둥 동	木	火
邱	언덕 구	土	木
球	지구 구	金	木

集	모을 집	木	金
鈞	무거울 균	金	木
鈗	병기 윤	金	土
淵	못 연	水	土
然	그를 연	火	土
涯	물가 애	水	土
淑	맑을 숙	水	金
淳	순박 순	水	金
清	맑을 청	水	金
淡	맑을 담	水	火
淙	물소리 종	水	金
悰	즐거울 종	火	金
淏	맑을 호	水	土
敞	넓을 창	金	金
創	창조 창	金	金
翔	나래 상	火	金
象	코끼리 상	水	金
淇	물 기	水	木
棋	바둑 기	木	木
硯	벼루 연	金	土
現	나타날 현	金	土
珹	옥 성	金	金
琇	옥돌 수	金	金
珷	옥돌 무	金	水
理	다스릴 리	金	火
琉	유리 유	金	土
惟	오직 유	火	土
珸	옥돌 오	金	土
閏	윤달 윤	火	土
登	오를 등	火	火
發	필 발	火	水
皓	흴 호	金	土
竣	마칠 준	金	金

統	거느릴 통	木	火
順	순할 순	火	金
舜	순임금 순	木	金
草	풀 초	木	金
裁	마를 재	木	金
視	보일 시	火	金
賀	하래 하	金	土
貴	귀할 귀	金	木
軫	수래 진	火	金
貳	두 이	金	土
開	열 개	火	木
雄	수컷 웅	火	土
雲	구름 운	水	土
須	모름지기 수	火	金
棕	나무 종	木	金
述	지울 술	土	金
媛	예쁠 원	土	土
悳	큰 덕	火	火
惪	큰 덕	火	火
壹	한 일	木	土
盛	성할 성	火	金
喆	쌍길 철	水	金
阪	언덕 판	土	水
超	뛸 초	土	金
邵	언덕 소	土	金
寔	이 식	木	金
厦	큰집 하	木	土
寓	붙일 우	木	土
邰	나라 태	土	火
凱	개선할 개	木	木
能	능할 능	水	火
茶	차 다	木	火
畯	밭고랑 준	土	金

卨	사람이름 설	土	金
雅	맑을 아	火	土
荀	풀 순	木	金
筍	죽순 순	木	金
琁	옥선	金	金
渼	산이름 미	土	水
阭	높을 윤	土	土
勛	공훈	火	土
詠	읊을 영	金	土

13획 十三劃

자字	뜻 음	자字오행	음音오행
僅	겨우 근	火	木
勤	부지런할 근	土	木
傳	전할 전	火	金
傾	기울 경	火	木
經	글 경	木	木
敬	공경 경	金	木
莖	줄기 경	木	木
勢	기세 세	金	金
歲	해 세	土	金
圓	둥글 원	木	土
園	동산 원	木	土
愛	사랑 애	火	土
意	뜻 의	火	土
義	옳을 의	土	土
想	생각 상	火	金
詳	자세 상	金	金
楊	버들 양	木	土
揚	빛날 양	木	土
楠	나무 남	木	火
湳	물 남	水	火
極	다할 극	木	木
楚	초나라 초	木	金
楗	문지방 건	木	木
楨	담틀 정	木	金
湀	헤아릴 규	木	木
楷	법 해	木	土
業	업 업	木	土
新	새 신	金	金
揮	휘두를 휘	木	土
暉	해빛 휘	火	土
煇	빛날 휘	火	土
會	모을 회	木	土
暎	밝을 영	火	土
渶	맑을 영	水	土
煐	빛날 영	火	土
暖	따뜻할 난	火	火
睦	화목 목	木	水
湖	호수 호	水	土
渼	물이름 미	水	水
嫄	사람이름 원	土	土
湘	물 상	水	金
椿	춘나무 춘	木	金
涌	물솟을 용	水	土
渽	맑을 재	水	金
渡	건널 도	水	火
湞	물이름 정	水	金
煥	빛날 환	火	土
換	바꿀 환	木	土
郁	향기로울 욱	火	土
煜	빛날 욱	火	土
煕	밝을 희	火	土
照	빛날 조	火	金
楡	느릅나무 유	木	土
猶	같을 유	土	土

督	살펴볼 독	水	火
群	무리 군	土	木
聖	성인 성	火	金
莊	씩씩할 장	木	金
荷	연 하	木	土
廈	큰집 하	木	土
補	도울 보	木	水
裕	넉넉할 유	木	土
試	시험 시	金	金
資	재물 자	金	金
載	시를 재	火	金
鉉	솥귀 현	金	土
鈺	금 옥	金	土
鉐	놋쇠 석	金	金
鉀	갑옷 갑	金	木
鉦	징 정	金	金
湊	물모일 주	水	金
靖	편할 정	木	金
鼎	솥 정	火	金
頌	칭송할 송	火	金
頓	조아릴 돈	火	火
琬	옥 완	金	土
莞	완골 완	木	土
琡	구슬 숙	金	金
琨	옥 곤	金	木
琯	옥피리 관	金	木
祿	복 록(녹)	木	火
琫	옥 봉	金	水
琮	옥돌 종	金	金
琦	옥이름 기	金	木
祺	상서 기	木	木
琪	구슬 기	金	木
琥	호박 호	金	土
琳	아름다운옥림	金	火
微	작을 미	火	水
稙	일찍심은벼직	木	金
愚	어리석을 우	火	土
賃	새낼 임	金	土
阿	언덕 아	土	土
暘	날 역	火	土
楹	기둥 영	木	土
粲	빛날 찬	木	金
塤	풍류 훈	土	土
筵	대자리 연	木	土
鉛	납 연	金	土
彙	무리 휘	水	土
渲	물적실 선	水	金
渠	시내 거	水	木
羨	부러워할 선	土	金
渭	위수 위	水	土
暐	빛날 위	火	土
該	해당할 해	金	土
筣	대울타리 리	木	火
琴	거문고 금	金	木
廉	청렴할 염	木	土

14획 十四劃

자字	뜻 음	자字오행	음音오행
嘉	아름다울 가	水	木
圖	그림 도	木	火
壽	목숨 수	水	金
銖	저울 수	金	金
夢	꿈 몽	木	水
實	열매 실	木	金
對	대할 대	木	火
臺	집 대	土	火

僖	즐거울 희	火	土	睿	밝을 예	火	土
彰	밝을 창	火	金	瑟	비파 슬	金	金
暢	화창할 창	火	金	馹	역마 일	火	土
滄	바다 창	水	金	溢	넘칠 일	水	土
慈	사랑 자	火	金	嘗	맛볼 상	水	金
滋	번성할 자	水	金	像	형상 상	火	金
領	거느릴 영	火	土	輔	도울 보	火	水
滎	영화 영	木	土	菩	보살 보	木	水
寧	편할 영	火	土	連	연할 연	土	土
瑛	구슬 영	金	土	銀	은 은	金	土
溪	시내 계	水	木	慇	은근할 은	火	土
源	근원 원	水	土	溵	물소리 은	水	土
愿	착할 원	火	土	通	통달할 통	土	火
瑗	구슬 원	金	土	銅	구리 동	金	火
準	법 준	水	金	華	빛날 화	木	土
滉	물깊을 황	水	土	閣	집 각	木	木
溟	바다 명	水	水	齊	제나라 제	土	金
銘	세길 명	金	水	逢	만날 봉	土	水
銑	금 선	金	金	翠	비취 취	火	金
瑄	구슬 선	金	金	聚	모을 취	火	金
瑀	옥돌 우	金	土	瑆	옥 성	金	金
瑅	옥돌 제	金	金	誠	정성 성	金	金
瑚	산호 호	金	土	誌	기복 지	金	金
豪	호걸 호	水	土	福	복 복	木	水
瑜	옥돌 유	金	土	禎	상서 정	木	金
瑃	옥 춘	金	金	箕	키 기	木	木
塾	서당 숙	土	金	暣	기운 기	火	木
熏	훈 훈	火	土	綺	비단 기	木	木
鳳	새 봉	火	水	端	끝 단	金	火
墉	담 용	土	土	維	오직 유	木	土
溶	물 용	水	土	種	씨 종	木	金
榕	나무 용	木	土	碩	클 석	金	金
態	태도 태	火	火	碧	푸를 벽	金	水

境	지경 경	土	木
馝	향기 필	木	水
萊	잡초 래	木	火
菴	암자 암	木	土
構	맺을 구	木	木
瑞	상서 서	金	金
與	더물 여	土	土
郡	골 군	土	木
逕	길 경	土	木
綠	푸를 녹	木	火
愷	즐거울 개	火	木
菊	국화 국	木	木
韶	풍류 소	金	金
說	말씀 설	金	金
愼	삼갈 신	火	金
賑	넉넉할 진	金	金
綵	비단 채	木	金
熒	등불 형	火	土
瑌	구슬 연	金	土
漌	맑을 근	水	木
精	정미할 정	木	金
綱	벌줄 강	木	木

15획 十五劃

자字	뜻 음	자字오행	음音오행
億	억 억	火	土
儀	거동 의	火	土
誼	옳을 의	金	土
俊	준걸 준	火	金
德	근 덕	火	火
徹	통할 철	火	金
儆	경계할 정	火	金
慶	경사 경	木	木
增	더할 증	土	金
嬉	아름다울 희	土	土
嫿	고을 화	土	土
寬	너그러울 관	木	木
審	살필 심	木	金
廣	넓을 광	木	木
樂	즐거울 낙	木	火
慕	생각 모	火	水
稷	피 직	木	金
萬	일만 만	木	水
滿	찰 만	水	水
調	고루 조	金	金
鋒	칼끝 봉	金	水
槿	무궁화 근	木	木
賢	어질 현	金	土
輝	빛날 휘	火	土
逸	편할 일	土	土
陞	오를 승	土	金
部	무리 부	土	水
進	나갈 진	土	金
諄	도울 순	金	金
雁	기러기 안	火	土
奭	쌍백 석	火	金
養	기를 양	土	土
逵	한길 규	土	木
魯	노나라 노	火	火
董	바를 동	木	火
銶	끌 구	金	木
鋌	쇠 정	金	金
瑢	옥소리 용	金	土
靚	단정할 정	木	金
衛	호위 위	火	土
影	그림자 영	火	土

談	말씀 담	金	火
漾	물이름 양	水	土
輪	바퀴 윤	火	土
緖	실마리 서	木	金
畿	경기 기	土	木
院	집 원	土	土
練	익힐 연	木	土
熲	빛날 경	火	木
慧	지혜 혜	火	土
瑨	옥돌 진	金	金
禛	복 진	木	金
瑱	귀막이옥 진	金	金
漳	물이름 장	水	金
暲	밝을 장	火	金
樟	녹나무 장	木	金
醇	순수할 순	金	金
熱	더울 열	火	土
毅	굳셀 의	金	土
彊	강할 강	金	木
慜	총명할 민	火	水
惠	밝을 혜	木	土
瑤	아름다운옥요	金	土
鋕	세길 지	金	金
諒	믿을 량	金	火
嬌	아리따울 교	土	木
緣	인연 연	木	土
嬋	고울 선	土	金
瑪	옥돌 마	金	水
數	수리 수	金	金
稼	심을 가	木	木
墡	백토 선	土	金
範	법 범	木	水
演	넓을 연	水	土
漌	맑을 근	水	木
黎	여명 여	火	土
熟	익을 숙	火	金
瑥	사람이름 온	金	土

16획 十六劃

자字	뜻 음	자字오행	음音오행
勳	공 훈	火	土
燁	빛날 엽	火	土
曄	빛날 엽	火	土
燕	연나라 연	火	土
默	잠잘 묵	火	水
熹	밝을 희	火	土
熺	빛날 희	火	土
憙	기쁠 희	火	土
暾	해 돋을 돈	火	火
燉	빛날 돈	火	火
學	배울 학	水	土
導	인도할 도	木	火
道	길 도	土	火
憲	법헌	火	土
整	정제할 정	金	金
靜	고요 정	木	金
曉	새벽 효	火	土
撤	거둘 철	木	金
澈	맑을 철	木	金
錞	도울 순	金	金
潤	윤태할 윤	水	金
穆	화목할 목	木	水
潭	맑을 담	水	火
潾	맑을 린	水	火
澔	넓을 호	水	土
螢	반딧불 형	火	土

冀	바랄 기	土	木
錡	가마 기	金	木
嗜	좋아할 기	水	木
機	베틀 기	木	木
琪	옥 기	金	木
遂	통달할 수	土	金
壁	벽 벽	土	水
澐	물결 운	水	土
翰	깃 한	火	土
衡	저울대 형	火	土
運	운전 운	土	土
達	통달 달	土	火
都	도읍 도	土	火
窺	엿볼 규	木	木
錧	보습 관	金	木
陳	묶을 진	土	金
陸	육지 육	土	土
陵	능 능	土	火
陪	모실 배	土	水
龍	용 용	土	土
錫	주석 석	金	金
潼	물이름 동	水	火
鋼	강철 강	金	木
錦	비단 금	金	木
暻	밝을 경	火	木
憬	동정할 경	火	木
錕	구리 곤	金	木
錠	제기 정	金	木
蒼	푸를 창	木	金
縣	고을 현	木	土
遇	만날 우	土	土
篤	도타울 독	木	火
瑾	붉을 옥 근	金	木

樹	나무 수	木	金
輸	나를 수	火	金
叡	밝을 예	火	土
橋	다리 교	木	木
錄	기록할 록(녹)	金	火
瑽	옥소리 종	金	金
遒	굳셀 주	土	金
彜	떳 떳	火	土
璇	옥 선	金	金
穎	이삭 영	金	土
儒	선배 유	火	土
憓	사랑 혜	火	土
澍	단비 주	水	金
彝	떳떳할 이	火	土

17칠획 十七劃

자字	뜻 음	자字오행	음音오행
優	넉넉할 우	火	土
徽	아름다울 휘	火	土
應	응할 응	火	土
澤	못 택	水	火
擇	가릴 택	木	火
鴻	기러기 홍	水	土
燦	빛날 찬	火	金
澯	맑을 찬	水	金
營	집 영	火	土
燮	불꽃 섭	火	金
禧	복 희	木	土
臨	임할 림	火	火
謙	겸손할 겸	金	木
遠	멀 원	土	土
鍾	쇠북 종	金	金
鄕	고을 향	土	土

鍊	달련할 련	金	火
鍈	방울소리 영	金	土
鍍	도금 도	金	火
鍵	잠을쇠 건	金	木
陽	백 양	土	土
鞠	기를 국	木	木
韓	나라 한	金	土
駿	달릴 준	火	金
璟	구슬 경	金	木
璡	옥돌 진	金	金
璣	구슬 기	金	木
璘	옥빛 린	金	火
償	갚을 상	火	金
蓮	연꽃 연	木	土
點	점 점	火	金
嶽	뫼 악	土	土
羲	화할 희	土	土
擏	바로잡을 경	木	木
激	격동할 경	水	木
擊	칠 격	木	木
磯	자갈 기	金	木
檍	싸리 억	木	土
穗	이삭 수	木	金
隋	수나라 수	土	金
嬪	계집 빈	土	水
橿	박달나무 강	木	木
鮮	빛날 선	水	金
龜	거북 구	水	木
檀	박달나무 단	木	火
聲	소리 성	火	金
壎	질나발 훈	土	土
講	강론할 강	金	木
溓	질척할 렴	水	火

嶺	고개 령	土	火

18획 十八劃

자字	뜻 음	자字오행	음音오행
濤	물결 도	水	火
燾	빛일 도	火	火
濬	깊을 준	水	金
濟	건널 제	水	金
環	고리 환	金	土
璨	구슬 찬	金	金
禮	예도 례	木	火
翼	나래 익	火	土
豊	풍년 풍	木	水
謹	삼갈 근	金	木
鎭	진정 진	金	金
鎔	녹일 용	金	土
鎬	호경 호	金	土
爀	빛날 혁	火	土
燻	불기운 훈	火	土
曜	빛날 요	火	土
馥	향기 복	木	水
騎	말타 기	火	木
騏	천리마 기	火	木
璧	구슬 벽	金	水
歸	돌아올 귀	土	木
濠	물이름 호	水	土
鎰	수물량 일	金	土
彝	떳떳 이	火	土
戴	받을 대	金	火
繕	기울 선	木	金
蕙	난초 혜	木	土
鎌	낫 겸	金	木
爵	벼슬 작	金	金

謨	꾀 모	金	水

19획 十九劃

자字	뜻 음	자字오행	음音오행
薔	장미 장	木	金
薛	설나라 설	木	金
識	알 식	金	金
證	증거 증	金	金
贈	보낼 증	金	金
贊	찬성할 찬	金	金
鏡	거울 경	金	木
鏞	쇠북 용	金	土
選	가릴 선	土	金
麒	기린 기	土	木
韻	소리 운	金	土
璿	구슬 선	金	金
疇	밭 주	土	金
璹	옥그릇 숙	金	金
鯨	고래 경	水	木
麗	빛날 려	土	火
鏋	금 만	金	水
隣	이웃 린	土	火
薇	장미 미	木	水
鄭	나라 정	土	金
譜	족보 보	金	水
曠	멀 광	火	木
轍	수래 철	火	金
遵	행할 준	土	金
譚	이야기 담	金	水

20획 二十劃

자字	뜻 음	자字오행	음音오행
嚴	엄할 엄	水	土
寶	보배 보	金	水
瓊	옥빛 경	金	木
羅	그물 라	木	火
耀	빛날 요	火	土
薰	향기 훈	木	土
馨	향기 형	木	土
譯	통변할 역	金	土
釋	놓을 석	木	金
鐘	쇠북 종	金	金
繼	이을 계	木	木
懸	달 현	火	土
爔	빛날 희	火	土
孃	어미 양	土	土
覺	깨다를 각	火	木
還	돌아올 환	土	土
勸	권할 권	土	木
藍	쪽 남	木	火
瀚	바다 한	木	土

21획 二十一劃

자字	뜻 음	자字오행	음音오행
鐵	쇠 철	金	金
鶯	꾀꼬리 앵	火	土
鶴	새 학	火	土
藝	재주 예	木	土
鐸	방울 탁	金	火
欄	난간 란	木	火
爛	빛날 란	火	火
瀾	물결 란	水	火
隨	따를 수	土	金
鐶	고리 환	金	土
護	보호할 호	金	土
顥	클 호	火	土

譽	기릴 예	金	土
藥	약 약	木	土
躍	뛸 약	土	土

22획 二十二劃			
자字	뜻 음	자字오행	음音오행
邊	가 변	土	水
權	권세 권	木	木
蘇	깨어날 소	木	金
讀	읽을 독	金	火
隱	숨을 은	土	土
覽	볼 람	火	火
鑑	거울 감	金	金
灌	씻을 관	水	木
鑄	지을 주	金	金
響	소리 향	金	土
歡	기쁠 환	金	土
攝	잡을 섭	火	金
瓓	옥문채 난	金	火
譓	살필 혜	金	土
鑂	금빛 훈	金	土

23획 二十三劃			
자字	뜻 음	자字오행	음音오행
顯	나타날 현	火	土
蘭	난초 난	木	火
巖	바위 암	土	土
體	몸 체	金	金
麟	기린 린	土	火
瓘	서옥 관	金	木
鑛	광석 광	金	木
護	풍류 호	金	土
鷺	해오라기 로	火	火

24획 二十四劃			
자字	뜻 음	자字오행	음音오행
艶	예쁠 염	土	土
瓚	옥그릇 찬	金	金
靈	신령 령	水	火
讓	사양 양	金	土

25획 二十五劃			
자字	뜻 음	자字오행	음音오행
觀	볼 관	火	木
灝	물세 호	水	土
廳	마루 청	木	金
纘	이을 찬	木	金

26획 二十六劃			
자字	뜻 음	자字오행	음音오행
讚	도울 찬	金	金
驥	천리마 기	火	木

27획 二十七劃			
자字	뜻 음	자字오행	음音오행
鑽	뚫을 찬	金	金

信天翁
沙
仙人掌
女
九
扶
掌
水
人
贊
黃鳥
爬
扶桑
心

2장

작명실무 Ⅳ

사주오행(四柱五行)에 의한 작명법

1. 성명학에서 사주(四柱) 란
2. 만세력을 이용해 사주(四柱) 찾기
3. 사주팔자(四柱八字)에 음양(陰陽) 오행(五行) 적용하는 법
4. 사주팔자(四柱八字) 오행(五行)에 따라 이름 짓기

1. 성명학에서 사주(四柱) 란

옛날 우리 조상님들은 이름을 지을 때 역술가를 찾아가 사주팔자부터 알아보고, 팔자오행 중 무엇이 넘치고 부족한지 그에 근거하여 이름을 지었다.

팔자(八字)란 곧 그 사람의 태어난 연(年), 월(月), 일(日), 시(時)를 천간(天干)과 지지(地支)로 시간을 기록한 것이다. 2013년은 계사(癸巳)년이었다. 이 계사(癸巳)라는 것이 곧 시간을 기록한 일종의 부호이다. 이 각각의 부호는 두 글자로 되어 있고 각 개인의 생일은 연(年), 월(月), 일(日), 시(時) 네 가지 항목이므로 이것을 천간지지(天干地支)로 기록하면 여덟 글자, 즉 팔자(八字)가 되는 것이다. 한 사람의 운명은 태어날 때부터 이미 결정되어 있는데 그 출생 시간에 따라 운명도 조금씩 달라진다. 고대의 명리학(命理學)에 의하면 출생 연(年), 월(月), 일(日), 시(時)로 한 사람의 운명과 성격, 건강, 총명함 등을 알 수 있다고 했다. 조상님들은 선천적인 운명이 좋지 않더라도 몇 가지 방법을 사용하여 좋은 방향으로 유도할 수 있다고 생각했다.

그 몇 가지 방법 중의 하나가 바로 좋은 이름으로 보완하는 것이다. 그래서 아이가 태어나 이름을 짓게 되면 신중하게 그 팔자부터 헤아려 보았던 것이다. 그리고 팔자의 오행 중 과부족 한 것이 있다면 그것에 근거하여 이름을 지었다.

가. 연주(年柱) 란

옛사람들은 천간(天干) 즉 갑(甲), 을(乙), 병(丙), 정(丁), 무(戊), 기(己), 경(庚), 신(辛), 임(壬), 계(癸) 이 열 글자로 차례와 시간을 표시했다.

그러나 천간(天干)으로 시간을 기록할 때 10이 넘으면 처음부터 다시 시작해야 하므로 주기(週期)가 너무 짧았다. 동시에 일년은 12개월이고, 그리하여 다시 12지지(地支)를 만들어서 시간을 표시할 때 매우 간편하도록 하였다.

지지(地支)란 자(子), 축(丑), 인(寅), 묘(卯), 진(辰), 사(巳), 오(午), 미(未), 신(申), 유(酉), 술(戌), 해(亥)

천간지지(天干地支) 는 간지(干支)라고도 일컬어지는데 그것은 천간을 첫 자리에, 지지를 그 다음 에 놓고 계속 순환하여 결합함으로써 갑자(甲子), 을축(乙丑), 병인(丙寅)……식으로 이루어진 것이다. 이같이 한번 순환하면 60개의 간지가 생긴다.

이 60개의 간지로 연(年)도 기록할 수 있고 일(日)도 기록할 수 있다. 60간지의 순서는 다음과 같다.

< 천간지지(天干地支) >

天干	갑(甲)	을(乙)	병(丙)	정(丁)	무(戊)	기(己)	경(庚)	신(辛)	임(壬)	계(癸)		
地支	자(子)	축(丑)	인(寅)	묘(卯)	진(辰)	사(巳)	오(午)	미(未)	신(申)	유(酉)	술(戌)	해(亥)

< 60 甲子 >

갑자(甲子)	을축(乙丑)	병인(丙寅)	정묘(丁卯)	무진(戊辰)	기사(己巳)	경오(庚午)	신미(辛未)	임신(壬申)	계유(癸酉)
갑술(甲戌)	을해(乙亥)	병자(丙子)	정축(丁丑)	무인(戊寅)	기묘(己卯)	경진(庚辰)	신사(辛巳)	임오(壬午)	계미(癸未)
갑신(甲申)	을유(乙酉)	병술(丙戌)	정해(丁亥)	무자(戊子)	기축(己丑)	경인(庚寅)	신묘(辛卯)	임진(壬辰)	계사(癸巳)
갑오(甲午)	을미(乙未)	병신(丙申)	정유(丁酉)	무술(戊戌)	기해(己亥)	경자(庚子)	신축(辛丑)	임인(壬寅)	계묘(癸卯)
갑진(甲辰)	을사(乙巳)	병오(丙午)	정미(丁未)	무신(戊申)	기유(己酉)	경술(庚戌)	신해(辛亥)	임자(壬子)	계축(癸丑)
갑인(甲寅)	을묘(乙卯)	병진(丙辰)	정사(丁巳)	무오(戊午)	기미(己未)	경신(庚申)	신유(辛酉)	임술(壬戌)	계해(癸亥)

<쉽게 찾는 년주(年柱)표>

1904년부터 2023년의 육갑간지

갑(甲)	을(乙)	병(丙)	정(丁)	무(戊)	기(己)	경(庚)	신(辛)	임(壬)	계(癸)
1904 (甲辰)	1905 (乙巳)	1906 (丙午)	1907 (丁未)	1908 (戊申)	1909 (己酉)	1910 (庚戌)	1911 (辛亥)	1912 (壬子)	1913 (癸丑)
1914 (甲寅)	1915 (乙卯)	1916 (丙辰)	1917 (丁巳)	1918 (戊午)	1919 (己未)	1920 (庚申)	1921 (辛酉)	1922 (壬戌)	1923 (癸亥)
1924 (甲子)	1925 (乙丑)	1926 (丙寅)	1927 (丁卯)	1928 (戊辰)	1929 (己巳)	1930 (庚午)	1931 (辛未)	1932 (壬申)	1933 (癸酉)
1934 (甲戌)	1935 (乙亥)	1936 (丙子)	1937 (丁丑)	1938 (戊寅)	1939 (己卯)	1940 (庚辰)	1941 (辛巳)	1942 (壬午)	1943 (癸未)
1944 (甲申)	1945 (乙酉)	1946 (丙戌)	1947 (丁亥)	1948 (戊子)	1949 (己丑)	1950 (庚寅)	1951 (辛卯)	1952 (壬辰)	1953 (癸巳)
1954 (甲午)	1955 (乙未)	1956 (丙申)	1957 (丁酉)	1958 (戊戌)	1959 (己亥)	1960 (庚子)	1961 (辛丑)	1962 (壬寅)	1963 (癸卯)
1964 (甲辰)	1965 (乙巳)	1966 (丙午)	1967 (丁未)	1968 (戊申)	1969 (己酉)	1970 (庚戌)	1971 (辛亥)	1972 (壬子)	1973 (癸丑)
1974 (甲寅)	1975 (乙卯)	1976 (丙辰)	1977 (丁巳)	1978 (戊午)	1979 (己未)	1980 (庚申)	1981 (辛酉)	1982 (壬戌)	1983 (癸亥)
1984 (甲子)	1985 (乙丑)	1986 (丙寅)	1987 (丁卯)	1988 (戊辰)	1989 (己巳)	1990 (庚午)	1991 (辛未)	1992 (壬申)	1993 (癸酉)
1994 (甲戌)	1995 (乙亥)	1996 (丙子)	1997 (丁丑)	1998 (戊寅)	1999 (己卯)	2000 (庚辰)	2001 (辛巳)	2002 (壬午)	2003 (癸未)
2004 (甲申)	2005 (乙酉)	2006 (丙戌)	2007 (丁亥)	2008 (戊子)	2009 (己丑)	2010 (庚寅)	2011 (辛卯)	2012 (壬辰)	2013 (癸巳)
2014 (甲午)	2015 (乙未)	2016 (丙申)	2017 (丁酉)	2018 (戊戌)	2019 (己亥)	2020 (庚子)	2021 (辛丑)	2022 (壬寅)	2023 (癸卯)

나. 월주(月柱) 란

12개의 지지(地支)로써 월(月)을 기록하였는데 각 월에 해당하는 지지는 다음과 같으며 명리학 (命理學)에서는 월(月)을 구분할 때 12절기로 기준으로 해당월을 결정한다.

즉 입춘(立春) 절입(節入)시간 전까지는 전년의 간지(干支)를 사용하여야 하며 입춘(立春) 절입(節入)시간이 지나야 신(新)년도의 간지(干支)를 사용하게 되며 1월이 되는 것이다.

월(月)을 기록할 때는 일반적으로 지지만 알면 되지만 사주팔자(四柱八字)를 따질 때는 반드시 출생월의 천간을 알아야 한다.

1월	2월	3월	4월	5월	6월	7월	8월	9월	10월	11월	12월
寅인	卯묘	辰진	巳사	午오	未미	申신	酉유	戌술	亥해	子자	丑축
입춘 立春	경칩 驚蟄	청명 淸明	입하 立夏	망종 芒種	소서 小暑	입추 立秋	백로 白露	한로 寒露	입동 立冬	대설 大雪	소한 小寒
봄(春)			여름(夏)			가을(秋)			겨울(冬)		

천간의 합(合)을 이용해서 월주(月柱)를 찾는 법

갑기지년(甲己之年) 병인두(丙寅頭) – 甲己合化 土
을경지년(乙庚之年) 무인두(戊寅頭) – 乙庚合化 金
병신지년(丙辛之年) 경인두(庚寅頭) – 丙辛合化 水
정임지년(丁壬之年) 임인두(壬寅頭) – 丁壬合化 木
무계지년(戊癸之年) 갑인두(甲寅頭) – 戊癸合化 火

갑기(甲己)합 - 토(土)이며 토를 생(生)하는 양의 성질 병화(丙火)가 천간(天干)으로 오게 되며 매해 입춘은 寅으로 시작하므로 이를 조합하면 丙寅월부터 시작된다.

을경(乙庚)합 - 금(金)이며 金를 생(生)하는 양의 성질 무토(戊土)가 천간(天干)으로 오게 되며 매해 입춘은 寅으로 시작하므로 이를 조합하면 戊寅월부터 시작된다.

병신(丙辛)합 - 수(水)이며 수를 생(生)하는 양의 성질 경금(庚金)이 천간(天干)으로 오게 되며 매해 입춘은 寅으로 시작하므로 이를 조합하면 庚寅월부터 시작된다.

정임(丁壬)합 - 목(木)이며 목을 생(生)하는 양의 성질 임수(壬水)가 천간(天干)으로 오게 되며 매해 입춘은 寅으로 시작하므로 이를 조합하면 임인(壬寅)월부터 시작된다.

무계(戊癸)합 - 화(火)이며 이를 생(生)하는 양의 성질 갑목(甲木)이 천간(天干)으로 오게 되며 매해 입춘은 寅으로 시작하므로 이를 조합하면 갑인(甲寅)월부터 시작된다.

만약 태어난 년(年)의 천간(天干)이 甲년 또는 己년에 해당한다면 그 해당 년에는 월주가 병인(丙寅)으로 시작한다. 위의 법칙으로 2004년 갑신(甲申)년의 경우 입춘(立春)이 병인(丙寅)월부터 시작되고 그 전년인 2003계미(癸未)년은 갑인(甲寅)월부터 시작되는 것을 알 수 있다.

예시 1) 1969년은 기유(己酉)년인데 음력 8월 15일 출생자라면 15일이라면 절기 백로(白露) 넘겼을 터이니 양력 8월은 지지(地支)가 유(酉) 이고 년간(年干)이 기(己)로 표에서 연분 기(己)을 찾은 다음 아래로 내려와 월분(月分)에서 8월 유(酉) 을 찾으면 월주(月柱)가 계유(癸酉)가 됨을 알 수 있다.

예시 2) 1965년 을사(乙巳)년 음력8월12일 출생 하였다면 절기 백로(白露) 음력8월 13일 이므로 아직 음력으로 7월 이다. 즉 연분 을(乙)을 찾고 아래로 내려와 7월 지지인 신(申)을 찾으면 월주(月柱)는 갑신(甲申)이 되는 것이다. 지지(地支)는 12개로 한해 12월의 지지(地支)는 항상 고정적이나 월(月)의 간(干)이 변한다고 했는데 이것도 규칙적인 법칙성을 가지고 있으므로 간단한 공식으로 유추할 수가 있다. 그러나 태어난 년주(年柱)의 천간(天干)을 반드시 알고 있어야 한다.

< 쉽게 찾는 월주(月柱)표>

월분(月分) \ 연분(年分)	갑(甲) 기(己)	을(乙) 경(庚)	병(丙) 신(辛)	정(丁) 임(壬)	무(戊) 계(癸)
정월(正月) 인(寅)	병인(丙寅)	무인(戊寅)	경인(庚寅)	임인(壬寅)	갑인(甲寅)
이월(二月) 묘(卯)	정묘(丁卯)	기묘(己卯)	신묘(辛卯)	계묘(癸卯)	을묘(乙卯)
삼월(三月) 진(辰)	무진(戊辰)	경진(庚辰)	임진(壬辰)	갑진(甲辰)	병진(丙辰)
사월(四月) 사(巳)	기사(己巳)	신사(辛巳)	계사(癸巳)	을사(乙巳)	정사(丁巳)
오월(五月) 오(午)	경오(庚午)	임오(壬午)	갑오(甲午)	병오(丙午)	무오(戊午)
유월(六月) 미(未)	신미(辛未)	계미(癸未)	을미(乙未)	정미(丁未)	기미(己未)
칠월(七月) 신(申)	임신(壬申)	갑신(甲申)	병신(丙申)	무신(戊申)	경신(庚申)
팔월(八月) 유(酉)	계유(癸酉)	을유(乙酉)	정유(丁酉)	기유(己酉)	신유(辛酉)
구월(九月) 술(戌)	갑술(甲戌)	병술(丙戌)	무술(戊戌)	경술(庚戌)	임술(壬戌)
시월(十月) 해(亥)	을해(乙亥)	정해(丁亥)	기해(己亥)	신해(辛亥)	계해(癸亥)
십일월(十一月) 자(子)	병자(丙子)	무자(戊子)	경자(庚子)	임자(壬子)	갑자(甲子)
십이월(十二月) 축(丑)	정축(丁丑)	기축(己丑)	신축(辛丑)	계축(癸丑)	을축(乙丑)

다. 일주(日柱) 란

월분의 간지를 확정한 뒤에는 일(日)에 해당하는 간지를 알아야 한다. 그러나 일(日)의 간지를 계산하는 방법은 매우 복잡하기 때문에 일반적으로 만세력을 참고한다. 만세력에는 음력 매달의 초하루, 십일일, 이십일일의 간지가 밝혀져 있다. 이 3일 이외의 날들은 간지의 순서로 알 수 있다. 예를 들어 1990년 음력 유월 초하루가 무자(戊子)일인데 초4일은 무슨 날인지 알려면 앞에서 밝힌 간지의 순서표에서 무자(戊子) 다음으로 추산해 보면 초사흘은 신묘(辛卯)일임을 알 수 있다 ☞ 만세력으로 사주 찾는 법에서 다시 설명

라. 시주(時柱) 란

마지막으로 시주(時柱)간지를 알아보자. 우리 조상들은 하루를 12시진(時辰)으로 나누었는데 한 시진은 현재의 두 시간과 같다. 이 12시진을 12개의 지지로 표시하였는데 아래와 같다.

■ 時間法 시간법

子자	丑축	寅인	卯묘	辰진	巳사	午오	未미	申신	酉유	戌술	亥해
11~1시	1~3시	3~5시	5~7시	7~9시	9~11시	11~1시	1~3시	3~5시	5~7시	7~9시	9~11시
밤 夜		아침 朝			낮 午			저녁 夕			夜

그런데 이처럼 시진의 지지(地支)만 알아도 안 되며 천간(天干)까지 알아야만 한다.
시진의 천간은 일(日) 천간에 근거하여 추산한다. 그의 구결(口訣)은 다음과 같다.
무릇 일(日) 천간에 갑(甲)과 기(己)가 있으면 그 날 자시(子時) 천간은 갑(甲)이다.
무릇 일(日) 천간에 을(乙)과 경(庚)이 있으면 그 날 자시(子時) 천간은 병(丙)이다.
무릇 일(日) 천간에 병(丙)과 신(辛)이 있으면 그 날 자시(子時) 천간은 무(戊)이다.
무릇 일(日) 천간에 정(丁)과 임(壬)이 있으면 그 날 자시(子時) 천간은 경(庚)이다.
무릇 일(日) 천간에 무(戊)와 계(癸)가 있으면 그 날 자시(子時) 천간은 임(壬)이다.
자시의 천간과 각 시진의 지지도 알았으므로 이제 각 시진의 간지를 추산해 낼 수 있다.

예시 1) 1975년 음력 8월 초하루의 간지가 을묘(乙卯)일 때, 이 날 오시(午時)의 간지를 알아보자.

이 날의 일(日) 간지가 을묘(乙卯)이므로 무릇 일천간에 을과 경이 있으면 그 날 자시(子時) 천간은 병(丙)이다. 자시로부터 뒤로 여섯 자리가 오시(午時)이므로 이제 병으로부터 뒤로 여섯 자리를 옮기면 임(壬)이다. 그러므로 이 날 오시의 천간은 임(壬)이다. 그런데 시진(時辰) 지지는 고정된 것이므로, 즉 오시 지지는 오(午)이다. 그래서 시진(時辰)의 간지(干支)는 임오(壬午)이다.

< 쉽게 찾는 시진(時辰)표 >

시 지지 \ 일천간	갑(甲)	을(乙)	병(丙)	정(丁)	무(戊)
	기(己)	경(庚)	신(辛)	임(壬)	계(癸)
자시(子時: 23~1)	갑자(甲子)	병자(丙子)	무자(戊子)	경자(庚子)	임자(壬子)
축시(丑時: 1~3)	을축(乙丑)	정축(丁丑)	기축(己丑)	신축(辛丑)	계축(癸丑)
인시(寅時: 3~5)	병인(丙寅)	무인(戊寅)	경인(庚寅)	임인(壬寅)	갑인(甲寅)
묘시(卯時: 5~7)	정묘(丁卯)	기묘(己卯)	신묘(辛卯)	계묘(癸卯)	을묘(乙卯)
진시(辰時: 7~9)	무진(戊辰)	경진(庚辰)	임진(壬辰)	갑진(甲辰)	병진(丙辰)
사시(巳時: 9~11)	기사(己巳)	신사(辛巳)	계사(癸巳)	을사(乙巳)	정사(丁巳)
오시(午時: 11~13)	경오(庚午)	임오(壬午)	갑오(甲午)	병오(丙午)	무오(戊午)
미시(未時: 13~15)	신미(辛未)	계미(癸未)	을미(乙未)	정미(丁未)	기미(己未)
신시(申時: 15~17)	임신(壬申)	갑신(甲申)	병신(丙申)	무신(戊申)	경신(庚申)
유시(酉時: 17~19)	계유(癸酉)	을유(乙酉)	정유(丁酉)	기유(己酉)	신유(辛酉)
술시(戌時: 19~21)	갑술(甲戌)	병술(丙戌)	무술(戊戌)	경술(庚戌)	임술(壬戌)
해시(亥時: 21~23)	을해(乙亥)	정해(丁亥)	기해(己亥)	신해(辛亥)	계해(癸亥)

태어난 연(年), 월(月), 일(日), 시(時)를 천간(天干)과 지지(地支)로 사주를 세우는 법을 다시 한번 정리해보면 1963년 5월 14일 오전 10시에 출생한 사람이 있다고 가정하자. 앞의 표를 참조해 보면 1963년은 계묘(癸卯)년이다. 또 5월 14일은 음력으로 4월 21일이고 음력 4월은 지지상에서 사(巳), 연(年) 천간이 무(戊)와 계(癸)란 아래에서 찾아보면 4월 간지는 정사(丁巳)임을 알 수 있다. 또 만세력에서 알 수 있는바 이 달의 20일은 정사(丁巳)일이다. 정사(丁巳)일로부터 오전 10시는 을사(乙巳)임을 추산해 낼 수 있다. 이로써 이 사람의 팔자(八字)는 아래와 같다.

연주(年柱) 계묘(癸卯)
월주(月柱) 정사(丁巳)
일주(日柱) 정사(丁巳)

시주(時柱) 을사(乙巳)

명리학자들은 한 사람이 출생한 연(年), 월(月), 일(日), 시(時) 네 항목의 간지를 일컬어 사주(四柱) 라고 했고, 연(年) 간지를 제1주, 월(月)간지를 제2주, 일(日)간지를 제3주, 시(時) 간지를 제4주라 하여, 이 사주의 여덟 글자(팔자)를 가지고 한 사람의 운명을 계산하는 방법을 사주법(四柱法) 이라고 했다. 사주법의 창립자는 중국 송나라의 서자평(徐子平)이다. 후에 사람들은 이런 점치기 술법을 자평술(子平術)이라 하였으며 그때부터 이 점술은 후세에 매우 큰 영향을 남겼다.

2. 만세력을 이용해 사주(四柱) 찾기

예시) 1965년 ㊐ 8월21일 낮 12시30분

時		日		月		年		四柱
戊		癸		乙		乙		천간 天干
陽土		陰水		陰木		陰木		오행 五行
午		酉		酉		巳		지지 地支
	陽火		陰金		陰金		陰火	오행 五行
73	63	53	43	33	23	13	3	대운 大運
丁	戊	巳	병	辛	壬	癸	甲	천간 天干
丑	寅	卯	辰	巳	午	未	申	지지 地支

가. 태어난 해(年) 주 세우는 법

표① 만세력을 보면 1965년은 책 상단에 을사(乙巳) 적혀있다. 을(乙)은 천간 天干에 쓰고 사(巳)는 지지地支에 쓰면 된다.

<오행에 적용하는 법>

- 천간의 을(乙)은 표②를 보면 음(陰)의 목에 해당하니 음목(陰木)이라 적고 지지의 사(巳)는 표②를 보면 음(陰)의 화에 해당하니 음화(陰火)이라 적으면 된다.

나. 태어난 월(月) 주 세우는 법

표① 만세력을 보면 8월21은 12절기 중 8월에 해당하고 백로(白露)가 8월13일 이므로 8월에 해당되므로 8월 을유(乙酉)라 적으면 된다. 이것을 각각 천간과 지지에 적는다.

<오행에 적용하는 법>

- 천간의 을(乙)은 표②를 보면 음(陰)의 목에 해당하니 음목(陰木)이라 적고 지지의 유(酉)는 표②를 보면 음(陰)의 금에 해당하니 음금(陰金)이라 적으면 된다.

다. 태어난 일(日)주 세우는 법

표① 만세력에서 8월21 일진(日辰)을 보면 계유(癸酉)라고 쓰여져 있다. 이것을 각각 천간과 지지로 나누어 쓰면 된다.

<오행에 적용하는 법>

- 천간의 계(癸)은 표②를 보면 음(陰)의 수에 해당하니 음수(水陰)라 적고 지지의 유(酉)는 표②를 보면 음(陰)의 금에 해당하니 음금(陰金)라 적으면 된다.

라. 태어난 시(時)주 세우는 법

내어난 날 (일주)의 천간(癸)를 표④(시간 표)에서 찾으면 무오(戊午)를 찾을 수 있다.
이것을 각각 천간과 지지에 적으면 된다.

<오행에 적용하는 법>

- 천간에 무(戊)은 표②를 보면 양(陽)의 토에 해당하니 양토(陽土)라 적고
- 지의 오(午)는 표②를 보면 양(陽)의 목에 해당하니 양화(陽火)라 적으면 된다.

< 표 1 >

서기1965年

(을사)乙巳 ⟶ 년주(태어난 해年)

일주(태어난 일日) ←

음력 陰曆		1	2	3	4	5	6	7	8	9	10	11	12	13	14	15	16	17	18	19	20	21	22	23	24	25	26	27	28	29
日辰		계	갑	을	병	정	무	기	경	신	임	계	갑	을	병	정	무	기	경	신	임	계	갑	을	병	정	무	기	경	신
		축	인	묘	진	사	오	미	신	유	술	해	자	축	인	묘	진	사	오	미	신	유	술	해	자	축	인	묘	진	사
양력 陽曆		27	28	29	30	31	9월1	2	3	4	5	6	7	8	9	10	11	12	13	14	15	16	17	18	19	20	21	22	23	24
大運	男	7	7	7	8	8	8	9	9	9	10	10	10	백로	1	1	1	2	2	2	3	3	3	4	4	4	5	5	추분	6
	女	4	4	4	3	3	3	2	2	2	1	1	1		10	10	9	9	9	8	8	8	7	7	7	6	6	6		3

< 표 2 >

	木 목		火 화		土 토				金 금		水 수	
	양 陽	음 陰	양 陽	음 陰	양 陽		음 陰		양 陽	음 陰	양 陽	음 陰
천간天干	갑甲	을乙	병丙	정丁	무戊		기己		경庚	신辛	임壬	계癸
지지地支	인寅	묘卯	오午	사巳	진辰	술戌	축丑	미未	신申	유酉	자子	해亥
	동		남		중앙				서		북	

월주(태어난 월 기준)

< 표 3 >

1월	2월	3월	4월	5월	6월	7월	8월	9월	10월	11월	12월
寅인	卯묘	辰진	巳사	午오	未미	申신	酉유	戌술	亥해	子자	丑축
입춘 立春	경칩 驚蟄	청명 淸明	입하 立夏	망종 芒種	소서 小暑	입추 立秋	백로 白露	한로 寒露	입동 立冬	대설 大雪	소한 小寒
봄(春)			여름(夏)			가을(秋)			겨울(冬)		

< 표 4 >

무		정		병		을		갑			
계		임		신		경		기			
子	壬	子	庚	子	戊	子	丙	子	甲	子	11-1시
丑	癸	丑	辛	丑	己	丑	丁	丑	乙	丑	1-3시
寅	甲	寅	壬	寅	庚	寅	戊	寅	丙	寅	3-5시
卯	乙	卯	癸	卯	辛	卯	己	卯	丁	卯	5-7시
辰	丙	辰	甲	辰	壬	辰	庚	辰	戊	辰	7-9시
巳	丁	巳	乙	巳	癸	巳	辛	巳	己	巳	9-11시
午	戊	午	丙	午	甲	午	壬	午	庚	午	11-1시
未	己	未	丁	未	乙	未	癸	未	辛	未	1-3시
申	庚	申	戊	申	丙	申	甲	申	壬	申	3-5시
酉	辛	酉	己	酉	丁	酉	乙	酉	癸	酉	5-7시
戌	壬	戌	庚	戌	戊	戌	丙	戌	甲	戌	7-9시
亥	癸	亥	辛	亥	己	亥	丁	亥	乙	亥	9-11시

시주(태어난 時)

< 표 5 >

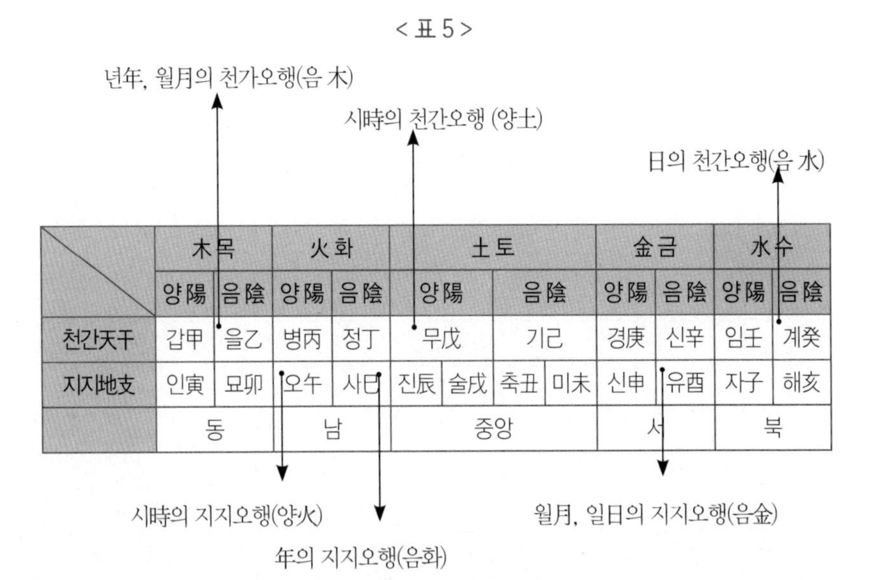

	木목		火화		土토				金금		水수	
	양陽	음陰	양陽	음陰	양陽		음陰		양陽	음陰	양陽	음陰
천간天干	갑甲	을乙	병丙	정丁	무戊		기己		경庚	신辛	임壬	계癸
지지地支	인寅	묘卯	오午	사巳	진辰	술戌	축丑	미未	신申	유酉	자子	해亥
	동		남		중앙				서		북	

마. 대운작성법 (만세력 기준)

▶ 대운수란 대운이 들어오는 시기를 말한다. 대운은 10년 단위로 작성한다

첫째 만세력에서 대운 수를 찾는다

둘째 태어난 **해年의 천간의 음양**을 본다.

순행, 역행을 판단한다

– 남자는 양이고(陽男) · 여자는 음(陰女)이면 순행으로 작성한다

– 음남、양녀라 역행으로 작성한다.

역행 ◀————▶ 순행

天 干 갑 을 병 정 무 기 경 신 임 계 **갑** 을 병 정 무

地 支 자 축 인 묘 진 사 오 미 신 유 술 해 **자** 축 인

셋째 대운작성은 본인의 사주에 있는 **월주(月柱)** 다음부터 천간과 지지를 작성한다.

73	63	53	43	33	23	13	3	대운 大運
丁	戊	已	庚	辛	壬	癸	甲	천간 天干
丑	寅	卯	辰	巳	午	未	申	지지 地支

바. 태어난 시(時)를 알 수 없을 때 시를 예측하는 법

▣ 子 午 卯 酉 時

1. 얼굴형태가 U자
2. 잠을 잘 때 위로 보고 똑바로 잔다 → **고독**

▣ 寅 申 巳 亥 時

1. 얼굴모양이 V 자
2. 잠을 잘 때 옆으로 누워 잔다 → **장수**

▣ 辰 戌 丑 未 時

1. 얼굴모양이 ㅁ 자
2. 잠을 잘 때 업 퍼져 잔다 → **단명**

3. 사주팔자(四柱八字)에 음양(陰陽) 오행(五行) 적용하는 법

사주팔자를 안 다음에는 음양(陰陽) 오행(五行)을 살펴보아야 한다. 옛사람들은 천간 지지를 음양오행과 배합하곤 했다. 먼저 천간의 음양 배합부터 살펴보자. 배합 원칙은 홀수는 양(陽)에 속하고 짝수는 음(陰)에 속한다. 갑(甲)은 천간 서열(갑, 을, 병, 정…)에서 첫 번째에 해당하고 홀수이므로 양에 속하고, 을(乙)은 서열에서 두 번째에 해당되므로 짝수이니까 음에 속한다.

	木목		火화		土토				金금		水수	
	양陽	음陰	양陽	음陰	양陽		음陰		양陽	음陰	양陽	음陰
천간天干	갑甲	을乙	병丙	정丁	무戊		기己		경庚	신辛	임壬	계癸
지지地支	인寅	묘卯	오午	사巳	진辰	술戌	축丑	미未	신申	유酉	자子	해亥
	동		남		중앙				서		북	

지지(地支)는 오행과의 배합을 살펴보면 위의 표에서 보듯이 천간(天干)의 수는 10이고 오행의 수는 5이므로 2대 1로 배합을 하게 된다. 천간은 갑과 을로부터 시작하고 오행은 목(木)으로부터 시작한다. 즉 갑(甲), 을(乙)은 목에 속하고 병(丙)과 정(丁)은 화(火)에 속하며, 무(戊)와 기(己)는 토(土)에, 경(庚)과 신(辛)은 금(金)에, 임(壬)과 계(癸)는 수(水)에 속한다.

지지(地支)의 수는 열둘이다. 인(寅)으로부터 시작하여 인(寅) 묘(卯)는 목(木)에 속하고 사(巳)와 오(午) 화(火)에 속하고, 진(辰) 술(戌) 축(丑) 미(未)는 토(土), 신(申) 유(酉)는 금(金)에, 자(子) 해(亥) 자(子)는 수(水)에 속한다. 천간(天干) 지지(地支)와 오행의 배합에 근거하여 사주팔자의 오행을 얻어낼 수 있다.

예시) 음력 1965년 음8월 21일 오전 12시30분 에 출생한 사람이 있다.
팔자, 오행을 살펴보자.

時		日		月		年		四住
戊		癸		乙		乙		천간 天干
陽 土		陰 水		陰 木		陰 木		오행 五行
午		酉		酉		巳		지지 地支
陽 火		陰 金		陰 金		陰 火		오행 五行
73	63	53	43	33	23	13	3	대운 大運
丁	戊	巳	병	辛	壬	癸	甲	천간 天干
丑	寅	卯	辰	巳	午	未	申	지지 地支

본 사주는 팔자 중 목(木) 2자, 화(火)2자, 금(金)2자, 수(水), 토(土) 각각 1자 이다.

화(火)는 토(土)를 만드니 목(木)이 뿌리를 내릴 토(土)가 충분하고, 목(木) 다시 화(火)를 생(生)하게 하니 수(水)오행을 보충해야 한다. 즉 자오행이 수(水) 이거나 수(水)부수가 들어간 이름을 만들어 주면 길(吉) 하다고 본다. 이처럼 사주팔자의 오행 중 부족하거나 과한 것이 무엇인가를 찾아 가감(加減)하여 줌으로 그 사람의 운을 개운(開運)해 주는 것이다.

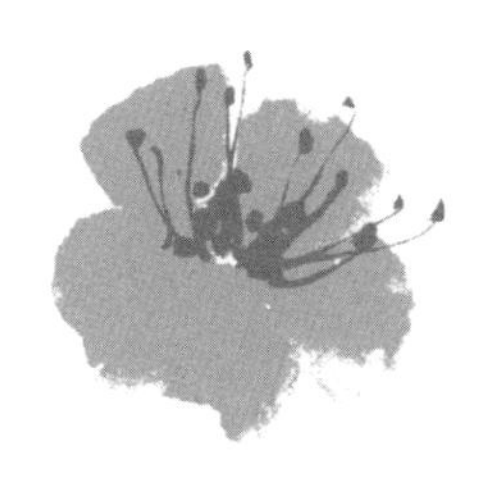

4. 사주팔자(四柱八字) 오행(五行)에 따라 이름 짓기

오행(五行)이란 곧 목(木), 화(火), 토(土), 금(金), 수(水), 다섯 가지 원소를 가리킨다. 옛 사람들은 천지 만물이 모두 이 다섯 가지 원소로 구성되어 있다고 생각했고, 그래서 오행에 따라 이름을 짓는 것은 곧 오행설(五行說)의 원리에 따라 평형(平衡)을 이루는 것이라고 믿었다.

앞서 말한바 와 같이 사주팔자의 오행 중 부족하거나 과한 것이 무엇인가를 찾아 가감(加減_)하여 줌으로 그 사람의 운을 개운(開運)해 주는 것이다. 좀더 깊이 말하자면 용신(用神)을 찾아 이름에 적용하는 것이다.

옛날 조상님들은 천지간의 사물, 예를 들어 방향, 계절, 기후, 색깔, 등 오관(五官)과 도덕 규범까지 오행의 범주에 포함시켰다. 방위(方位)에는 동(東), 서(西), 남(南), 북(北), 중(中) 오방(五方)이 있다.

동쪽은 아침 해가 솟아오르고 초목이 자라는 방위이므로 목(木)에 속하고, 남쪽은 기후가 무덥고 양기(陽氣)가 가장 왕성한 곳이므로 화(火)에 속한다. 서쪽은 건조하고 서늘하며 초목이 스러지는 곳이므로 금(金)에 속한다. 북쪽은 기후가 차고 음기(陰氣)가 가장 강한 곳이므로 수(水)에 속하며 중앙은 온화하며 습하므로 토(土)에 속한다.

계절을 살펴보면 일년 중에 춘(春), 하(夏), 추(秋), 동(冬) 사계(四季)가 있다. 조상님들은 여름과 가을 사이에 장하(長夏)라는 또 하나의 계절이 있다고 생각하였다. 그러므로 오계(五季)인 것이다.

춘계(春季)는 초목이 싹트는 때이므로 목(木)에 속하며, 하계(夏季)는 뜨겁고 참을 수 없이 무더운 계절이므로 화(火), 장하(長夏)는 답답하고 습한 계절이므로 토(土), 추계(秋季)는 서늘하고 상쾌하여 금(金), 동계(冬季)는 춥고 얼음이 어는 때이므로 수(水)에 속한다.

기후를 살펴보면 풍(風), 서(署), 습(濕), 조(燥), 한(寒) 오기(五氣)가 있다고 했다.

들바람, 즉 춘풍(春風)은 봄에 일기 시작하므로 목에 속하고, 무더운 서(署)는 여름에 나타나므로 화, 습하고 답답한 기후는 장하(長夏) 때 생기므로 습(濕)한 토에 속하고, 메마른 조(燥)는 가을의 현상이므로 금, 차가운 한(寒)은 겨울 현상이므로 수(水)에 속한다.

색깔에는 청(靑), 적(赤), 황(黃), 백(白), 흑(黑) 등 오색(五色)이 있다. 푸른 청색은 본색으로 목에 속하며, 붉은 적색은 불 색이므로 화에 속하고, 누런 황색은 흙색이므로 토에 속하며, 흰(白)색은 금색이므로 금에 속하고, 검은(黑)색은 물색이므로 수에 속한다.

또한 옛사람들은 인(仁), 의(義), 예(禮), 지(智), 신(信)을 인간의 다섯 가지 도덕으로 여기며 오상 (五常)이라 하였다. 그 중에서 인(仁)은 목에 속한다. 왜냐하면 온화한 동풍과 따사로운 봄철에 만물이 생장하는 그 모습이 인애(仁愛)롭기 때문이다. 예(禮)는 화에 속한다. 모든 제사나 혼사, 생일 축사가 불(火)을 떠날 수 없기 때문이다. 신(信)은 토에 속한다. 태산 같이 온정하고 대지 (大地)처럼 착실한 모습으로 이는 미더운 신(信)의 자태이기 때문이다. 의(義)는 금에 속한다. 죄악을 소멸하는 정의의 출정(出征)에 금속의 총칼을 떠날 수 없기 때문이다.

지(智)는 수에 속한다. 물(水)은 원활하고 순통하며 맑고 깨끗한 모습이 바로 지혜의 모습이기 때문이다. 아래의 일람표를 참고하길 바란다.

오행일람표

	목(木)	화(火)	토(土)	금(金)	수(水)
오방(五方)	동(東)	남(南)	중(中)	서(西)	북(北)
오기(五氣)	풍(風)	서(署)	습(濕)	조(燥)	한(寒)
오계(五季)	춘(春)	하(夏)	장하(長夏)	추(秋)	동(冬)
오화(五化)	생(生)	장(長)	화(化)	수(收)	장(藏)
오색(五色)	청(靑)	적(赤)	황(黃)	백(白)	흑(黑)
오미(五味)	산(酸)	고(苦)	감(甘)	신(辛)	함(咸)
오장(五臟)	간(肝)	심(心)	비(脾)	폐(肺)	신(腎)
오관(五官)	목(目)	설(舌)	구(口)	비(鼻)	이(耳)
오상(五常)	인(仁)	예(禮)	신(信)	의(義)	지(智)
오성(五聲)	각(角)	징(徵)	궁(宮)	상(商)	우(羽)
오곡(五谷)	마(摩)	맥(麥)	직(稷)	도(桃)	두(豆)
오과(五果)	리(李)	행(杏)	조(棗)	도(桃)	률(栗)
오축(五畜)	견(犬)	마(馬)	우(牛)	계(鷄)	저(猪)
오충(五蟲)	모충(毛蟲)	우충(羽蟲)	과충(倮蟲)	갑충(甲蟲)	인충(鱗蟲)

가. 오행의 결핍을 알아내는 방법

오행의 결핍을 알아보는 방법에는 한의진단법(漢醫診斷法), 인상관찰법(人相觀察法), 그리고 명리추산법(命理推算法) 등 몇 가지가 있다.

한의진단법: 한의에서 쓰이는 문진(問診), 망진(望診), 문진(聞診), 촉진(觸診) 등을 통하여 오장(五臟)의 기(氣)가 왕성한지 또는 쇠약한지를 판단한다. 예를 들어 간(肝)의 음(陰)이 부족한지 아니면 신(腎)의 양(陽)이 부족한지, 폐(肺)의 수(水)가 범람 (氾濫)했는지 아니면 심(心)의 화(火)가 지나치게 왕성한지 등을 판단할 수 있다.

인상관찰법: 체형, 성격 등을 통하여 오행으로 나눌 수 있다.
체형이나 얼굴색을 살펴보면,
목(木)형에 속한 사람은 얼굴이 청색이며 여위고 키가 크다.
금(金)형에 속한 사람은 얼굴이 백색이며 모나고 반듯하다.
수(水)형에 속한 사람은 얼굴이 흑(黑)색이며 살이 쪄서 둥글다.
화(火)형에 속한 사람은 얼굴이 적(赤)색이며 뾰족하게 도드라진다.
토(土)형에 속한 사람은 얼굴이 황(黃)색이며 온유하고 돈후하다.
성격을 살펴보면,
목(木)형에 속한 사람은 고결하고 인(仁)을 숭상한다
금(金)형에 속한 사람은 엄숙하고 의(義)를 숭상한다.
화(火)형에 속한 사람은 조급하고 예(禮)를 숭상한다.
수(水)형에 속한 사람은 원만하고 지(智)를 숭상한다.
토(土)형에 속한 사람은 돈후하고 신(信)을 숭상한다.

명리추산법: 사주팔자를 추산하여 명(命) 중의 오행 상황을 알아보는 방법을 말한다. 이 방법에 대해서는 위에서 이미 살펴보았으므로 더 이상 언급하지 않겠다.

나. 오행(五行)의 평형을 유지하는 방법

옛날 조상님들은 이름을 지을 때 오행(五行)이 어느 한쪽도 치우침이 없이 평형을 유지해야 한다고 그렇게 생각해왔다. 즉 이름에 불 화(火)가 있는 상태에서 화(火)를 넣는다면 화(火)가 왕성해지게 되, 평형을 파괴 킬 수 있다. 이런 상황을 방지할 수 있는 방법에는 두 가지가 있다.

첫째, 이름에 오행이 모두 갖춰지도록 하는 방법이다. 예를 들어 김상조(金湘灶)라는 이름에는 금(金), 수(水), 목(木), 화(火), 토(土)가 모두 구비되어서 오행의 평형이 계속 유지된다.

둘째, 이름의 자형(字形)이나 자의(字意)에서 모두 오행(五行)의 글자를 피하는 방법이다. 예를 들어 이우평(伊优平)이라는 이름은 오행(五行)을 피했다. 대부분의 사람들은 오행이 부족하므로 인위적으로 평형이 되도록 만들어 주어야 한다. 오행의 이름을 짓는 것이 인위적으로 평형에 도달하는 중요한 문제이다. 먼저 '없는 것'과 '조금 부족한 것'에 의한 보완 방법부터 살펴보자. 고대 성명학에서는 "자형(字形)"에 의한 보완이 가장 간단한 방법이라고 한다.

즉 명(命) 중에 금(金)이 없는 사람의 경우 이름을 지을 때 금(金) 자가 들어 있는 글자를 선택하면 된다. 예를 들면 강(鋼), 철(鐵), 동(銅), 예(銳), 봉(鋒), 검(劍), 리(利) 등.

명(命) 중에 목(木)이 없는 사람의 경우 이름을 지을 때 목(木)자가 들어 있는 글자를 선택한다. 예를 들면 삼(森), 림(林), 재(材), 질(秩), 범(範), 방(芳),분(芬) 등.

명(命) 중에 수(水)가 없는 사람의 경우 이름을 지을 때 수(水)자가 들어 있는 글자를 선택하면 된다. 예를 들면 강(江), 호(湖), 해(海), 천(川), 수(水), 청(淸), 택(澤), 윤(潤), 우(雨), 운(蕓) 등.

명(命) 중에 화(火)가 없는 사람의 경우 이름을 지을 때 화(火)자가 들어 있는 글자를 선택하면 된다. 예를 들면 염(炎), 황(煌), 병(炳), 찬(燦), 휘(輝),광(光) 등.

명(命) 중에 토(土)가 없는 사람의 경우 이름을 지을 때 토(土)자가 들어 있는 글자를 선택하면 된다. 예를 들면 배(培), 봉(峰), 악(岳), 석(石), 옥(玉)등.

그러나 금(金)이 부족하다 해도 사람에 따라 그 부족한 정도가 다르기 마련이다. 다른 오행도 마찬가지이다. 많이 부족한 사람은 많이 보완해야 하고, 약간 부족한 사람은 적게 보완하면 된다.

옛사람의 이름 중에 삼림(森林), 홍림(洪霖)이라 한 것은 오행 중에 어느 하나가 크게 부족하다고 여겨 그것을 많이 보완한 실례이다.

삼림(森林)은 다섯 개의 목(木)을 합한 것이고, 홍림(洪霖)은 두 개의 목(木)을 더한 것이다.

오행(五行)중 어느 한 부분이 약간 부족할 때는 조금만 보완하면 된다.

수(水)가 약간 부족하다면 청(淸)이나 윤(潤), 림(霖), 지(池) 등으로 보완하면 되는데, 강(江), 하(河), 호(湖), 해(海) 등 큰물로 보완한다면 결국에는 물로 인해 해(害)를 입게 되고 만다.

일부 사람은 오행 중 어느 한 부분만 부족한 것이 아니라 두세 개씩 결핍된 경우가 있다. 이때는 그 부족한 부분을 모두 보완해야 한다.

예를 들어 어떤 사람이 오행 중 목(木)과 수(水)가 없다고 한다면 이름을 지을 때 목과 수를 동시에 보완해야 한다. 즉 이름을 우림(雨林), 운죽(雲竹)등으로 지으면 된다.

만약 단명(單名), 즉 한 글자 이름을 지으려면 그 한 글자 안에 수(水)와 목(木)이 모두 포함되어 있어야 한다. 즉 목(沐), 상(湘), 림(霖) 등을 쓰면 된다.

만약 화(火)와 토(土)가 없다면 이름을 지을 때 화와 토를 동시에 보완해야 한다. 즉 염배(炎培) 등을 쓰면 된다. 만약 목(木)과 토(土)가 없다면 이름을 지을 때 목(木)과 토(土)를 동시에 보완해야 한다. 즉 성계(成桂), 옥림(玉林), 송배(松培), 견백(堅栢)이라고 지으면 된다.

다. 오행(五行)의 보완 방법

명(命) 중에 부족한 오행(五行)에 대해 보완방법으로 크게 3가지가 있다.

첫째 형보(形補), 즉 자형(字形)에 의한 방법,

둘째 의보(意補), 즉 자의(字意)에 의한 방법,

셋째 수보(數補), 즉 필(筆) 획수(劃數)에 의한 보완 방법이 있다.

그 중 형보(形補)와 수보(數補)가 비교적 간편하고 분명하므로 많이 쓰이고 있다.

화(火)가 부족하면, 형보의 방법으로 화(火)자가 포함된 글자만 찾아서 사용하면 된다.

그러나 의보(意補)는 좀 복잡하다. 어떤 글자는 자형(字形)이나 필(筆) 획수(劃數)만으로는 오행 중 어디에 해당하는지 알 수 없지만, 자의(字意)로는 분석이 가능하다.

예를 들어 인(仁)자를 살펴보자.

인(仁)자를 분석해 보면 자의상으로는 목(木)행에 속할 수 있지만, 자형상으로는 목(木)을 포함하지 않았으며 필 획수 역시 4이므로 화(火)가 되고, 목(木)은 아니다.

흠(欽)자의 경우를 살펴보면, 글자는 자형상으로는 오행 중 하나에 속하지만 자의와 필 획수로 따져보면 그 결과가 일치하지 않는 경우가 있다. 자형에는 금(金)이 포함되었지만, 자의(공경할 흠, 공손할 흠)상으로는 금(金)과 전혀 관계가 없으며 필 획수는 12획, 목(木)에 속한다.

또 다른 한 가지는 필(筆) 획수(劃數)에서만 오행 중 하나에 속할 뿐, 자형(字形)이나 자의(字意) 에서는 모두 그에 속하지 않는 경우가 있다.

야(也)자의 경우가 그렇다. 필(筆) 획수(劃數)로는 3획이므로 화(火)에 속하지만 자형(字形)이나 자의(字意)에서는 목(木)과 전혀 관계가 없다.

이 같은 상황에서의 보완 방법에는 세 가지가 있다.

첫째, 단항(單項)보완: 자형(字形), 자의(字意), 필획(筆劃) 등 이 세 가지 중에서 단 한 가지만 보완하는 방법이다.

둘째, 2항 보완: 형(形), 수(數) 두 가지나 형(形)·의(意) 두 가지, 혹은 의(意)·수(數) 두 가지만을 보완하는 방법이다.

셋째, 3항 보완: 자형(字形), 자의(字意), 필(筆) 획수(劃數)등 세 가지를 모두 보완하는 방법이다.

일반적으로 단항(單項) 보완은 한 가지만 고려하면 끝나므로 해결하기 쉽고, 2항 보완은 두 가지를 동시에 골고루 해결해야 하므로 조금 어려움이 따르고, 3항을 모두 만족시키는 글자를 찾기란 매우 어렵다.

옛사람들은 오행에서 어느 한 부분이 결핍되어 있으면 꼭 그 부분을 보완해야 할 뿐 아니라 어느 한 부분에 치우쳐서 너무 왕성해도 반드시 방법을 써서 이를 억제해야 한다고 믿었다.

예를 들어 금(金)이 지나치게 왕성한 사람은 반드시 화(火)로 억제해야 하고 화에 속한 글자로 이름 짓는 것이 적절하다.

목(木)이 지나치게 왕성한 사람은 반드시 금(金)으로 억제해야 하고 금(金)에 속한 글자로 이름 짓는 것이 적절하다.

화(火)가 지나치게 왕성한 사람은 반드시 수(水)로 억제해야 하고 수(水)에 속한 글자로 이름 짓는 것이 적절하다.

토(土)가 지나치게 왕성한 사람은 반드시 목(木)으로 억제해야 하고 목(木)에 속한 글자로 이름 짓는 것이 적절하다.

금(金)가 지나치게 왕성한 사람은 반드시 화(火)로 억제해야 하고 화(火)에 속한 글자로 이름 짓는 것이 적절하다.

수(水)가 지나치게 왕성한 사람은 반드시 토(土)로 억제해야 하고 토(土)에 속한 글자로 이름 짓는 것이 적절하다.

그러면 보완과 억제는 어떻게 하는 것이 좋을까? 옛사람들의 오행이론에 의하면, 낳은 자(生者)는 모(母)이고, 태어난 자 즉 피생자(被生者)는 자(子)라고 하였다.

예컨대 목생화(木生火)에서 목(木)은 모(母)이고 화(火)는 자(子)이다. 또 토생금(土生金)에서 토는 모(母)이고 금은 자(子)이다. 여기서 기(氣)를 보완을 하든지 억제를 하든지 할 경우 그 방법은 직접적일 수도 있고 혹은 간접적일 수도 있다.

즉 화(火)가 없을 때 화(火)로써 보완을 하는 것, 수(水)가 왕성해서 수(水)를 억제하는 것 등은 직접적인 방식이다. 반대로 간접적인 방식은 곧 생(生)의 발원점(發源點)에서 보완 혹은 억제하는 것이다. 예를 들면 화(火)가 부족할 때는 화를 생(生)하는 모(母), 즉 목(木)을 보충하는 것이다.

목(木)이 무성하면 화(火)가 상생되니 화(火)가 보완되는 것이다. 그러므로 이름이 목(木)에 속한 자를 선택해도 화(火)가 보완이 되는 것이다. 또 다른 예를 든다면, 수(水)가 왕성할 때, 금생수(金生水)이니 수(水)를 낳는 금(金)을 억제하여도 수(水)를 쇠퇴시킬 수가 있는 것이다. 그러므로 이름 지을 때 금(金)을 억제하는 글자, 즉 화(火)에 속 한자를 선택할 수 있다.

3장

작명실전實戰

1. 작명실전
2. 중국(中國) 상용 인명자
3. 출생신고 및 개명절차와 방법
4. 대법원 인용한자

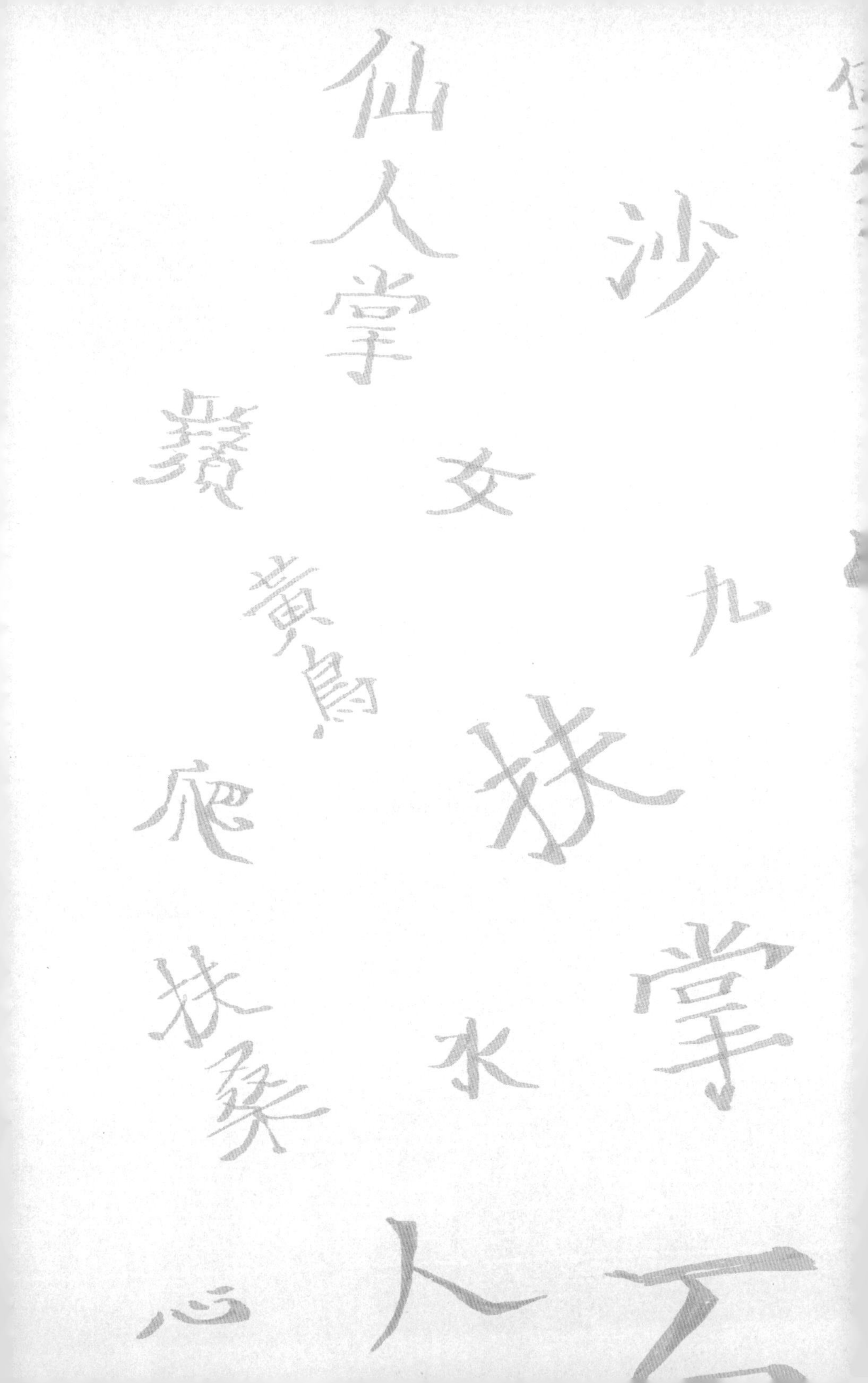

仙人掌
沙
文
九
黃鳥
爬
掌
水
心
人
石

3장

1. 작명실전

가. 화오행(火五行)이 과부족(過不足)한 사주팔자의 작명

나. 수오행(水五行)이 과부족(過不足)한 사주팔자의 작명

다. 목오행(木五行)이 과부족(過不足)한 사주팔자의 작명

라. 금오행(金五行)이 과부족(過不足)한 사주팔자의 작명

마. 토오행(土五行)이 과부족(過不足)한 사주팔자의 작명

바. 돌림자, 항렬자(行列字)를 넣고 이름 짓기

사. 띠에 따라 이름짓기

아. 듣기편하고 부르기 쉬운 상용 인명자(人名字)

1. 작명실전

막상 작명을 시작하려고 하니, 사격(四格), 삼원오행(三元五行), 음오행(音五行), 자오행(字五行), 사주팔자에 부족한 오행까지 맞추어가며 이름을 지으려하니 그렇게 녹녹하지는 않다.

첫째 사주를 세운다. 그리고 천천히 사주를 관찰하여 오행중 부족한 것이 무엇이고, 넘치는 것이 무엇인지 찾는다. 정확히 말하면 용신(用神)을 찾아 적용한다.

둘째 성씨(姓氏) 자오행(字五行) 및 작명법에있는 획수별 성씨 일람표에서 성씨(姓氏)을 찾은 다음, 길(吉)한 조합을 참조하여 수리(數理)를 맞추기 시작한다. 만약 여자의 경우 여자에게 길(吉)한 조합만으로 작명이 어렵다면, 조합 전체를 사용해도 무방하다.

셋째 성씨(姓氏)에 맞게 길한 수리를 적용하여, 사격(四格), 삼원오행(三元五行)을 마춘다. 그리고 음오행(音五行), 자오행(字五行)을 맞추어가며 작명을 한다. 이름을 완성하였다면 앞서 기초이론에서 설명했듯이 그 뜻이 아무리 훌륭해도 놀림감이 되어서는 않되며, 부르기 쉬워야 한다.

가. 화오행(火五行)이 과부족(過不足)한 사주팔자의 작명

◎ 손(孫)씨 여자 음력 1983년 1월 2일 19시30분 출생

時		日		月		年		
壬	水	癸	水	甲	木	癸	水	天干
戌	土	酉	金	寅	木	亥	水	地支

본사주는 水 4개, 木 2개, 金 1개, 土 1개 ☞ 사주팔자 안에 火가 없다.

사주전체가 차가워 따뜻하게 해주는 것이 좋다. 화(火)는 육친(六親)상으로 재(財)가 되므로 화(火)가 부수 들어가는 한자 또는 자(字)오행 중 화(火)에 해당하는 한자를 염두하고 작명을 시작한다.

성 명(姓 名)	손孫	정精	희晞
자오행(字五行)	水	木	火
음오행(音五行)	金	金	土
수 리(數 理)	10획	14획	11획

◐ 사격(四格) 원형이정(元亨利貞) 감별

원격(元格) : 25획 안전격(安全格) = 精(14획) + 晞(11획) ▶ 초년운

형격(亨格) : 24획 입신격(立身格) = 孫(10획) + 精(14획) ▶ 청장년운

이격(利格) : 21획 두령격(頭領格) = 孫(10획) + 晞(11획) ▶ 중년운

정격(貞格) : 35획 안강격(安康格) = 孫(10획) + 精(14획) + 晞(11획) ▶말년운

◐ 삼원오행(三元五行) 감별

천격(天格): 11획 木 = 孫(10획) + 1

인격(人格): 24획 火 = 孫(10획) + 精(14획)

지격(地格): 25획 土 = 精(14획) + 晞(11획)

◐ 삼원오행 (三元五行) 배합 ▶ 木 火 土

◐ 木 火 土 해설

감온순선량하고 감수성이 뛰어나며 정열적이고, 온화, 친절, 예의가 있어 대인관계가 원만하여 윗사람의 도움을 받아 순조롭게 성공 발달한다. 심신이 건강하여 장수 부귀를 누리며 부모에게 효도하는 자식을 두게 된다.

姓名鑑別書

– 성명감별서 –

▣ 손(孫)씨 女子 음력 1983년 1월 2일 19시30분 生 사주四柱

時		日		月		年		
壬	水	癸	水	甲	木	癸	水	天干
戌	土	酉	金	寅	木	亥	水	地支

三삼 元원 五오 行행	合합 數수	四사 格격	數수 理리	姓성 名명	字자 五오 行행	音음 五오 行행	陰음 陽양
木목	25 획 안전격 安全格	元格원격	10획	孫 손	水수	金금	陰음
火화	24획 입신격 立身格	亨格형격	14획	精 정	木목	金금	陰음
土토	21획 두령격 頭領格	利格이격	11획	晞 희	火화	土토	陽양
	35획 안강격 安康格	貞格정격					

나. 수오행(水五行)이 과부족(過不足)한 사주팔자의 작명

◎ 장(將)씨 남자 음력 1980년 7월 11일 15시00분 출생

時		日		月		年		
乙	木	丙	火	甲	木	庚	金	天干
未	土	寅	木	申	金	申	金	地支

본 사주는 木 3개, 金 3개, 土 1개 火1개 ☞ 사주팔자 안에 水가 없다. 수(水)는 육친(六親)상으로 관(官)이 되므로 남자의 경우 관직이다. 수(水)가 부수 들어가는 한자 또는 자(字)오행 중 수(水)에 해당하는 한자를 염두하고 작명을 한다.

성 명(姓 名)	장將	재財	용溶
자오행(字五行)	土	金	水
음오행(音五行)	金	金	土
수 리(數 理)	11획	10획	14획

◐ 사격(四格) 원형이정(元亨利貞) 감별

원격(元格) : 24획 입신격(立身格) = 財(10획) + 溶(14획) ▶초년운

형격(亨格) : 21획 두령격(頭領格) = 將(11획) + 財(10획) ▶ 청장년운

이격(利格) : 25획 안전격(安全格) = 將(11획) + 溶(14획) ▶ 중년운

정격(貞格) : 35획 안강격(安康格) = 將(11획) + 財(10획) + 溶(14획) ▶말년운

◐ 삼원오행(三元五行) 감별

천격(天格): 12획 木 = 將(11획) + 1

인격(人格): 21획 木 = 將(11획) + 財(10획)

지격(地格): 24획 火 = 財(10획) + 溶(14획)

◐ 삼원오행 (三元五行) 배합 ▶ 木 木 火

◐ 木 木 火 해설

감수성이 예민하여 희로애락이 극단으로 흐르기 쉽다. 총명하고 기략(機略)이 있다.
하는 일은 매사가 순조롭고, 목적을 달성하여 일생 장수하고 풍족하다.
다만 도량이 부족하고 편애하는 경향이 있어 부부간에 있을 불화가 염려된다.
※ 수리(數理)가 길(吉)하여 전체적으로 좋다.

姓名鑑別書

– 성명감별서 –

▣ 장(將) 씨 남자 음력 1980년 7월 11일 15시00분 출생

時		日		月		年		
乙	木	丙	火	甲	木	庚	金	天干
未	土	寅	木	申	金	申	金	地支

三삼元원五오行행	合합數수	四사格격	數수理리	姓성名명	字자五오行행	音음五오行행	陰음陽양
木목	24획 입신격 立身格	元格원격	11획	將 장	土토	金금	陽양
木목	21획 두령격 頭領格	亨格형격	10획	財 재	金금	金금	陰음
火화	25획 안전격 安全格	利格이격	14획	溶 용	水수	土토	陰음
	35획 안강격 安康格	貞格정격					

다. 목오행(木五行)이 과부족(過不足)한 사주팔자의 작명

◎ 권(權) 씨 남자 음력 1960년 10월 3일 10시00분 출생

時		日		月		年		
丁	火	癸	水	丁	火	庚	金	天干
巳	火	丑	土	亥	水	子	水	地支

본 사주는 火3개 水3개, 土1개, 金1개 ☞ 사주팔자 안에 木이 없다. 목(木)는 육친(六親)상으로 식상(食.傷)이 되므로 남자의 경우 직장, 일 이다. 목(木) 부수 들어가는 한자 또는 자(字)오행 중 목(木)에 해당하는 한자를 염두하고 작명을 한다.

성 명(姓 名)	권權	도桃	준葰
자오행(字五行)	木	木	木
음오행(音五行)	木	火	金
수 리(數 理)	22	10	13

◐ 사격(四格) 원형이정(元亨利貞) 감별

원격(元格) : 23획 공명격(功名格) = 桃(10획) + 葰(13획) ▶초년운

형격(亨格) : 32획 능성격(能成格) = 權(22획) + 桃(10획) ▶ 청장년운

이격(利格) : 35획 안강격(安康格) = 權(22획) + 葰(13획) ▶ 중년운

정격(貞格) : 45획 대지격(大志格) = 權(22획) + 桃(10획) + 葰(13획) ▶말년운

◐ 삼원오행(三元五行) 감별

천격(天格): 23획 火 = 權(22획) + 1

인격(人格): 32획 木 = 權(22획) + 桃(10획)

지격(地格): 23획 火 = 桃(10획) + 葰(13획)

◐ 삼원오행 (三元五行) 배합 ▶ 火 木 火

◐ 火 木 火 해설

심지가 곧고 타인을 배려할 줄 안다. 그러나 자존심이 강해 지기를 싫어한다. 일생 큰 재난 없이 평온하며 목표가 정해지면 열심히 노력해 성공한다. 큰 욕심을 내지않고 평범하게 장수복록(長壽福祿)을 누린다.

姓名鑑別書

– 성명감별서 –

▣ 권(權) 씨 남자 음력 1960년 10월 3일 10시00분 生 四柱

時		日		月		年		
丁	火	癸	水	丁	火	庚	金	天干
巳	火	丑	土	亥	水	子	水	地支

三삼 元원 五오 行행	合합 數수	四사 格격	數수 理리	姓성 名명	字자 五오 行행	音음 五오 行행	陰음 陽양
火화	23획 공명격 (功名格)	元格원격	22획	權 권	木목	木목	陰음
木목	32획 능성격 能成格	亨格형격	10획	桃 도	木목	火화	陰음
火화	35획 안강격 安康格	利格이격	13획	葰 준	木목	土토	陽양
	45획 대지격 大志格	貞格정격					

라. 금오행(金五行)이 과부족(過不足)한 사주팔자의 작명

◎ 이(李) 씨 남자 음력 1976년 5월 2일 09시30분 출생

時		日		月		年		
乙	木	壬	水	癸	水	丙	火	天干
巳	火	午	火	巳	火	辰	土	地支

본 사주는 木 1개, 火 4개, 土 1개 水 2개 ☞ 사주팔자 火이 많고, 金이없다. 즉 火를 누르기위해 水가 필요하고, 없는 金을 보충해야한다. 金, 水가 부수 들어가는 한자 또는 자(字)오행 중 수(水), 금(金)에 해당하는 한자를 염두하고 작명을 한다.

성 명(姓 名)	李이	준浚	명銘
자오행(字五行)	木	水	金
음오행(音五行)	土	金	水
수 리(數 理)	7획	11획	14획

◐ 사격(四格) 원형이정(元亨利貞) 감별

원격(元格) : 25획 안전격(安全格)= 浚(11획) + 銘(14획) ▶초년운

형격(亨格) : 18획 발전격(發展格) = 李 (7획) + 浚(11획) ▶ 청장년운

이격(利格) : 21획 두령격(頭領格) = 李 (7획) + 銘(14획) ▶ 중년운

정격(貞格) : 32획 능성격(能成格) = 李 (7획) + 浚(11획) + 銘(14획) ▶말년운

◐ 삼원오행(三元五行) 감별

천격(天格): 8획 金 = 李 (7획) + 1

인격(人格): 18획 金 = 李 (7획) + 浚(11획)

지격(地格): 25획 土 = 浚(11획) + 銘(14획)

◐ 삼원오행 (三元五行) 배합 ▶ 金 金 土

◐ 金 金 土 해설

성질이 강하고 사람을 대는 도량이 넓지 못하지만, 심신이 건전하여 순조롭게 성공하여 목적을 달성한다. 그러나 이름의 수리(數理)가 불길하면 재변(災變)으로 불행에 빠진다.

※ 수리(數理)가 길(吉)하여 전체적으로 좋다

姓名鑑別書

– 성명감별서 –

▣ 이(李) 씨 남자 음력 1976년 5월 2일 09시30분 生 四柱

時		日		月		年		
乙	木	壬	水	癸	水	丙	火	天干
巳	火	午	火	巳	火	辰	土	地支

三삼 元원 五오 行행	合합 數수	四사 格격	數수 理리	姓성 名명	字자 五오 行행	音음 五오 行행	陰음 陽양
金금	25획 안전격 安全格	元格원격	7획	李 이	木목	土토	陽양
金금	18획 발전격 發展格	亨格형격	11획	浚 준	水수	金금	陽양
土토	21획 두령격 頭領格	利格이격	14획	銘 명	金금	水수	陰음
	32획 능성격 能成格	貞格정격					

마. 토오행(土五行)이 과부족(過不足)한 사주팔자의 작명

◎ 강(姜) 씨 여자 음력 1987년 10월 30일 15시30분 출생

時		日		月		年		
庚	金	癸	水	壬	水	丁	火	天干
申	金	卯	木	子	水	卯	木	地支

본 사주는 火1개 水3개, 金2개, 木2개 ☞ 사주팔자 안에 土가 없다. 토(土)는 육친(六親)상으로 관(官)이 되므로 여자의 경우 배우자 다, 토(土)부수 들어가는 한자 또는 자(字)오행 중 토(土)에 해당하는 한자를 염두하고 작명을 한다.

성 명(姓 名)	강姜	민旻	주姓
자오행(字五行)	土	火	土
음오행(音五行)	木	水	金
수 리(數 理)	9	8	8

◐ 사격(四格) 원형이정(元亨利貞) 감별

원격(元格) : 16획 덕망격(德望格) = 旻(8획) + 姓(8획) ▶초년운

형격(亨格) : 17획 건창격(建暢格) = 姜(9획) + 旻(8획) ▶ 청장년운

이격(利格) : 17획 건창격(建暢格) = 姜(9획 + 姓(8획) ▶ 중년운

정격(貞格) : 25획 안전격(安全格) = 姜(9획 + 旻(8획) + 姓(8획) ▶말년운

◐ 삼원오행(三元五行) 감별

천격(天格): 10획 水 = 姜(9획) + 1

인격(人格): 17획 金= 姜(9획) + 旻(8획)

지격(地格): 16획 土 = 旻(8획) +姓(8획)

◐ 삼원오행 (三元五行) 배합 ▶ 水 金 土

◐ 水 金 土 해설

품은 뜻이 원대하고 머리가 총명하여 무리를 통솔하는 기질을 갖추었다. 모든 일이 여의(如意)하고 발전이 순조로우며 목적을 달성해서 명성을 떨친다. 가정도 평안하고 심신이 항시 건전하여 장수복록(長壽福祿)을 누리는 대길(大吉)할 운이다.

姓名鑑別書

– 성명감별서 –

▣ 강(姜) 씨 여자 음력 1987년 10월 30일 15시30분 生 四柱

時		日		月		年		
庚	金	癸	水	壬	水	丁	火	天干
申	金	卯	木	子	水	卯	木	地支

三삼元원五오行행	合합數수	四사格격	數수理리	姓성名명	字자五오行행	音음五오行행	陰음陽양
水수	16획 덕망격 (德望格)	元格원격	9획	姜 강	土토	木목	陽양
金금	17획 건창격 建暢格	亨格형격	8획	旻 민	火화	水수	陰음
土토	17획 건창격 建暢格	利格이격	8획	姝 주	土토	金금	陰음
	25획 안전격 安全格	貞格정격					

바. 돌림자, 항렬자(行列字)를 넣고 이름 짓기

지난날 우리 조상들은 족보(族譜)에 따라 항렬자(돌림자)를 넣어 이름을 짓곤 하였는데, 이것은 지금도 계속 쓰이고 있다. 이렇게 지은 이름을 족보명(族譜名)이라고 한다. 대부분의 한국인들은 자기 성씨에 대한 족보를 간직하고 있다.

족보란 무엇인가? 성씨의 시조(始祖)로부터 오늘날까지의 계보(系譜)를 기록한 것이 곧 족보이다. 족보에는 자신의 조상이 누구이며, 어떤 과정을 거쳐 현재의 자신이 태어났는지 자세히 밝혀져 있다. 한 가족에 아이가 태어나면 이름을 지어주고 족보에 기록한다.

족보에는 일정한 규칙이 있다. 여기에서 가장 중요한 것은 대수(代數) 관계를 표시하는 항렬자, 즉 돌림자를 사용한다는 점이다.

항렬자는 어떻게 정해질까? 중국의 경우 이 항렬자보(行列字譜)는 보통 시문(詩文)으로 되어 있는데, 본래 매 가족마다 항렬자보가 정해져 있다. 예를 들어 **모택동(毛澤東)**의 모씨(毛氏) 항렬자보(行列字譜)는 다음과 같다.

立顯榮朝士
文方運濟祥
祖恩貽㊣遠
世代永承昌
孝友傳家本
忠良振國光

모택동의'택(澤)'자는 이 항렬자보(行列字譜)중의 제14대 돌림자이며, 모영신(毛遠新)란 이름의 경우 에'영(遠)'자를 보고 제15대 돌림자에 속하게 되는 것을 알 수이다.

또 오행의 상생관계에 따라 이름을 짓는데 대표적인 예로 중국 명(明)나라 황실로 이름에 반드시 돌림자를 써야 했다. 개국 황제 주원장(朱元璋)을 제외한 다음 세대들은 모두 이 규칙대로 이름을 지었다.

태조(太祖) : 주원장(朱元璋)

인종(仁宗) : 주고치(朱高熾) : 화(火)

선종(宣宗) : 주첨기(朱瞻基) : 토(土)

영종(英宗) : 주기진(朱祁鎭) : 금(金)

헌종(憲宗) : 주견심(朱見深) : 수(水)

효종(孝宗) : 주우탱(朱祐樘) : 목(木)

무종(武宗) : 주후조(朱厚照) : 화(火)

목종(木宗) : 주재후(朱載垕) : 토(土)

신종(神宗) : 주익균(朱翊鈞) : 금(金)

광종(光宗) : 주상락(朱常洛) : 수(水)

희종(憙宗) : 주유교(朱由校) : 목(木)

위의 예는 오행 상생 관계에 따라 이름을 지은 전형적인 예이다. 즉 목생화(木生火), 화생토(火生土), 토생금(土生金), 금생수(金生水), 수생목(水生木) 등오행이 계속 순환하면서 생생불휴(生生不休)하기를 기대한 것이다.

그리고 일반에서는 가정이나 가족의 동일 세대 즉 형제 자매가 각기 오행 중 하나를 취하는 방법이 있다. 예를 들어 한 가정에 다섯 형제가 있다고 하자. 첫째가 장영걸(張英杰), 둘째 장영찬(張英燦), 셋째 장영기(張英基), 넷째 장영석(張英錫), 막내가 장영숙(張英淑)이라면 이 형제들은 목(木), 화(火), 토(土), 금(金), 수(水) 오행이 모두 갖춰진 것이다.

우리나라의 항렬자(行列字)경우는 오행(五行)의 원리와 10천간(天干), 12지지(地支), 숫자의 순서를 따져 항렬자를 사용하는 예를 볼 수 있다.

오행(五行)의 경우 목 화 토 금 수(木 火 土 金 水)를 상생(相生)관계를 따져 순서대로 사용하는 경우가 많으며, 할아버지가 목(木)오행을 부수로 송(松)을 항렬자로 사용했다면 아버지는 오행(五行)의 상생(相生)관계인 화(火)오행을 부수로 사용하는 병(炳)자 등을 사용하면 된다.

그외 오행(五行)과 10천간(천간)을 병립해서 사용하는 경우와 오행(五行)에서 10천간(天干)으로 변하는 예도 있다. 아래의 예는 전주 이씨(李氏) 족보 중 제20~30대(代)의 일부분이다. 이 예 에서 병(炳, 21대), 성(成, 22대), 경(慶, 23대 남자), 매(梅, 23대 여자) 등의 항렬자로 사용하였다.

동일한 항렬자를 가진 사람은 그 가족 내에서 같은 대(代)에 속함을 나타낸다. ①에서의 항렬자는 '의(毅)'이고 ②에서의 항렬자는 '송(松)'자이다.

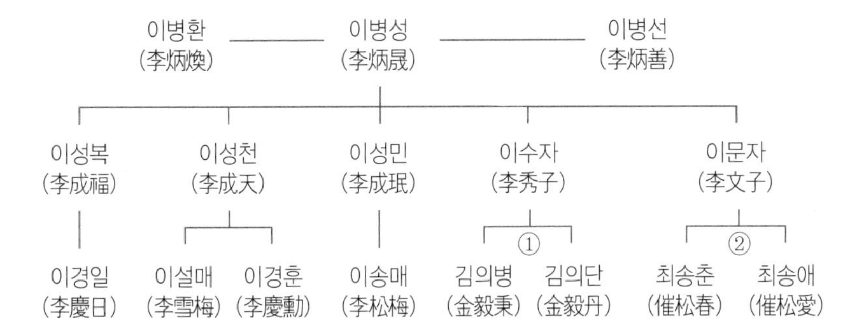

항렬자(行列字)로 10천간(天干)을 사용하는 경우 갑을병정무기경신임계(甲乙丙丁戊己庚辛壬癸)의 자(字)나, 부수로 순서에 맞게 사용하고, 12지지(地支)로 항렬자(行列字)를 사용하는 경우에도

자축인묘진사오미신유술해(子丑寅卯辰巳午未申酉戌亥)를 자(字)나 부수를 순서에 맞게 사용하면 된다. 숫자를 항렬자(行列字)로 사용하는 경우 일(一) 이(二), 삼(三) 등을 순서대로 사용하면 된다. 대표적인 사례로 안동 권씨에서 볼 수 있다. 항렬자(行列字) 쓰는 위치는 보통 이름 가운데 글자와 끝 글자에 사용하는데 아버지 대(代)에 가운데에 항렬자(行列字)를 사용했다면, 아들 대(代)에는 끝자리에 사용하게 되며, 이렇게 번 갈아가며 전해지는 것이 보통의 경우다.

안동권씨 경우 31대(代)에서 41대(代)까지는 이름의 가운데 글자에 항렬자를 사용했고, 41대(代)에서 51대(代)까지는 이름 끝 자에 사용하여, 다양한 형태를 보여주고 있다.

우리나라 대표가문의 항렬자(行列字)의 예

▣ 숫자를 항렬자(行列字)로 적용한 예

· 안동 권씨

31대	32대	33대	34대	35대	36대	37대	38대	39대	40대	41대	42대	43대	44대
병丙	중重	태泰	영寧	오五	혁赫	순純	용容	구九	승升	일一	원元	전全	택澤

▣ 10천간(天干)을 항렬자(行列字)로 적용한 예

· 한양 조씨

25대	26대	27대	28대	29대	30대	31대	32대	33대	34대	35대	36대
행行	성成	희熙	경慶	신新	정廷	규揆	학學	서書	연演	경卿	진震

▣ 오행(五行)을 항렬자(行列字)로 적용한 예

· 경주 김씨 〈계림군 중파〉

30대	31대	32대	33대	34대	35대	36대	37대	38대	39대	40대
표杓	병炳	배倍	석錫	한漢	계桂	섭燮	길吉	옥鈺	윤潤	근根

· 광산 김씨

39대	40대	41대	42대	43대	44대	45대	46대	47대	48대	49대
용容	중中	선善	순淳	동東	환換	규奎	용鏞	연淵	식植	형炯

· 문화 유씨

35대		36대		37대		38대		39대		40대	
제濟	호浩	환桓	간幹	영榮	황煌	곤坤	헌憲	종鍾	용鏞	영泳	승承

· 진주 유씨

31대		32대		33대		34대		35대		36대	
기基	균均	종鍾	진鎭	순淳	백伯	동東	계桂	희熙	서燮	재在	교敎

· 남평 문씨

35대			36대			37대			38대		
희熙	병炳	형炯	주周	기基	균均	종鍾	용鎔	동鍊	영泳	수洙	흡洽

· 파평 윤씨

31대	32대	33대	34대	35대	36대	37대	38대	39대	40대
태泰	식植	병炳	기基	종鍾	영永	동東	먹默	용用	석錫

· 창녕 조씨

43대	44대	45대	46대	47대	48대	49대	50대	51대	52대	53대	54대
규圭	현鉉	영永	근根	용容	재載	일鎰	태泰	동東	섭燮	균均	용鎔

▣ 오행(五行)에서 10천간(天干)으로 변한 항렬자(行列字) 적용한 예

· 청주 한씨〈문정공파〉

36대		37대		38대		40대	41대	42대	43대
성成	근根	희熙	덕德	경庚	수壽	재宰	정廷	규揆	종鍾

사. 띠에 따라 이름 짓기

옛날 조상들은 천간지지(天干地支)를 사용해서 역사의 시간을 기록하였다. 그러나 민간에서는 열두 동물를 사용해서 년(年)을 표시 하였다. 예컨데 쥐띠 해, 범띠 해, 원숭이 해 등으로 불렸다. 왜냐하면 글도 모르고 복잡한 천간지지(天干地支)에 비해 열두동물로 표현하기가 더 간편했기 때문이다. 띠는 12가지 동물 쥐(子), 소(丑), 범(寅), 토끼(卯), 용(辰), 뱀(巳), 말(午), 양(未), 원숭이(申), 닭(酉), 개(戌), 돼지(亥)로 이루어져 있고, 이를 12지지(地支)로 자(子) 축(丑) 인(寅) 묘(卯) 진(辰) 사(巳) 오(午) 미(未) 신(申) 유(酉) 술(戌) 해(亥)로 년(年)을 표시하였다.

그리고 지지 속의 동물의 상호관계를 설정하여, 조화를 이루는(육합六合, 삼합三合), 상호 충돌이 잦고 화합을 이루지 못하는(육충六沖), 서로를 해치는 육해(六害) 관계가 있다고 믿었다.

그래서 불화(상충相衝)나 해침(상해相害)의 관계는 흉(凶)하고, 조화(상합相合)의 관계는 길(吉)하다 하여 이름을 지을 때 합,충,해(合,沖,害)를 조심스럽게 가려 하거나 하기를 꺼려하였다.

- 지지(地支)의 합(合)

자(子쥐)와 축(丑소)이 조화되어 토(土)를 이룬다.
인(寅범)과 해(亥돼지)가 조화되어 목(木)을 이룬다.
묘(卯토끼)와 술(戌개)이 조화되어 화(火)를 이룬다.
진(辰용)과 유(酉닭)가 조화되어 금(金)을 이룬다.
사(巳뱀)와 신(申원숭이)이 조화되어 수(水)를 이룬다.
오(午말)와 미(未양)가 조화되어 화(火)를 이룬다.

- 지지(地支)의 삼합(三合)

신(申원숭이)과 자(子쥐), 진(辰용)이 조화되어 수(水)를 이루고,
해(亥돼지)와 묘(卯토끼), 미(未양)가 조화되어 목(木)을 이루며,

인(寅범)과 오(午말), 술(戌개)이 조화되어 화(火)를 이루고,
사(巳뱀)와 유(酉닭), 축(丑소)이 조화되어 금(金)을 이루고
※진(辰용)과 술(戌개), 축(丑소), 미(未양)가 조화되어 토(土)를 이룬다.

• 지지(地支)의 육충(六沖)

자(子쥐)와 오(午말)는 서로 불화이다.
축(丑소)과 미(未양)는 서로 불화이다.
인(寅범)과 신(申원숭이)은 서로 불화이다.
묘(卯토끼)와 유(酉닭)는 서로 불화이다.
진(辰용)과 술(戌개)은 서로 불화이다.
사(巳뱀)와 해(亥돼지)는 서로 불화이다.

• 지지(地支)의 육해(六害)

자(子쥐)와 미(未양)는 서로 해친다.
축(丑소)과 오(午말)는 서로 해친다.
인(寅범)과 사(巳뱀)는 서로 해친다.
묘(卯토끼)와 진(辰용)은 서로 해친다.
신(申원숭이)과 해(亥돼지)는 서로 해친다.
유(酉닭)와 술(戌개)은 서로 해친다.

쥐띠 년(年)출생한 사람은 지지의 자(子), 오(午), 마(馬)가 포함된 글자를 선택하는 것은 불길하다. 자(子)와 오(午)는 불화이기 때문이다. 또 미(未)와 양(羊)이 포함된 글자를 선택하는 것도 적합하지 않다. 자(子)와 미(未)는 서로 해치기(相害) 때문이다.

소띠 년(年)출생한 사람은 지지의 축(丑), 미(未), 양(羊)이 포함된 글자를 선택하는 것은 불길하다. 축(丑)과 미(未)는 불화이기 때문이다. 또 오(午)와 마(馬)가 포함된 글자를 선택하는 것도 적합하지 않다. 축(丑)과 오(午)는 서로 해치기 때문이다.

범띠 년(年)출생한 태어난 사람은 지지의 인(寅), 신(申), 사(巳), 후(猴)자가 포함된 글자를 선택하는 것은 불길하다. 인(寅)과 신(申)은 불화이기 때문이다. 또 사 (巳)나 사(蛇)가

포함된 글자를 선택하는 것도 적합하지 않다. 인(寅)과 사(巳)는 서로 해치기(相害) 때문이다.

토끼 년(年)출생한 사람은 지지의 묘(卯), 유(酉), 계(鷄)가 포함된 글자를 선택하는 것은 불길하다. 묘(卯)와 유(酉)는 불화이기 때문이다. 또 진(辰)과 용(龍)이 포함된 글자를 선택하는 것도 적합하지 않다. 묘(卯)와 진(辰)은 서로 해치기 때문이다.

용띠 년(年)출생한 해에 난 사람은 지지의 진(辰), 술(戌), 구(狗)가 포함된 글자를 선택하는 것은 불길하다. 진(辰)과 술(戌)은 불화이기 때문이다. 또 묘(卯)와 토(兎)가 포함된 글자를 쓰는 것도 적합하지 않다. 묘(卯)와 진(辰)은 서로 해치기 때문이다.

뱀띠 년(年)출생한 사람은 지지의 사(巳), 해(亥), 저(猪)가 포함된 글자를 선택하는 것은 불길하다. 사(巳)와 해(亥)는 불화이기 때문이다. 또 인(寅) 과 호(虎)가 포함된 글자를 선택하는 것도 적합하지 않다. 사(巳)와 인(寅)은 서로 해치기 때문이다.

말띠 년(年)출생한 사람은 지지의 오(午), 자(子), 서(鼠)가 포함한 글자를 선택하는 것은 불길하다. 오(午)와 자(子)는 서로 불화이기 때문이다. 또 축(丑)과 우(牛)가 포함된 글자를 선택하는 것도 적합하지 않다. 오(午)와 축(丑)은 서로 해치기 때문이다.

양띠 년(年)출생한 사람은 지지의 미(未), 축(丑), 우(牛)가 포함된 글자를 선택하는 것은 불길하다. 축(丑)과 미(未)는 불화이기 때문이다. 또 자(子)와 서(鼠)가 포함한 글자를 선택하는 것도 적합하지 않다. 자(子)와 미(未)는 서로 해치기 때문이다.

원숭이띠 년(年)출생한 사람은 지지의 신(申), 인(寅), 호(虎)가 포함된 글자를 선택하는 것은 불길하다. 인(寅)과 신(申)은 불화이기 때문이다. 또 해(亥)와 저(猪)가 포함한 글자를 선택하는 것도 적합하지 않다. 신(申)과 해(亥)는 서로 해치기 때문이다.

닭띠 년(年)출생한 사람은 지지의 유(酉), 묘(卯), 토(兎)가 포함된 글자를 선택하는 것은 불길하다. 유(酉)와 묘(卯)는 불화이기 때문이다. 또 술(戌)과 구(狗)가 포함한 글자를 선택하는 것도 적합하지 않다. 유(酉)와 술(戌)은 서로 해치기 때문이다.

개띠 년(年)출생한 사람은 지지의 술(戌), 진(辰), 용(龍)이 포함된 글자를 선택하는 것은 불길하다. 술(戌)과 진(辰)은 불화이기 때문이다. 또 유(酉)와 계(鷄)가 포함한 글자를 선택하는 것도 적합하지 않다. 술(戌)과 유(酉)는 서로 해치기 때문이다.

돼지띠 년(年)출생한 사람은 지지의 해(亥), 사(巳), 사(蛇)가 포함된 글자를 선택하는 것은 불길하다. 사(巳)와 해(亥)는 불화이기 때문이다. 또 신(申)과 후(猴)가 포함한 글자를 선택하는 것도 적합하지 않다. 신(申)과 해(亥)는 서로 해치기 때문이다.

조상님들은 년(年)을 12가지 동물로 기록했을 뿐만 아니라, 사람의 성씨(姓氏)도 동물과 연계하였다. 우리가 알고 있는 성씨(姓氏) 중에서 동물의 명칭을 직접 찾아볼 수가 있는데,

마(馬), 상(象), 우(牛), 양(羊), 어(魚), 돈(豚), 용(龍), 연(燕), 봉(鳳), 안(雁), 낙(駱), 포(鮑), 웅(熊) 등이 이에 해당한다. 그리고 이들 성씨(姓氏)는 12개의 띠와 직접 혹은 간접으로 관련성이 있음을 알 수 있다.

첫째 직접적으로 띠에 해당하는 성씨(姓氏)
- 마(馬), 우(牛), 양(羊), 용(龍.)

둘째 간접적으로 동물을 나타내는 한자를 포함시켜 하나의 띠에 속하는 성씨(姓氏)
- 풍(馮), 낙(駱) – 말(馬)띠,
- 모(牟) – 소(牛)띠
- 방(龐) – 용(龍)띠가 해당된다.

셋째 12지지(地支)의 자(字)가 성씨 내에 포함되어 하나의 띠에 속하는 성씨
- 손(孫), 공(孔), 이(李), 계(季), 맹(孟), 곽(郭) – 모두 자(子)가 되어 쥐(鼠)띠
- 뉴(紐) – 축(丑)자가 포함되어 소(牛)띠
- 류(柳), 유(劉) – 유(卯)가 포함되어 토끼(兎)띠
- 범(範), 포(鮑), 포(包) – 사(巳)가 포함되어 뱀(蛇)띠
- 허(許) – 오(午)자가 포함되어 말(馬)띠

· 신(申) – 신(申)자가 포함되어 원숭이(猴)띠
· 정(鄭) – 유(酉)자가 포함되어 닭(鷄)띠

12지지(地支), 띠, 성씨(姓氏) 사이의 상호관계를 다시 한번 정리해보면 다음과 같다
· 자(子) – 쥐(鼠) – 손(孫), 이(李), 계(季), 공(孔), 맹(孟), 곽(郭)
· 축(丑) – 소(牛)– 우(牛), 모(牟), 뉴(紐)
· 인(寅) – 범(虎)
· 묘(卯) – 토끼(兎) – 류(柳), 유(劉)
· 진(辰) – 용(龍) – 용(龍), 방(龐)
· 사(巳) – 뱀(蛇) – 범(範), 포(鮑), 포(包), 호(扈)
· 오(午) – 말(馬) – 마(馬), 풍(馮), 낙(駱), 허(許)
· 미(未) – 양(羊) – 양(羊)
· 유(酉) – 닭(鷄) – 정(鄭)
· 술(戌) – 개(狗)
· 해(亥) – 돼지(猪)

띠의 자(字)나 지지(地支)의 자(字)가 성씨 내에 포함된 사람도 이름을 지을 때는 여섯 가지 불화(육충六沖)와 여섯가지 해침(육해六害) 관계를 피하는 것이 좋다고 조상님들은 생각했다.

[손(孫), 공(孔), 이(李), 계(季), 맹(孟), 곽(郭), 유(遊)]등의 성씨는 지지상 자(子)에 해당하므로 오(午)와 마(馬)가 포함된 글자로 이름을 짓는 것은 적당치 않다. 왜냐하면 자(子)와 오(午)는 불화이기 때문이다. (자오충子午沖) 미(未)와 양(羊)이 포함된 자도 또한 적합하지 않다. 자(子)와 미(未)는 서로 해치기 때문이다. (자미해子未害) 그러므로 이오(李午)와 곽치(郭馳), 손매(孫昧)와 같은 이름은 피해야 한다.

[우(牛), 모(牟), 뉴(紐)]등의 성씨는 지지상 축(丑)에 속하므로, 미(未)가 포함된 글자[매(昧), 매(妹)]와 양(羊)이 포함된 글자[양(洋), 양(樣)]등으로 이름 짓는 것은 적당치 않다. 왜냐하면 축(丑)과 미(未)는 불화이기 때문이다. (축미충丑未沖) 또 오(午)자가 포함된 글자[허(許), 호(滸)]등 마(馬)가 포함된 글자 [마(馬), 치(馳), 타(駝)]등으로 이름 짓는 것도 적당치 않다. 축(丑)과 오(午)는 서로 해치기 때문이다. (축오해丑午害)

[유(柳), 유(劉)]등의 성씨는 지지상 묘(卯)에 해당되므로, 유(酉)와 계(鷄)가 포함된 글자[주(酒), 성(醒), 취(醉), 계(鷄)]등으로 이름 짓는 것은 적당하지 않다. 왜냐하면 묘(卯)와 유(酉)는 불화이기 때문이다. (모유충卯酉沖) 또 진(辰)과 용(龍)이 포함된 글자[농(農), 진(振), 진(震), 용(龍)]도 적당하지 않다. 묘(卯)와 진(辰)은 서로 해치기 때문이다.(묘진해卯辰害)

[용(龍)과 방(龐), 공(龔)]등의 성씨는 지지상 진(辰)에 속하므로 술(戌), 구(狗)자가 포함된 자로 이름을 짓는 것은 적당치 않다. 왜냐하면 진(辰)과 술(戌)이 불화이기 때문이다. (진술충辰戌沖)

또한 구(狗), 토(兎)역시 진(辰)과 같이 사용하는 것은 적합하지 않다.

[범(範), 포(鮑), 포(包)]등의 성씨는 지지상 사(巳)에 해당하므로, 해(亥)자가 포함된 글자[핵(核), 해(該)]등으로 이름 짓는 것은 적당치 않다. 왜냐하면 사(巳)와 해(亥)는 불화이기 때문이다.

(사해충巳亥沖) 또 인(寅)자가 포함된 글자[연(演), 인(寅)]등 또한 적합하지 않다. 인(寅)과 사(巳)는 서로 해치기 때문이다.(인사해寅巳害)

[마(馬), 풍(馮), 허(許)]등의 성씨는 지지상 오(午)에 해당하므로, 자(子)자가 포함된 자[자(子), 존(存), 효(孝), 부(孚), 학(學)]등으로 이름 짓는 것은 적당치 않다. 자(子)와 오(午)는 불화이기 때문이다. (자오충子午沖) 또 축(丑)과 우(牛)자가 포함된 글자[모(牡), 목(牧), 특(特)]등도 적합하지 않다. 축(丑)과 오(午)는 서로해치기 때문이다.(축오해丑午害)

양(羊)씨는 지지상 미(未)에 해당한다. 그러므로 축(丑)자가 포함된 글자 뉴(紐)와 우(牛)자가 포함된 자로 이름 짓는 것은 적당치 않다. 축(丑)과 미(未)는 불화이기 때문이다. (축미충丑未沖) 또 자(子)가 포함된 글자[호(好), 학(學), 손(蓀)] 등도 적합하지 않다. 자(子)와 미(未)는 서로 해치기 때문이다. (자미해子未害)

신(申)씨는 지지상 신(申)에 속하므로 인(寅)과 호(虎)가 포함된 글자[인(寅), 표(彪)] 등이 포함된 글자로 이름 짓는 것은 적당치 않다. 인(寅)과 신(申)은 불화이기 때문이다.(인신충寅申沖) 또 해(亥)가 포함된 글자[핵(核), 해(該), 해(孩)]등도 적합하지 않다. 신(申)과 해(亥)는 서로 해치기 때문이다.(신해해申亥害)

정(鄭)씨는 지지상 유(酉)에 해당하므로 묘(卯)와 토(兎)가 포함된 자로 이름 짓는 것은 적당치 않다. 묘(卯)와 유(酉)는 불화이기 때문이다. (묘유충卯酉沖) 또 술(戌)과 구(狗)자가 포함된 자도 적합하지 않다. 유(酉)와 술(戌)은 서로 해치기 때문이다. (유술해酉戌害)

이름을 지을 때 가장 이상적인 것은 조화(상합相合)를 이루는[육합(六合) 삼합(三合) 관계없이] 것이다. 그리고 띠에 따라 이름을 지을 때 주의할 사항이 있다. 즉 자신이 태어난 해(띠)에 따라 어떤 글자는 길(吉)하고 어떤 글자는 흉(凶)한지를 알아야 한다.

쥐띠 해에 출생한 사람이 미(米), 두(豆), 화(禾), 어(魚), 월(月)자가 포함된 글자를 선택하면 행복하게 장수하며 자손이 많다. 그리고 인(人)과 갓머리(宀)변을 가진 글자를 선택하면 창고가 그득하고 거실에서 호의호식하며 살 수 있다. 풀 초(艹)변이 있는 글자와 전(田)자가 포함된 글자를 선택하면 비록 편안하고 풍족한 생활은 못하지만 절약하여 먹고 입는 데는 근심 없이 살 수 있다. 나무 목(木)변이 있는 글자를 선택해도 역시 마찬가지이다. 사람 인(亻)변이 있는 글자를 취하면 귀인의 도움을 받게 된다.

그러나 삼수(氵)변이나 화(火), 차(車), 석(石)자가 있는 글자를 선택하면 재해가 많고 불길하다.

소띠 해에 출생한 사람이 이름에 풀 초(艹)변이나 미(未), 두(豆), 화(禾)자가 들어 있는 글자를 선택하면 복을 받으며, 삼 수(氵)변이 있는 글자를 선택하면 부귀하고 한가한 생활을 누린다. 인(人)이나 갓머리(宀)변, 민 갓머리(冖)변이 들어 있는 글자를 선택하면 궁실(宮室)이 있고 고된 일이나 고생은 안 하게 된다. 사람 인(亻)변이 있는 글자를 선택한다면 의리(義理)가 밝은 양신(良臣)이 될 수 있다. 그러나 월(月)과 육(肉)자가 들어 있는 글자를 선택한다면 굶주림과 가난에서 헤맬 것이다. 전(田)과 토(土), 차(車)자가 들어 있는 글자를 선택한다면 힘들게 일만 하고 복을 누릴 수 없다.

범띠 해에 출생한 사람이 이름에 산(山)이나 목(木)이 들어 있는 글자를 선택하면 큰 인물이 될 수 있다. 월(月)과 육(肉)자가 들어 있는 글자를 선택하면 행복하게 장수하며 자손이 많고 복을 누릴 것이다. 마(馬), 우(牛), 양(羊), 개사슴록(犭)변, 록(鹿) 등이 들어 있는 글자를 선택 한다면 역시 봉록 걱정이 없다. 그러나 풀 초(艹)변과 죽(竹)자가 들어 있는 글자를 선택하면 가난과 굶주림을 겪게 된다. 인(人), 갓머리(宀)변, 민갓머리(冖)변이 들어 있는 글자를 선택하면 큰 포부를 실현할 수가 없다. 화(火), 전(田), 석(石), 궁(弓), 도(刀), 비(匕)자가 포함된 글자를 선택한다면 재해가 많고 형벌을 당할 액운이 생긴다.

토끼띠 해에 출생한 사람이 이름에 풀 초(艹)변이나 목(木)이 들어 있는 글자를 선택하면 봉록(俸祿) 걱정을 안 하며, 화(禾), 전(田), 산(山), 두(豆)가 들어 있는 글자를 선택해도 길(吉)하다. 개사슴록(犭)변이 들어 있는 글자를 선택하면 재난을 당하며, 인(人), 혈(穴), 민갓머리(冖)변이 있는 글자를 선택한다면 한가하며 귀인의 도움을 받게 된다.

용띠 해에 출생한 사람이 이름에 삼수(氵)변이 있는 글자를 선택하면 부귀하고 대길하며 부자가 되어 일생 봉록을 누릴 수 있다. 수(水)와 우(雨)자가 들어 있는 글자를 선택해도 길(吉)하다.

그러나 산(山), 토(土), 전(田), 석(石)자가 포함된 글자를 선택한다면 재해가 많다.

뱀띠 해에 출생한 사람이 이름에 풀 초(艹)변이나 죽(竹), 목(木), 화(禾), 산(山), 토(土), 전(田) 등이 들어 있는 글자를 선택하면 부귀하고 봉록이 있고 자유로우며 명리에 성공한다. 충(虫)자가 들어 있는 글자를 선택한다면 봉록(俸祿) 걱정 안하며, 사람 인(亻)변이 있는 글자와 석(石), 좌방(扌)변 등이 들어 있는 글자를 선택하면 재난을 당하며, 호(虎)와 조(鳥)자가 포함된 글자를 선택하면 재해가 많다.

말띠 해에 출생한 사람이 이름에 풀 초(艹)변이나 미(米), 두(豆), 화(禾)자가 포함된 글자를 선택하면 행복하게 장수하며 자손이 많다. 피(皮), 혁(革), 사람 인(亻)변, 실사(糸)변 등이 들어 있는 글자를 선택하면 귀인의 도움을 받게 되고 관직에 올라 부귀 영화를 누린다.

전(田)이나 토(土), 차(車)자가 들어 있는 글자를 선택하면 힘들게 일만하고 복을 누릴 수 없다. 갓머리(宀)변, 민갓머리(冖)변, 목(木)자가 들어 있는 글자를 선택하면 큰 포부를 실현할 수가 없다. 개사슴록(犭)변이 들어 있는 글자를 선택해도 재난 때문에 흉(凶)하며, 호(虎)자가 들어 있는 글자를 선택하더라도 역시 마찬가지이다.

양띠 해에 출생한 사람이 이름에 풀 초(艹)변, 화(禾), 목(木)자가 포함된 글자를 선택하면 돈과 양식이 풍부하다. 전(田), 토(土), 산(山)자가 들어 있는 글자를 선택하면 봉록(俸祿) 걱정을 안 할 것이고, 달 월(月)이 들어 있는 글자를 선택하면 굶주림에 허덕일 것이다.

견(犭)이나 호(虎)자가 들어 있는 글자를 선택해도 재난의 악운을 당할 것이다. 그러나 마(馬), 양(羊) 자가 들어 있는 글자를 선택하면 정직하여 친구가 많으며, 사람 인(亻)변이 들어 있는 글자를 선택하면 귀인의 도움을 받 게 되고 인(人)이나 갓머리(宀)변, 민갓머리(冖)변이 들어 있는 글자를 선택하면 행복하게 장수한다.

원숭이띠 해에 출생한 사람이 이름에 미(米)나 두(豆)자가 들어 있는 글자를 선택하면 봉록이 있고 평안하며 복이 많다. 두(豆), 미(米), 목(木), 화(禾)자가 들어 있는 글자를 선택한다면 복도 많고 봉록도 있고 돈과 양식이 풍족할 것이다. 그리고 산(山)자가 들어 있는 글자를 선택한다면 유유자적하고 총명하여 지혜롭게 살 수 있다. 인(人), 갓머리(宀)변, 민갓머리(冖)변이 들은 글자를 선택하면 귀인의 도움을 받고 하늘이 주신 복이 있으며 재능과 지혜가 출중하다. 그러나 화(火), 실사(糸)변, 도(刀), 혈(血), 개사슴록(犭)변이 들어 있는 글자를 선택하면 상처와 재난이 많다.

닭띠 해에 출생한 사람이 이름에 풀 초(艹)변, 미(米), 두(豆), 화(禾), 목(木), 충(虫)자가 들은 글자를 선택하면 봉록이 있고 자손이 많다. 인(人), 갓머리(宀)변, 민갓머리(冖)변이 들은 글자를 선택하면 평안하며 귀인의 도움을 받는다. 전(田), 토(土)자가 들은 글자를 선택하면 무일푼에서 재산을 모으며 재능과 지혜가 출중해진다. 개사슴록(犭)변, 석(石), 실사(糸)변, 도(刀)자가 들은 글자를 취한다면 재난이 많다.

개띠 해에 출생한 사람이 이름에 달 월(月), 육(肉), 어(魚), 미(米), 두(豆)자가 들은 글자를 선택하면 봉록이 있고 평안하며 복을 많이 받는다. 인(人), 갓머리(宀)변, 민갓머리(冖)변, 마(馬)자가 들은 글자를 선택하면 충성하고 신용이 있으며 지혜롭고 용감하며 공명(功名), 봉록(俸祿)이 구비된다. 견(犭) 이나 호(虎)자가 들은 글자를 선택하면 재난이 많다. 우(牛)나 양(羊)자가 들은 글자를 선택하면 남을 잘 돕고 벗이 많다.

돼지띠 해에 출생한 사람이 이름에 풀 초(艹)변, 미(米), 두(豆)자가 들은 자를 선택하면 하늘이 주신 복록이 있으며 자손이 많다. 인(人), 갓머리(宀)변, 민갓머리(冖)변이 들은 글자를 선택하면 가난과 추위에 떨지 않으며 안일(安逸)하고 복을 받는다. 달 월(月), 육(肉), 어(魚)자가 들은 글자를 선택하면 가난하고 굶주림에 빠진다. 산(山), 전(田), 목(木)이 들은 글자를 선택하면 무일푼으로 시작하여 재산을 많이 모으며 재능과 지혜가 출중해진다. 견(犭), 도(刀), 실 사(糸)변, 혈(血)자가 들은 글자를 선택한다면 재난이 많다.

조상님들은 출생한 해(年)띠뿐만 아니라, 성씨 띠에 대해서도 매우 가려서 사용하였다.

손(孫), 공(孔), 이(李), 계(季), 맹(孟), 곽(郭), 유(遊) 등의 성씨 띠는 쥐[자서(子鼠)]에 속하므로, 미(米), 두(豆), 화(禾), 어(魚), 달 월(月)과 갓머리(宀)변, 민갓머리(冖)변, 풀 초(艹)변, 전(田), 목(木), 사람인(亻)변이 들은 글자를 선택하면 좋고, 삼수(氵)변이나 화(火), 차(車), 석(石)자가 들은 글자를 선택하면 좋지 않다.

우(牛), 모(牟), 뉴(紐) 등의 성씨 띠는 소[축우(丑牛)]에 속하므로, 풀 초(艹)변, 화(禾), 미(米), 두(豆), 삼수(氵)변, 인(人), 갓머리(宀)변, 민갓머리(冖)변이 들은 글자를 선택하면 좋다. 전(田), 토(土), 차(車), 달 월(月), 육(肉)자가 들은 글자를 선택하면 좋지 않다.

유(柳)와 유(劉) 등의 성씨 띠는 토끼[묘토(卯兎)]에 속하므로, 풀 초(艹)변, 화(禾) 및 목(木), 전(田), 토(土), 두(豆), 갓머리(宀)변, 민갓머리(冖)변, 사람 인(亻)변이 들은 글자를 선택하면 좋다. 견(犭), 궁(弓)자가 들은 글자를 선택하면 좋지 않다.

용(龍), 방(龐), 공(龔) 등의 성씨 띠는 용[진용(辰龍) 에 속하므로, 삼수(氵)변, 우(雨), 수(水), 어(魚)자가 들어 있는 글자를 선택하면 좋고, 산(山), 토(土), 석(石)자가 들어 있는 글자를 선택하면 좋지 않다.

범(範), 포(鮑), 포(包) 등의 성씨 띠는 뱀[사사(巳蛇)]에 속하므로, 충(虫), 월(月), 육(肉), 목(木), 산(山), 토(土), 전(田)자가 있는 글자를 선택하면 좋다. 그러나 사람 인(亻)변, 석(石), 좌방(扌)변 등이 들어 있는 글자를 취하면 좋지 않다.

마(馬), 풍(馮), 낙(駱), 허(許) 등의 성씨 띠는 말[오마(午馬)]에 속하므로 풀 초(艹)변, 화(禾), 미(米), 두(豆) 및 피(皮), 혁(革), 사람 인(亻)변, 실 사(糸)변, 금(金)자가 포함된 글자를 선택하면 좋다. 전(田), 토(土), 차(車), 갓머리(宀)변, 민갓머리(冖)변, 목(木), 개사슴록(犭)변, 호(虎)자가 들어 있는 글자를 취하면 좋지 않다.

양(羊) 성의 성씨 띠는 양[미양(未羊)]에 속하므로, 풀 초(艹)변, 화(禾), 목(木), 전(田), 토(土), 산(山), 마(馬), 사람 인(亻)변, 갓머리(宀)변, 민갓머리(冖)변 자가 포함된 글자를 선택하면 좋다.

월(月), 육(肉), 어(魚), 견(犭), 호(虎)자가 들어 있는 글자를 취하면 좋지 않다.

신(申)씨는 성씨 띠가 원숭이[신후(申猴)]에 속하므로, 두(豆), 미(米), 목(木), 화(禾), 초(艹), 산(山), 전(田), 사람 인(亻)변, 갓머리(宀)변, 민갓머리(冖)변이 포함된 글자를 선택하면 좋다. 화(火), 실 사(糸)변, 도(刀), 혈(血), 개사슴록(犭)변이 들은 글자를 취하면 좋지 않다.

정(鄭)씨는 성씨 띠가 닭[유계(酉鷄)]에 속하므로, 미(米), 두(豆), 화(禾), 초(艹), 목(木), 충(虫), 토(土), 산(山), 전(田), 사람 인(亻)변, 갓머리(宀)변, 민갓머리(冖)변이 포함된 글자를 선택하면 좋다. 그러나 개사슴록(犭)변, 석(石), 실 사(糸)변, 도(刀)가 들어 있는 글자를 취하면 좋지 않다.

조상님들은 왜 태어난 해(年)의 띠와 성씨(姓氏)에 해당하는 띠에 대해 이렇게 가리는 것이 많았는가? 그것은 우리 조상님들의 소박한 연상(聯想)과 추리에서 발생한 것으로 유추된다.

예를 들면 쥐, 소, 토끼, 말, 양, 원숭이, 닭, 돼지 등은 모두 쌀이나 콩 등을 먹고 사는 동물이기 때문에 미(米)나 두(豆) 등이 포함된 글자, 개는 잡식성이므로 월(月), 육(肉), 어(魚), 미(米), 두(豆)글자를 선택하면 자연히 배곯을 걱정은 없다는 것이다.

소나 토끼, 말, 양 등은 초식 동물이므로 초(艹), 화(禾), 목(木), 전(田), 토(土), 산(山) 등이 포함된 글자를 선택하면 잘 먹고 잘 살 수 있다는 것이다.

호랑이는 육식 동물이므로 달 월(月)과 육(肉), 개사슴록(犭)변, 마(馬), 우(牛), 양(羊) 등이 포함된 글자를 선택하면 배불리 살 수 있는 것이다. 용에게는 물(水)이 가장 좋은 환경이고 큰 포부를 실현할 수 있는 필수 조건이다.

범띠와 말띠를 살펴보면, 갓머리(宀)변, 민갓머리(冖)변이 들어 있는 글자를 취하면 좋지 않은 원인은 범은 산중지왕(山中之王)이고 천리마는 광활한 평야가 활동 무대이므로 어찌 갇혀 있을 수 있겠는가?

쥐, 소, 토끼, 양, 원숭이, 닭, 개, 돼지의 경우 거실에 있을 수 있다면 그 이상 편안하고 행복한 일이 없다. 산과 들에서 먹을 것을 구하려고 동분서주하다가 맹수에게 잡혀 먹히는 것보다는 훨씬 낫다고 믿었기 때문이다.

듣기편하고 부르기 쉬운 상용 인명자(人名字)

한국인 이름에는 뜻도 좋고 울림도 좋은 미명(美名)이 너무 많다. 이 이름 들에는 독창성과 꾸밈없는 자연미, 우리말의 친절함이 넘친다. 고아라, 금수레, 김사랑, 달님이, 별님이, 은나래, 이샛별, 참소리, 한송이, 한아람 등. 그런가 하면 국제화의 기운을 느낄 수 있는 이름도 있다. 박에스더, 유세로미, 패티김 등. 이밖에도 이름에 기묘한 형태미(形態美)를 보여주는 예도 있다. 김무음, 송향영, 신진식, 오공운, 유영용, 정미정 등. 이들의 뜻과 아름다운 울림은 제쳐놓더라도 단지 그 필획의 모양만을 천천히 살펴보면, 깜찍한 변화 속에 묘한 규칙이 담겨진 예술품처럼 느껴질 것이다. 여기에 실린 예들은 현실생활에서 그대로 옮겨온 이름이 대부분이고 예술작품에서 가져온 이름도 간혹 있다.

- 뜻과 울림이 좋으며 우리말의 친절함이 넘치는 미명(美名)

  고아라, 고요이, 권보석, 김보라, 김사랑, 김세나, 김세미, 김슬기, 김은혜, 김초롱, 김한나, 김한별, 김한샘, 나 미, 나오미, 박나래, 박 별, 박예슬, 배우리, 소리새, 송아리, 송나리, 양 미, 양슬기, 유 리, 유세라, 유지나, 은나래, 이가자, 이고운, 이다람, 이매리, 이별님, 이샛별, 이슬기, 이예림, 이우연, 이유리, 장나라, 장들빛, 정다은, 조아라, 조용히, 차두리, 최보라, 차보람, 최유나, 하 늘, 한 빛, 한 솔, 한송이, 한아람, 한우리, 혜은이, 황금실

- 뜻이 좋으면서 독특한 이름

  고기대(기대가 높아), 김무음(고요한 여인), 김사랑(금같이 귀중한 사랑), 나애심(사랑하는 마음), 남일해(해뜨는 남해 바다), 배우리(일평생 배우리), 백년설(百年雪), 보람(일생을 보람 있게), 이어령(진작이랬어야), 이한결(한결 같은 여인), 진선미(眞善美) 등

- 형태미가 좋은 이름

  강우방, 강호동, 김명섬, 김운용, 박영양, 송옥숙, 송일동, 송현종, 성수경, 성진영, 송창언, 송하경, 신미진, 신인식, 신찬식, 안상연, 양의정, 여중우, 오승근, 오용운, 오응수, 우형식, 유정윤, 이관이, 이광우, 이상욱, 이양오, 이유라, 이홍우, 임경일, 전장권, 정 욱, 정인성, 정혜경, 조항조, 홍사훈

- 두 자 성씨(姓氏)의 이름

  황보노, 황보용, 황보성일, 사공일, 선우용녀, 남궁정부, 남궁은희 등

• 듣기편하고 부르기 쉬운 이름

ㄱ

가맹잔, 간선희, 강경해, 강대만, 강동우, 강동희, 강미은, 강민아, 강민정, 강병국, 강부자, 강성출, 강성호, 강수연, 강수지, 강수현, 강순남, 강승수, 강승희, 강신형, 강우방, 강유미, 강은찬, 강정란, 강지아, 강지원, 강 진, 강치돈, 강 타, 강형식, 강호동, 고가영, 고 건, 고경순, 고금성, 고기대, 고나나, 고다영, 고미경, 고영균, 고영배, 고영임, 고영철, 고은미, 고재영, 고주리, 고충희, 공명이, 공정민, 곽계란, 곽귀자, 곽예나, 곽재욱, 곽한범, 관은신, 구기순, 구민정, 구본국, 구본근, 구재영, 궁지연, 권기성, 권대혁, 권보석, 권생도, 권세찬, 권오곤, 권오식, 권옥연, 권용수, 권이담, 권장희, 권종우, 권태순, 권택수, 권혁란, 금나영, 금수레, 기태진, 길호준, 김가연, 김감용, 김갑수, 김개월, 김건모, 김경배, 김경수, 김경애, 김경자, 김고운, 김광석, 김광호, 김구현, 김국환, 김귀례, 김규리, 김극천, 김근태, 김기동, 김기수, 김기술, 김기영, 김기완, 김기웅, 김기은, 김기현, 김기호, 김나미, 김나실, 김나영, 김난향, 김남일, 김노실, 김농주, 김다애, 김다은, 김단요, 김대영, 김대희, 김도경, 김도엽, 김동건, 김동광, 김동국, 김동복, 김동선, 김동성, 김동완, 김동찬, 김동학, 김두순, 김득진, 김례미, 김만년, 김만재, 김맹성, 김명섬, 김명순, 김명환, 김명희, 김무음, 김무웅, 김문환, 김미라, 김미래, 김미송, 김미숙, 김미애, 김미연, 김미예, 김미진, 김미화, 김민경, 김민선, 김민수, 김민아, 김민정, 김민지, 김민재, 김민철, 김민희, 김반야, 김방림, 김방순, 김백신, 김범수, 김병익, 김병지, 김병현, 김보라, 김보미, 김복달, 김봉건, 김부자, 김사랑, 김상기, 김상래, 김상태, 김상협, 김상희, 김샘이, 김서영, 김선미, 김선애, 김선화, 김성겸, 김성근, 김성득, 김성령, 김성모, 김성수, 김성순, 김성식, 김성이, 김세나, 김세미, 김소리, 김소월, 김수미, 김수아, 김수양, 김수연, 김수정, 김수희, 김순곤, 김순확, 김순희, 김슬기, 김승육, 김승은, 김승철, 김승현, 김시곤, 김애경, 김애실, 김연명, 김연수, 김연주, 김연지, 김연태, 김영구, 김영배, 김영사, 김영임, 김영준, 김영지, 김영진, 김예지, 김옥연, 김옥조, 김왕철, 김용관, 김용대, 김용수, 김용집, 김완섭, 김완수, 김우장, 김운라, 김운용, 김 원, 김원권, 김원상, 김원일, 김원태, 김유진, 김 윤, 김윤만, 김윤환, 김은미, 김은정, 김은주, 김은중, 김은철, 김은하, 김은혜, 김을래, 김의기, 김이두, 김이분, 김이수, 김이영, 김인선, 김인영, 김인임, 김인협, 김일아, 김자영, 김장태, 김재님, 김재세, 김재환, 김정기, 김정래, 김정수,

김정아, 김정필, 김조은, 김종은, 김종박, 김종산, 김종진, 김재순, 김정래, 김정현, 김조은, 김종미, 김종진, 김종현, 김주미, 김주백, 김중권, 김지길, 김지선, 김지애, 김지연, 김지영, 김지용, 김지혜, 김지은, 김지해, 김지환, 김진균, 김진선, 김진희, 김창민, 김채이, 김천미, 김철민, 김초롱, 김초선, 김총명, 김춘엽, 김태균, 김태옥, 김태정, 김태환, 김태훈, 김하영, 김학수, 김학중, 김한나, 김한별, 김한복, 김한비, 김한샘, 김한집, 김해숙, 김행기, 김향미, 김현경, 김현석, 김현정, 김현주, 김현준, 김현진, 김현태, 김형윤, 김형일, 김혜련, 김혜례, 김혜림, 김혜미, 김혜선, 김혜송, 김혜수, 김혜영, 김혜정, 김홍욱, 김홍일, 김홍재, 김휴동, 김흥운, 김희갑, 김희진, 김희철

ㄴ

나동익, 나 미, 나민호, 나태주, 나승복, 나신하, 나애심, 나오미, 나유선, 나윤선, 나은정, 나음전, 나자현, 나혜석, 나혜숙, 나혜정, 나훈아, 남경시, 남경필, 남동우, 남성우, 남연욱, 남일해, 남종혁, 남지성, 남효진, 노경욱, 노무현, 노미우, 노소남, 노수정, 노영국, 노유민, 노일환, 노재두, 노정아, 노정윤, 노지희, 노태완, 누수긍, 노태우, 노태상, 남궁은희

ㅁ

마우준, 마호숙, 맹명섭, 맹영재, 맹철호, 명순식, 모은희, 모제욱, 무현미, 문경은, 문보현, 문상희, 문정선, 문지혜, 문혜진, 문희선, 문희옥, 민선미, 민선옥, 민승규, 민유순

ㅂ

박거용, 박경남, 박곡림, 박광열, 박귀옥, 박기홍, 박나래, 박나천, 박남권, 박남정, 박노수, 박노연, 박노영, 박노용, 박노원, 박노태, 박다솔, 박동효, 박명주, 박명진, 박문일, 박미나, 박미소, 박미영, 박미정, 박 별, 박병원, 박복자, 박삼규, 박상철, 박석득, 박선규, 박선숙, 박선영, 박성래, 박성우, 박성춘, 박성훈, 박세리, 박소진, 박수림, 박수산, 박순남, 박순이, 박승주, 박신정, 박아란, 박애성, 박양수, 박양우, 박연옥, 박영순, 박영양, 박영환, 박예슬, 박옥출, 박옥화, 박용식, 박용치, 박용호, 박우람, 박우식, 박원순, 박원식, 박월리, 박윤경, 박은경, 박은미, 박은영, 박이문, 박인규, 박인례, 박일종, 박일중, 박재규, 박재완, 박재욱, 박전식, 박정남, 박정미, 박종섭, 박종우, 박주경, 박주헌, 박준하, 박지랑, 박지미, 박지영, 박지윤, 박지은, 박진선, 박진우, 박찬근, 박찬대, 박찬숙, 박찬호, 박철수, 박하정, 박한석, 박한수, 박한이, 박현순, 박현진, 박혜경, 박혜연, 박효경, 박효삼, 박희수, 박희완, 박희정, 박희태, 방금자, 방 미, 방상훈, 방실이, 방혜선, 방호철, 배경은, 배우리, 배은주, 배일호, 배일효, 배재성, 배정철, 배조면, 배창철, 배태한, 배해경, 배현호, 배효정, 백경이, 백낙청, 백남건, 백남봉, 백년설, 백노용, 백두인, 백은렬, 백정원, 백지연, 백현숙, 범승현, 변대원, 변양현, 변용익, 변재현, 변창미, 병우영, 보 람, 보 아, 복창현, 박에스더

ㅅ

사공일, 서갑년, 서경숙, 서경아, 서기철, 서남수, 서문탁, 서미희, 서삼현, 서 선, 서선미, 서선형, 서선호, 서세원, 서수경, 서승신, 서어진, 서영선, 서영준, 서영철, 서영춘, 서옥련, 서우령, 서유나, 서정원, 서종아, 서지희, 서태종, 서필언, 서형민, 서혜린, 석종철, 선소은, 설기현, 설운도, 성경린, 성금연, 성기백, 성세정, 성수경, 성한국, 성혜연, 소규원, 소리새, 손목인, 손미나, 손선애, 손승모, 손영래, 손예리, 손은아, 손정아, 손재혁, 손정선, 손종국, 손준호, 손준석, 송강호, 송나리, 송남미, 송다연, 송대관, 송민도, 송민호, 송병훈, 송병호, 송영진, 송옥숙, 송우용, 송유철, 송은례, 송은복, 송장섭, 송지헌, 송지현, 송창언, 송채환, 송하경, 송학필, 송 해, 송현정, 송현종, 송혜연, 송호균, 송호정, 송희영, 시대성, 신강문,

신경록, 신경현, 신기남, 신기수, 신대성, 신막욱, 신 명, 신명철, 신미진, 신백재, 신복민, 신부용, 신선희, 신승기, 신승남, 신승아, 신어균, 신언향, 신영일, 신오기, 신오학, 신옥철, 신용목, 신윤수, 신인석, 신인숙, 신일선, 신재철, 신전승, 신종순, 신종호, 신 지, 신찬식, 신창현, 신태용, 신해철, 신행철, 신현규, 신현복, 신현수, 신현정, 신현주, 신효범, 심경원, 심범섭, 심보백, 심성은, 심 신, 심양보, 심재남, 심재철, 심지용, 심현섭, 심형래, 선우용녀

ㅇ

안건식, 안다미, 안명옥, 안상희, 안성수, 안성기, 안소영, 안연수, 안유경, 안인기, 안인영, 안재욱, 안재환, 안정환, 안택균, 안혜경, 안혜지, 양근순, 양다원, 양 미, 양미란, 양미오, 양보은, 양성현, 양수길, 양슬기, 양승숙, 양승욱, 양영은, 양용미, 양의숙, 양의정, 양인규, 양재혁, 양정임, 양종규, 양준혁, 양지현, 양종철, 양해경, 양향길, 양현미, 양희은, 어정현, 엄수라, 엄앵란, 엄정화, 여동빈, 여성철, 여중우, 연규선, 염원준, 오각근, 오관치, 오명경, 오미자, 오범석, 오범태, 오석준, 오성근, 오세균, 오세나, 오세웅, 오수연, 오순옥, 오순행, 오승근, 오용운, 오유경, 오유나, 오유미, 오유진, 오응수, 오정미, 오지연, 오창호, 오천수, 오화자, 오흥균, 옥지영, 왕연실, 우기탁, 우미라, 우미선, 우성윤, 우영미, 우용득, 우종택, 우형식, 원미남, 원종순, 원희명, 유갑석, 유귀래, 유 리, 유미리, 유미숙, 유미지, 유미향, 유민수, 유민철, 유병창, 유석춘, 유설하, 유세라, 유승영, 유승준, 유시춘, 유애리, 유연자, 유연채, 유 열, 유영건, 유원곤, 유인종, 유인촌, 유재언, 유정윤, 유종선, 유종일, 유지나, 유지미, 유지은, 유지철, 유채영, 유태구, 유태우, 유해준, 유혁균, 유혁근, 유현아, 유형주, 유 호, 유흥준, 육성수, 윤경순, 윤문식, 윤미나, 윤미선, 윤미용, 윤미진, 윤민철, 윤석인, 윤선애, 윤소인, 윤수희, 윤신주, 윤애리, 윤연석, 윤종완, 윤주목, 윤주옥, 윤필자, 은나래, 은혜미, 이가자, 이강두, 이강란, 이강덕, 이경구, 이경수, 이경순, 이경실, 이경은, 이경희, 이계군, 이고운, 이교동, 이관이, 이광원, 이광조, 이규현, 이귀옥, 이근주, 이금선, 이금식, 이금희, 이기경, 이기문, 이기순, 이기호, 이길아, 이낙연, 이난섭, 이남곤, 이남무, 이다람, 이다미, 이다빈, 이대학, 이덕희, 이도형, 이동목, 이동승, 이동일, 이동호, 이두엽, 이두익, 이득주, 이랑주, 이만기, 이만식, 이매리, 이명종, 이명화, 이명환, 이문규, 이문세, 이미경, 이미금, 이미선, 이미애, 이미자, 이미진, 이민영, 이민지, 이병설, 이변용, 이별님, 이병권,

이병수, 이병원, 이병호, 이보라, 이 본, 이봉주, 이부영, 이 상, 이상경, 이상기, 이상돈, 이상득, 이상민, 이상수, 이상순, 이상은, 이상직, 이샛별, 이석래, 이선구, 이선아, 이선자, 이선혜, 이성구, 이성룡, 이성미, 이성민, 이성아, 이성애, 이성은, 이성천, 이성촌, 이성훈, 이소라, 이소연, 이소영, 이소용, 이소정, 이 숙, 이순옥, 이순재, 이순주, 이순진, 이슬기, 이승교, 이승기, 이승엽, 이승욱, 이승웅, 이시우, 이신영, 이안나, 이애영, 이어령, 이언호, 이연미, 이연보, 이연심, 이연지, 이영석, 이영풍, 이예금, 이예림, 이예슬, 이예지, 이예형, 이용우, 이용철, 이용행, 이 완, 이우연, 이우제, 이우진, 이욱범, 이운영, 이웅수, 이원삼, 이원식, 이원자, 이원희, 이유라, 이유미, 이유진, 이윤미, 이융남, 이은미, 이은보, 이은숙, 이은실, 이은영, 이은우, 이은원, 이은주, 이은행, 이은형, 이은혜, 이은화, 이은희, 이의정, 이이로, 이익선, 이 인, 이인구, 이인권, 이인상, 이인제, 이인호, 이일권, 이일섭, 이자연, 이재구, 이재국, 이재수, 이재완, 이재은, 이재호, 이정노, 이정래, 이정민, 이정수, 이정우, 이정한, 이종구, 이종용, 이종우, 이좌권, 이주실, 이주일, 이주령, 이주헌, 이준례, 이준범, 이준희, 이중우, 이지나, 이지수, 이지숙, 이지연, 이지은, 이지혜, 이지호, 이지화, 이진관, 이진성, 이진수, 이진욱, 이창룡, 이창민, 이창수, 이창연, 이창엽, 이창원, 이창훈, 이창옥, 이천수, 이천희, 이 청, 이춘관, 이춘옥, 이치훈, 이춘희, 이태현, 이택금, 이필수, 이필강, 이하나, 이하원, 이학용, 이한결, 이한석, 이한억, 이한필, 이해식, 이해인, 이향숙, 이혁주, 이현도, 이현창, 이현청, 이 협, 이형걸, 이형남, 이형주, 이혜란, 이혜숙, 이혜영, 이 호, 이호섭, 이호주, 이홍기, 이홍우, 이화숙, 이화형, 이회창, 이효영, 이후락, 이희건, 이희엽, 이희정, 이희찬, 이형택, 인순이, 임경하, 임동수, 임명미, 임미리, 임백천, 임병걸, 임석란, 임선택, 임성빈, 임성원, 임예진, 임웅균, 임유진, 임은정, 임장빈, 임 정, 임종미, 임종수, 임창건, 임창원, 임하룡, 임한영, 임혜진

ㅈ

장계현, 장관근, 장기윤, 장기택, 장나라, 장덕임, 장들빛, 장 량, 장미화, 장선하, 장성용, 장송연, 장수영, 장승호, 장애리, 장영숙, 장영주, 장예니, 장옥순, 장 우, 장욱조, 장완기, 장용미, 장유진, 장재식, 장정순, 장정용, 장한성, 장해랑, 장혜원, 장혜윤, 장흥황, 전미경, 전미선, 전복수, 전수경, 전영철, 전예정, 전용학, 전은진, 전이경, 전인석, 전장권, 전주삼, 전혜신, 전희상, 정경표, 정과리, 정광수, 정국환, 정금선, 정누리, 정다은, 정대석, 정명구, 정명자, 정명호, 정몽준, 정문건, 정문식, 정미정, 정미조, 정병관, 정병수, 정보희, 정선옥, 정선우, 정선죽, 정성천, 정수라, 정신철, 정애경, 정여미, 정예은, 정옥임, 정용발, 정 욱, 정원관, 정유람, 정유리, 정유미, 정윤정, 정은경, 정은길, 정은실, 정은주, 정의백, 정인석, 정인성, 정일미, 정장근, 정재용, 정재은, 정재현, 정주연, 정주영, 정지영, 정지은, 정지주, 정직선, 정창양, 정창준, 정충희, 정풍자, 정필수, 정해몽, 정형철, 정혜경, 정희택, 정 훈, 정훈희, 조건진, 조경호, 조나연, 조동산, 조동성, 조만호, 조명암, 조문식, 조미경, 조미라, 조미미, 조미옥, 조삼래, 조성목, 조성원, 조성자, 조성재, 조수미, 조승형, 조시영, 조아라, 조양래, 조양호, 조영천, 조용필, 조용희, 조원진, 조은실, 조일수, 조일천, 조재미, 조재분, 조재익, 조재천, 조정인, 조주연, 조중래, 조중현, 조진영, 조천복, 조하만, 조한벽, 조한철, 조항조, 조향기, 조해리, 조현관, 조현아, 조형준, 조홍준, 조훈성, 조희구, 주민식, 주일청, 주장응, 주지운, 주학유, 주현미, 지민이, 지 순, 지종국, 진 념, 진미령, 진수아, 진숙련, 진승현, 진필중, 진형욱, 진혜지

ㅊ

차두리, 차만순, 차보람, 차봉천, 차서정, 차종천, 차지윤, 차하순, 채동욱, 채수화, 채유미, 채정안, 채주병, 채주호, 천규성, 천 준, 천호진, 천희성, 최경주, 최근혁, 최기선, 최나영, 최남정, 최다영, 최다윗, 최대수, 최대원, 최돈웅, 최동진, 최무열, 최미경, 최미란, 최미선, 최민영, 최범무, 최병희, 최보라, 최보미, 최불암, 최상목, 최서희, 최석규, 최성례, 최성룡, 최수정, 최순영, 최승돈, 최연기, 최연소, 최연송, 최연주, 최영락, 최영미, 최영수, 최영진, 최영철, 최유나, 최유선, 최유정, 최윤경, 최윤기, 최윤옥, 최윤임, 최윤희, 최은숙, 최이정, 최인선, 최재천, 최정윤, 최정철, 최종길, 최종만, 최종을, 최진실, 최진희, 최태욱, 최하늬, 최향숙, 최해종, 최혜영, 최효정, 최휴분, 최희주, 추형근

ㅎ

하나영, 하 늘, 하리수, 하미수, 하상구, 하상희, 하성철, 하수철, 하일성, 하종시, 하지선, 하창우, 하춘화, 한광옥, 한기례, 한기호, 한누리, 한동권, 한명숙, 한미내, 한산도, 한상준, 한상훈, 한석규, 한성도, 한성원, 한 솔, 한솔양, 한송이, 한순태, 한아람, 한용남, 한우경, 한우리, 한윤경, 한윤수, 한인옥, 한재호, 한해란, 한혜신, 한혜진, 한홍구, 한홍철, 한화갑, 한희경, 함수경, 함영식, 함운경, 함인희, 함정윤, 함지민, 허경숙, 허미숙, 허병두, 허상만, 허선귀, 허순재, 허영구, 허은정, 허은주, 허정무, 허 주, 허 참, 허하지, 허효순, 현 미, 현 숙, 현 철, 현영임, 혜은이, 호동아, 홍난희, 홍명보, 홍사훈, 홍상원, 홍성락, 홍성범, 홍세화, 홍순미, 홍순영, 홍윤기, 홍정수, 홍희정, 황교안, 황규민, 황규연, 황금실, 황나미, 황동용, 황두연, 황미옥, 황보노, 황보용, 황상무, 황석영, 황수정, 황영금, 황영배, 황영준, 황우여, 황원교, 황인평, 황호석, 황보성일

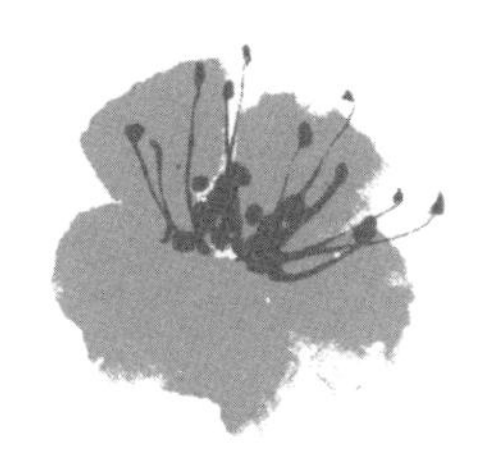

2. 중국,화교(中國,華僑) 상용 인명자

가. 중국(中國) 남성의 전통적 상용 인명자

강(剛)

◇◇◇◇◇◇◇◇◇◇◇◇◇◇◇◇◇◇◇◇◇◇◇◇◇◇◇◇◇◇

굳세다, 굳다, 왕성하다, 양(陽), 수컷 등의 의미가 있다. 이름에도 즐겨 사용했다.

인명의 예로 소강(小剛), 대강(大剛), 심강(心剛), 지강(志剛), 성강(成剛), 용강(勇剛), 전강(全剛), 강용(剛勇), 양강(陽剛), 충강(忠剛), 강량(剛亮), 강방(剛方), 강정(剛正), 강재(剛材), 강민(剛敏), 강강(剛强), 강의(剛毅), 강건(剛健), 강간(剛簡) 등이 있다.

강(强)

군세다, 힘차고 튼튼하다, 의지가 억세다, 힘이있는 자, 세차다 등의 의미가 있다.

강(强), 자강(子强), 사강(士强), 본강(本强), 지강(志强), 종강(宗强), 상강(尙强), 숭강(崇强), 위강(爲强, 偉强), 입강(立强), 유강(有强), 역강(力强), 수강(守强), 강인(强仁), 화강(化强), 강문(强文), 문강(文强) 등이있다.

강(江)

강, 큰 내 등의 의미가 있다.

강(江), 대강(大江), 장강(長江), 쌍강(雙江), 강동(江東), 강남(江南), 남강(南江), 강북(江北), 강군(江君), 강전(江田), 강좌(江左), 강심(江心), 강교(江郊), 강파(江波), 강객(江客), 강성(江城), 강남(江南), 강국(江國), 강한(江漢), 강로(江路), 강림(江林), 강진(江津) 등이 있다.

강(康)

편안하다, 몸과 마음이 편하고 걱정없어 좋다 등의 의미가 있다.

강(康), 대강(大康), 태강(太康, 泰康), 강태(康泰), 안강(安康), 강안(康安), 소강(小康), 유강(維康), 보강(保康), 영강(永康), 위강(衛康), 낙강(樂康), 강락(康樂), 강강(康强), 강녕(康寧), 강적(康適), 강시(康時), 강오(康娛), 강규(康逵), 강륭(康隆), 강순(康順) 등이 있다.

건(健)

튼튼하다, 건강하다, 굳세다, 매우, 몹시, 잘 등의 의미가 있다.

건(健), 자건(子健), 장건(長健), 행건(行健), 성건(成健), 건부(健夫), 건지(健之), 영건(永健), 건협(健俠), 건위(健偉), 건남(健男), 용건 (勇健), 안건(安健), 건안(健安), 호건(豪健), 건호(健豪), 건강(健强), 건절(健節), 건달(健達) 등이 있다.

걸(傑)

뛰어나다, 훌륭하다, 뛰어난 사람, 훌륭한 사람 등의 의미가 있다.

걸(傑), 인걸(人傑, 仁傑), 걸자(傑子), 걸부(傑夫), 걸남(傑男), 걸사(傑士), 입걸(立傑), 성걸(成傑), 경걸(競傑), 승걸(勝傑), 생걸(生傑), 준걸(俊傑), 걸준(傑俊), 웅걸(雄傑), 걸웅(傑雄), 걸자(傑姿), 걸위(傑偉), 걸지(傑之), 사걸(思傑) 등이 있다.

견(堅)

굳다, 단단하다, 마음이 굳다, 의지가 강하다 등의 의미가 있다.

견(堅), 자견(子堅), 지견(志堅), 원견(願堅), 견신(堅信), 중견(重堅), 견중(堅重), 견정(堅正), 정견(正堅), 견탁(堅卓), 견직(堅直), 견량(堅良), 이견(利堅), 입견(立堅), 영견(永堅), 견심(堅心), 견구(堅久), 명견(明堅) 등이 있다.

경(慶)

경사, 축하할 만한 기쁜 일, 축하하다, 기뻐하다 등의 의미가 있다.

경(慶), 대경(大慶), 국경(國慶), 경일(慶日), 경현(慶賢), 경훈(慶勳), 경지(慶之), 경령(慶齡), 경세(慶歲), 효경(曉慶), 경환(慶歡), 경락 (慶樂), 경의(慶義), 경영(慶永), 경상(慶祥), 경복(慶福), 경재(慶財), 경희(慶喜), 쌍경(雙慶), 경량(慶良), 경생(慶生), 경지(慶志) 등이 있다.

공(功)

공로, 국가에 대한 공 등의 의미가 있다.

입공(立功), 위공(僞功), 건공(建功), 이공(利功), 상공(尙功), 성공(成功), 공행(功行), 사공(事功), 공과(功果), 과공(果功), 종공(宗功), 공렬(功烈), 능공(能功), 공첩(功捷), 공용(功容), 수공(遂功), 재공(載功), 기공(記功), 명공(名功), 공개(功蓋), 공의(功義), 공실(功實) 등이 있다.

광(廣)

넓다, 넓히다, 넓어지다 등의 의미가 있다.

광(廣), 광인(廣仁), 광의(廣義), 광례(廣禮), 광지(廣智), 광신(廣信), 광문(廣文), 광무(廣武), 광량(廣良), 광평(廣平), 광원(廣遠), 광사(廣嗣), 광운(廣運), 광유(廣裕), 광박(廣博), 광도(廣道), 광청(廣靑), 광락(廣樂), 광재(廣財), 광원(廣源), 문광(聞廣) 등이 있다.

국(國)

나라, 국가, 국가의 영토, 세상, 세계 등의 의미가 있다.

국(國), 건국(建國), 위국(衛國), 보국(保國), 안국(安國), 국안(國安), 국중(國中), 국광(國光), 충국(充國), 국번(國藩), 조국(兆國), 국경(國慶), 보국(寶國), 국권(國權), 국례(國禮), 국영(國榮), 영국(榮國), 국기(國器), 국의(國儀), 국풍(國風), 보국(輔國), 국정(國楨), 국서(國瑞), 국양(國揚)등이 있다.

군(軍)

군사, 전투, 군대, 군인 등의 의미가 있다.

군(軍), 군생(軍生), 용군(用軍), 옹군(擁軍), 애군(愛軍), 건군(建軍), 요군(耀軍), 대군(大軍), 사군(使軍), 무군(武軍), 효군(曉軍), 사군(思軍), 자군(子軍), 군위(軍威), 군원(軍員), 군후(軍侯), 군건(軍健) 등이 있다.

귀(貴)

귀하다, 신분이 높다, 값이 비싸다, 소중하다, 귀히 여기다, 존경하다 등의 의미가 있다.

인귀(仁貴), 귀인(貴仁), 귀의(貴義), 귀례(貴禮), 귀지(貴智), 귀신(貴信), 귀민(貴民), 부귀(富貴), 귀재(貴才), 귀덕(貴德), 득귀(得貴), 귀현(貴賢), 귀충(貴忠), 귀량(貴良), 귀선(貴善), 귀유(貴有), 귀승(貴勝), 생귀(生貴) 등이 있다.

녕(寧)

편안하다, 탈이 없다, 무사하다 등의 의미가 있다.

영(寧), 대녕(大寧), 소녕(小寧), 광녕(廣寧), 진녕(振寧), 영방(寧方), 영심(寧心), 영창(寧昌), 창녕(昌寧), 영화(寧和), 영태(寧泰), 태녕(泰寧), 영안(寧晏), 안녕(晏寧), 영강(寧康), 영일(寧一), 영락(寧樂), 원녕(願寧), 영세(寧歲), 영극(寧極) 등이 있다.

녹(祿)

복, 행복, 녹봉, 녹을 주다 등의 의미가 있다.

상록(上祿, 相祿), 영록(永祿), 대록(大祿), 부록(富祿), 복록(福祿), 생록(生祿), 득록(得祿), 정록(正祿), 사록(思祿), 명록(明祿), 영록(榮祿), 승록(勝祿), 희록(喜祿), 경록(慶祿), 후록(厚祿), 언록(言祿), 녹도(祿道) 등이 있다.

달(達)

통하다, 이르다, 연결되다, 깨닫다, 정통하다, 막힘이 없다, 통하게 하다 등의 의미가 있다.

달(達), 달인(達人), 달의(達義), 달례(達禮), 달지(達智), 달신(達信), 충달(忠達), 달개(達開), 달덕(達德), 위달(偉達), 개달(開達), 달언(達言), 달정(達政), 달재(達才), 달사(達士), 달신(達臣), 성달(成達), 명달(名達), 달명(達明), 달선(達善), 달도(達道) 등이 있다.

덕(德)

공정하고 포용력 있는 마음, 품성, 기질, 성행(性行), 즉 인품, 품격 등의 의미가 있다.

대덕(大德), 달덕(達德), 명덕(明德), 덕명(德明), 상덕(上德, 尙德), 신덕(信德), 원덕(元德), 덕행(德行), 광덕(廣德), 덕광(德廣), 덕원(德遠), 동덕(同德), 생덕(生德), 덕생(德生), 장덕(長德), 덕무(德茂), 성덕(成德), 덕성(德成, 德誠) 등이 있다.

도(道)

길, 이치, 도리, 사람이 마땅히 걸어야 할 길, 곧 도덕적인 길을 뜻한다.

성도(成道), 중도(中道), 종도(宗道), 숭도(崇道), 경도(敬道), 신도(信道), 인도(仁道), 도인(道仁), 도례(道禮), 도지(道智), 도신(道信), 명도(明道), 도명(道明), 달도(達道), 용도(用道), 홍도(弘道), 굉도(宏道), 생도(生道), 망도(望道), 득도(得道) 등이 있다.

도(濤)

큰 물결, 물결이 있다, 조수(潮水) 등의 의미가 있다.

도(濤), 소도(小濤), 대도(大濤), 해도(海濤), 도란(濤瀾), 난도(瀾濤), 굉도(宏濤), 홍도(洪濤), 녕도(寗濤), 정도(靜濤), 임도(林濤), 양도(楊濤), 용도(容濤), 강도(江濤), 신도(迅濤, 晨濤), 매도(邁濤), 도도(濤濤) 등이 있다.

동(東)

동녘, 동쪽 등의 의미가 있다.

동(東), 향동(向東), 여동(如東), 동생(東生), 동승(東昇), 영동(英東), 동흥(東興), 택동(澤東), 혜동(惠東), 동인(東人), 방동(方東), 주동(主東), 욱동(旭東), 동욱(東旭), 동효(東曉), 효동(曉東), 동파(東坡), 동림(東林), 동향(東鄕), 동국(東國), 동아(東亞), 아동(亞東), 동대(東岱), 동남(東南), 동원(東垣), 동풍(東風), 동해(東海) 등이 있다.

락(樂)

음악, 즐기다, 즐거움을 느끼다, 즐겁다, 기쁘다 등의 의미가 있다.

락(樂), 낙지(樂之), 낙인(樂仁), 낙의(樂義), 낙례(樂禮), 낙지(樂智), 낙신(樂信), 낙인(樂人), 광락(廣樂), 낙양(樂洋), 낙해(樂海), 낙평(樂平), 낙경(樂慶), 낙복(樂福), 낙부(樂富), 낙재(樂才, 樂財), 낙심(樂心), 낙전(樂全), 낙보(樂寶), 낙민(樂民), 낙왕(樂旺), 낙창(樂昌) 등이 있다.

명(明)

빛이 밝다, 눈이 밝다, 사리에 밝다, 날이 밝다, 확실하다, 명백하다 등의 의미가 있다.

명(明), 명인(明仁), 명의(明義), 명례(明禮), 명지(明智), 명신(明信), 명심(明心), 명지(明志), 명덕(明德), 명공(明公), 공명(公明), 명정(明正), 명광(明光), 광명(光明), 명리(明利), 명무(明茂), 창명(昌明), 명오(明悟), 명철(明哲), 명위(明威), 명양(明揚), 명성(明盛), 성명(成明), 명첩(明捷) 등이 있다.

무(武)

굳세다, 힘차고 튼튼하다, 싸움에 능하다, 군대의 위세 등 의미가 있다.

무(武), 필무(必武), 사무(士武), 자무(子武), 성무(成武), 무무(武武), 심무(心武), 건무(建武), 효무(孝武), 상무(尙武), 진무(進武), 요무(耀武), 광무(光武), 건무(健武), 달무(達武), 신무(神武), 위무(威武), 화무(化武), 원무(元武), 문무(文武), 무지(武志), 지무(志武) 등이 있다.

문(文)

무늬, 채색, 아름다운 외관, 서적, 문장, 학문이나 예술, 빛나다, 아름답다 등의 의미를 담고 있다.

문(文), 문화(文化, 文華), 문원(文元), 화문(化文), 문충(文忠), 문량(文良), 문환(文煥), 학문(學文), 박문(博文), 문석(文石), 문세(文世), 문옥(文玉), 문무(文武), 문공(文公), 문재(文才), 문산(文山), 문림(文林), 문주(文舟), 문성(文成), 성문(成文), 문광(文光), 문동(文東), 문치(文治) 등이있다.

방(邦)

나라, 대국, 서울, 수도, 제후(諸侯)의 봉토(封土) 등의 의미가 있다.

만방(萬邦), 흥방(興邦), 요방(耀邦), 진방(振邦), 방정(邦政), 방도(邦道), 방헌(邦憲), 위방(爲邦, 偉邦, 衛邦), 덕방(德邦), 방본(邦本), 방좌(邦佐), 좌방(佐邦), 치방(治邦), 방언(邦彦), 방리(邦理), 방걸(邦傑), 방서(邦瑞), 복방(福邦), 부방(富邦), 방송(邦頌), 방보(邦寶) 등이 있다.

보(保)

보살피다, 보호하다, 맡다, 책임지다 등의 의미가 있다.

천보(天保), 대보(大保), 보민(保民), 보국(保國), 보산(保山), 보의(保義), 보정(保正), 보성(保成, 保聖), 보진(保眞), 보사(保社), 보신(保信), 유보(宥保), 보복(保福), 복보(福保), 보교(保敎), 성보(聖保), 보녕(保寧), 영보(寧保), 보위(保衛), 보강(保疆), 보세(保歲), 생보(生保), 인보(人保) 등이 있다.

복(福)

행복, 제사에 쓴 고기와 술, 복을 내리다 등의 의미가 있다. 복은 오복(福, 祿, 壽, 喜, 富)의 하나이기 때문에 이름을 지을 때 즐겨 사용했다.

성복(成福), 생복(生福), 득복(得福), 지복(至福), 복지(福至), 상복(上福), 대복(大福), 영복(永福), 장복(長福), 달복(達福), 다복(多福), 복림(福林), 귀복(貴福), 복귀(福貴), 충복(忠福), 민복(民福), 국복(國福), 복재(福才), 복의(福義) 등이 있다.

봉(峰)

봉우리, 산봉우리, 산 등의 의미가 있다.

유봉(有峰), 인봉(人峰), 자봉(子峰), 여봉(如峰), 위봉(偉峰), 고봉(高峰), 탁봉(卓峰), 봉림(峰林), 임봉(林峰), 군봉(群峰), 영봉(永峰), 준봉(峻峰, 俊峰), 문봉(文峰), 무봉(武峰), 인봉(仁峰), 광봉(廣峰), 지봉(志峰), 명봉(名峰), 성봉(成峰) 등이 있다.

부(富)

재물이 많고 넉넉하다, 풍성하다, 성하다, 세차다, 부자 등의 의미가 있다.

부귀(富貴), 인부(人富, 仁富), 부인(富仁), 창부(昌富), 모부(冒富), 굉부(宏富), 홍부(弘富, 洪富), 부치(富治), 부정(富政), 노부(老富), 부지(富志), 부명(富明), 부민(富民), 부국(富國), 국부(國富), 덕부(德富) 등이 있다.

비(飛)

날다, 날리다, 빠르다, 빨리 달리는 말 등의 의미가 있다.

비(飛), 비화(飛化), 문비(文飛), 지비(志飛), 웅비(雄飛), 붕비(鵬飛), 장비(壯飛), 비음(飛吟), 음비(吟飛), 우비(羽飛), 비호(飛虎), 성비(星飛), 심비(心飛), 속비(速飛), 낭비(浪飛), 양비(楊飛, 揚飛), 명비(鳴飛), 몽비(夢飛), 용비(龍飛), 비영(飛榮) 등이 있다.

빈(彬)

빛나다, 문(文:외관)과 질(質:내용)이 갖춰진 훌륭한 모양, 무늬가 또렷하다 등의 의미가 있다.

빈(彬), 문빈(文彬), 회빈(會彬), 소빈(小彬), 대빈(大彬), 굉빈(宏彬), 홍빈(洪彬), 아빈(雅彬), 질빈(質彬), 빈욱(彬彧), 빈표(彬彪), 승빈(勝彬), 수빈(洙彬), 사빈(士彬), 일빈(一彬), 상빈(尙彬), 언빈(彦彬), 빈빈(彬彬) 등이 있다.

산(山)

산, 산처럼 움직이지 아니하다 등의 의미가 있다.

산(山), 소산(小山), 대산(大山), 평산(平山), 동산(同山), 여산(如山), 송산(松山), 성산(成山), 역산(力山), 복산(福山), 보산(寶山), 산부(山夫), 수산(水山), 해산(海山), 산하(山河), 산공(山公), 산심(山心), 구산(丘山), 지산(志山), 낙산(樂山), 금산(金山) 등이 있다.

선(先)

먼저, 미리, 앞, 처음, 첫째, 옛날, 조상 등의 의미가 있다.

선정(先正), 인선(仁先), 선례(先禮), 효선(孝先), 계선(繼先), 선지(先智, 先知), 선공(先功), 선덕(先德), 종선(宗先), 선달(先達), 선택(先澤), 선양(先讓), 선자(先資), 선오(先悟), 선승(先勝), 선무(先務), 선행(先行) 등이 있다.

선(善)

착하다, 언행이 바르고 어질다, 마음씨가 곱고 어질다, 착하다 등의 의미가 있다

선지(善之, 善智), 선량(善良), 선재(善才, 善財), 선서(善書), 선장(善長), 선명(善明), 선인(善仁), 선의(善義), 선례(善禮), 선신(善信, 善臣), 자선(子善), 다선(多善), 잠선(潛善), 지선(志善), 선공(善公), 선리(善理), 선일(善一), 성선(成善) 등이 있다.

성(星)

별, 오성(五星), 칠성(七星), 성수(星宿), 세월, 천문 등의 의미가 있다.

성(星), 성아(星兒), 홍성(紅星), 남성(南星), 성화(星火), 응성(應星), 성광(星光), 성자(星子), 성공(星工), 문성(文星), 성문(星文), 성두(星斗), 성우(星宇, 星雨), 성진(星辰), 성성(成星), 성위(星位), 성언(星言), 성하(星河), 성종(星宗), 성홍(星虹), 성해(星海), 성채(星彩), 성세(星歲) 등이 있다.

세(世)

대(代)를 이어 내려오는 가계, 인간 사회, 시대, 평생 등의 의미가 있다.

안세(安世), 유세(維世), 세번(世蕃), 세걸(世傑), 세문(世文), 세충(世忠), 세웅(世雄), 영세(永世), 명세(名世), 세민(世民), 세충(世充), 세개(世凱), 세심(世心), 세표(世表), 세영(世英), 세화(世華), 세망(世望), 세간(世干), 세수(世壽), 세영(世榮) 등이 있다.

송(松)

소나무는 수명이 길고 그 잎의 빛이 늘 푸르기에 절조(節操)와 장수, 번무(繁茂) 등의 비유적 표현에 흔히 쓰인다.

송(松), 청송(靑松), 우송(友松), 송석(松石), 송죽(松竹), 송강(松江), 송무(松茂), 송백(松柏), 송명(松明), 송풍(松風), 송정(松亭, 松庭), 학송(學松), 송성(松聲), 생송(生松), 송도(松道), 송재(松齋), 송학(松鶴) 등이 있다.

수(壽)

수명, 장수, 명이 길다 등의 의미로 오복의 하나이기에 이름을 지을 때 즐겨 사용했다.

장수(長壽), 수장(壽長), 영수(永壽), 수영(壽永), 상수(上壽), 개수(開壽), 귀수(龜壽), 고수(高壽), 천수(天壽), 망수(望壽), 광수(光壽, 廣壽), 사수(思壽), 희수(喜壽), 경수(慶壽), 복수(福壽), 부수(富壽), 인수(仁壽), 의수(義壽), 지수(智壽) 등이 있다.

승(勝)

승부를 겨루어 이기다, 감정과 욕망 등을 참고 견디다, 승리 등의 의미가 있다.

승(勝), 승리(勝利), 득승(得勝), 승치(勝致), 지승(志勝), 국승(國勝), 승유(勝遊), 계승(計勝, 繼勝), 장승(長勝), 영승(永勝), 충승(忠勝), 전승(全勝), 상승(常勝), 만승(萬勝), 명승(明勝), 승금(勝金), 승보(勝寶), 승재(勝才), 승현(勝賢), 심승(心勝) 등이 있다.

신(信)

믿다, 의심하지 않다, 성실, 믿음 등의 의미가 있다. 신(信)은 인, 의, 예, 지와 함께 오상을 이룬다. 옛 부터 이름뿐만 아니라 일상생활에서도 신(信)자를 즐겨 사용하였다.

신지(信之, 信智), 신인(信人), 신의(信義), 신례(信禮), 충신(忠信), 명신(明信), 숭신(崇信), 병신(炳信, 秉信), 집신(執信), 성신(誠信, 成信), 신성(信誠, 信成), 생신(生信) 등이 있다.

심(心)

마음, 느낌, 뜻, 심장, 가슴, 한가운데 등의 의미가 있다.

영심(永心), 심평(心平), 심언(心言), 빙심(氷心), 심원(心原), 심락(心樂), 심상(心尙), 심명(心明), 명심(明心), 청심(淸心), 심지(心知), 심여(心與), 심인(心仁), 심덕(心德), 심수(心樹), 심학(心學), 심재(心齋), 심경(心競), 영심(靈心), 심식(心識), 심필(心必) 등이 있다.

암(岩)

바위, 가파르다, 험하다, 낭떠러지, 벼랑, 굴, 석굴 등의 의미가 있다.

암(岩), 설암(雪岩), 고암(高岩), 암우(岩雨), 심암(心岩), 암림(岩林), 임암(林岩), 암위(岩偉), 굉암(宏岩), 암협(岩峽), 암랑(岩廊), 암초(岩硝), 암봉(岩峰), 봉암(峰岩), 암지(岩之), 암연(岩然), 승암(勝岩), 암비(岩飛), 옥암(玉岩), 벽암(碧岩), 암택(岩澤), 암령(岩嶺), 암록(岩麓), 암수(岩藪) 등이 있다.

양(亮)

밝다, 명석하다, 진실 등의 의미가 있다.

양(亮), 양공(亮工), 양정(亮正), 명량(明亮), 광량(光亮), 양채(亮采), 기량(氣亮), 양통(亮通), 개량(開亮), 양절(亮節), 양부(亮富), 양제(亮濟), 양덕(亮德), 양인(亮仁), 양의(亮義), 양지(亮智), 양신(亮信), 양충(亮忠), 양달(亮達), 양찰(亮察) 등이 있다.

양(良)

좋다, 어질다, 잘, 능히, 현인(賢人) 등의 의미가 있다.

양지(良之, 良智, 良知), 양직(良直), 양충(良忠), 양인(良仁), 양의(良義), 양례(良禮), 양신(良信, 良臣), 양재(良才), 양현(良賢), 양지(良志), 양옥(良玉), 쌍량(雙良), 가량(加良, 嘉良), 영량(永良), 우량(友良), 학량(學良), 양공(良功) 등이 있다.

영(永)

물줄기의 뻗음이 길다, 시간이 길다, 오래 되게 하다, 공간적으로 길다 등의 의미가 있다.

영(永), 영구(永久), 영창(永昌), 영수(永壽), 영부(永富), 영생(永生), 영안(永安), 영복(永福), 영청(永淸), 영상(永祥), 영신(永新, 永信), 영인(永仁), 영의(永義), 영지(永智), 영성(永誠), 영량(永良), 영선(永善), 영장(永長), 영락(永樂), 영수(永壽) 등이 있다.

영(榮)

꽃이 피다, 싱싱하게 우거지다, 융성하다, 창성하다 등의 의미가 있다.

상영(上榮, 尙榮), 자영(子榮), 종영(宗榮), 영종(榮宗), 영요(榮耀), 요영(耀榮), 광영(光榮), 영광(榮光), 영복(榮福), 영항(榮恒), 항영(恒榮), 영진(榮臻), 영환(榮桓), 창영(昌榮), 영창(榮昌), 영귀(榮貴), 귀영(貴榮), 계영(繼榮) 등이 있다.

예(禮)

사람이 행해야 할 중요한 도리, 예절, 예도 등의 뜻이 있다. 예(禮)는 인(仁), 의(義), 지(智), 신(信)과 함께 오상(五常)을 이룬다. 예의(禮義), 의례(儀禮), 신례(信禮), 숭례(崇禮), 상례(尙禮), 귀례(貴禮), 충례(忠禮), 수례(守禮), 명례(明禮), 광례(廣禮), 예지(禮之), 예일(禮一), 대례(大禮), 달례(達禮), 인례(仁禮), 예인(禮仁) 등이 있다.

용(勇)

날쌔다, 두려움을 모르고 씩씩하다, 한꺼번에 모아서 내는 센 힘 등의 의미가 있다.

자용(子勇), 소용(小勇), 대용(代勇), 회용(會勇), 지용(智勇), 인용(仁勇), 다용(多勇), 흥용(興勇), 토용(土勇), 전용(全勇), 신용(信勇), 충용(忠勇), 의용(義勇), 상용(尙勇), 용지(勇志), 용력(勇力), 용의(勇毅) 등이 있다.

우(友)

벗, 사귀다, 우애하다 등의 의미가 있다.

우의(友誼), 우붕(友朋), 우림(友林), 우송(友松), 우련(友聯), 우학(友鶴), 우공(友恭), 우집(友執), 경우(敬友), 선우(善友), 우도(友道), 우목(友睦, 友穆), 학우(學友), 우방(友邦), 우인(友仁), 인우(仁友) 등이 있다.

웅(雄)

수컷, 이기다, 우수하다, 우두머리, 인걸(人傑), 씩씩하다, 용감하다 등의 의미가 있다.

웅(雄), 쌍웅(雙雄), 위웅(偉雄), 웅위(雄偉), 지웅(志雄), 사웅(士雄, 思雄), 역웅(力雄), 준웅(俊雄), 건웅(健雄), 명웅(明雄), 세웅(世雄), 생웅(生雄), 영웅(寧雄), 자웅(子雄), 원웅(元雄), 국웅(國雄), 학웅(學雄), 성웅(成雄), 천웅(天雄), 진웅(進雄), 호웅(豪雄), 웅비(雄飛), 웅풍(雄風), 웅주(雄州), 웅백(雄伯), 웅웅(雄雄) 등이 있다.

원(元)

으뜸, 처음, 시초, 임금, 근본, 아름답다, 착하다 등의 의미가 있다.

원길(元吉), 원호(元湖), 원배(元培), 원화(元化), 문원(文元), 원홍(元洪), 원표(元標), 응원(應元), 원진(元振), 원호(元昊) 등이 있다.

위(偉)

훌륭하다, 뛰어나다, 크다, 크고 아름답다 등의 의미가 있다.

위(偉), 대위(大偉), 사위(士偉), 지위(志偉), 위지(偉志), 홍위(洪偉), 굉위(宏偉), 쌍위(雙偉), 합위(合偉), 상위(尙偉), 숭위(崇偉), 심위(心偉), 흥위(興偉), 성위(成偉), 위민(偉民), 위업(偉業), 위기(偉器), 위화(偉華), 위량(偉量), 위무(偉茂), 위도(偉度), 위세(偉世), 위재(偉才) 등이 있다.

유(裕)

넉넉하다, 유족하다, 넉넉하게 하다 등의 의미가 있다.

유(裕), 유인(裕仁), 유의(裕義), 유례(裕禮), 유지(裕智, 裕之), 유신(裕信), 유충(裕忠), 유량(裕良), 유덕(裕德), 달유(達裕), 유민(裕民), 유국(裕國), 국유(國裕), 유록(裕祿), 유여(裕如), 유진(裕眞), 유연(裕然), 유화(裕和) 등이 있다.

의(義)

예의 행위가 사회 도덕에 맞다, 옳다, 바르다 등의 뜻이 있다. 의(義)는 인(仁), 예(禮), 지(智), 신(信)과 함께 오상(五常)을 이룬다. 신의(信義), 병의(秉義), 상의(尙義), 충의(忠義), 수의(守義), 귀의(貴義), 숭의(崇義), 의지(義之), 의산(義山), 의부(義府), 의관(義寬), 의원(義遠), 의고(義高), 고의(高義), 명의(明義), 효의(曉義) 등이 있다.

의(毅)

굳세다, 의지가 강하다, 과감하다, 딱 잘라 일을 처리하다 등의 의미가 있다.

의(毅), 굉의(宏毅), 홍의(弘毅), 용의(勇毅), 의용(毅勇), 장의(庄毅), 지의(志毅), 의기(毅奇), 생의(生毅), 성의(成毅), 유의(有毅), 의견(毅堅), 중의(重毅), 상의(尙毅), 숭의(崇毅), 자의(子毅), 사의(士毅), 본의(本毅), 종의(宗毅), 의표(毅彪), 의병(毅炳) 등이 있다.

인(仁)

어질다, 인자하다, 덕이 높은 사람 등의 뜻이 있다. 인은 의(義), 예(禮), 지(智), 신(信)과 함께 오상(五常)을 이루고 있다. 인지(仁之), 인수(仁守), 종인(宗仁), 신인(信仁), 인신(仁信), 인의(仁義), 인지(仁智), 인걸(仁杰), 인길(仁吉), 인귀(仁貴), 귀인(貴仁), 교인(敎仁), 세인(世仁), 달인(達仁), 명인(明仁), 학인(學仁), 후인(厚仁), 광인(廣仁) 등이 있다.

임(林)

수풀, 사물이 많이 모이는 곳, 같은 동아리 등의 의미가 있다.

임(林), 소림(小林), 대림(大林), 문림(文林), 옥림(玉林), 석림(石林), 임천(林泉), 임해(林海), 임효(林曉), 임랑(林浪), 임안(林岸), 임풍(林風), 임공(林公), 임광(林光), 심림(心林), 임수(林樹), 임택(林澤), 임산(林山) 등이 있다.

장(壯)

씩씩하다, 장하다, 기세가 좋다, 젊다 등의 의미가 있다.

장(壯), 대장(大壯), 장도(壯圖), 장력(壯力), 장부(壯夫), 심장(心壯), 지장(志壯), 장무(壯武), 자장(子壯), 회장(懷壯), 장회(壯懷), 천장(天壯), 성장(成壯), 귀장(貴壯), 학장(學壯), 사장(思壯), 장공(壯功) 등이 있다.

재(才)

재주, 능력, 지혜, 재능 있는 사람 등의 의미가 있다.

상재(上才, 尙才), 현재(賢才), 재상(才常), 조재(兆才), 양재(良才), 준재(俊才), 재명(才明), 재오(才悟), 재망(才望), 재걸(才傑), 재의(才義), 재지(才智), 재덕(才德), 덕재(德才), 재봉(才鋒) 등이 있다.

준(俊)

준걸, 재주와 지혜가 뛰어나 큰 일을 할 만한 사람, 뛰어나다 등의 의미가 있다.

준(俊), 준사(俊士), 준걸(俊傑), 준애(俊艾), 준언(俊彦), 준명(俊名, 俊明), 준재(俊才), 준력(俊力), 준민(俊民), 준량(俊良), 양준(良俊), 준무(俊茂), 준물(俊物), 준능(俊能), 준첩(俊捷), 인준(人俊), 영준(英俊), 준신(俊信), 준봉(俊奉), 준환(俊煥), 준흠(俊欽) 등이 있다.

중(中)

가운데, 중심, 안, 속, 사이, 마음, 치우치지 않다 등의 의미가 있다.

중(中), 중인(中人), 중재(中才), 중산(中山), 중자(中子), 중공(中功), 방중(方中), 중정(中正), 중립(中立), 신중(信中), 중화(中和, 中華), 화중(和中), 중주(中州), 중강(中江), 중성(中省), 민중(敏中), 치중(治中), 집중(執中), 무중(務中), 중견(中堅), 성중(盛中), 중도(中道), 건중(建中), 흥중(興中) 등이 있다.

지(智)

지혜, 지혜롭다, 슬기롭다, 지혜로운 사람 등의 의미가 있다. 지(智)는 인(仁), 의(義), 예(禮), 신(信)과 함께 오상(五常)을 이룬다.

지인(智仁), 인지(仁智), 명지(明智), 지명(智明), 학지(學智), 상지(尙智), 숭지(崇智), 지신(智信), 지능(智能), 지민(智敏), 지원(智遠), 달지(達智), 대지(大智), 생지(生智), 심지(深智), 광지(廣智), 지광(智廣) 등이있다.

지(志)

뜻, 의향, 마음, 희망, 바람, 사사로운 생각, 뜻을 두다 등의 의미가 있다.

지인(志仁), 지의(志義), 지례(志禮), 지신(志信), 대지(大志), 굉지(宏志), 홍지(鴻志), 지원(志遠), 지홍(志紅), 지초(志超), 위지(偉志), 지단(志段), 지민(志敏), 지력(志力), 지인(志人), 지동(志同), 지공(志功), 영지(永志), 지고(志高), 고지(高志), 지망(志望) 등이 있다.

진(震)

벼락, 천둥, 떨다, 벼락치다, 지진 등의 의미가 있다.

진(震), 명진(名震), 진명(震名), 천진(天震), 진천(震天), 진작(震灼), 진현(震炫), 진요(震耀), 진궁(震宮), 국진(國震), 진국(震國), 진양(震揚), 진신(震迅), 진남(震男), 진웅(震雄), 진호(震虎), 진표(震彪), 진향(震鄕), 진리(震里), 진인(震人) 등이 있다.

진(振)

떨치다, 위세, 명성을 날리다, 떨쳐 일어나다, 구휼하다, 무던하다 등의 의미가 있다.

진(振), 진인(振人, 振仁), 진례(振禮), 진심(振心), 진지(振志), 진국(振國), 진화(振華), 진방(振邦), 진무(振武), 진봉(振武, 振鋒), 진풍(振風), 진고(振古), 진옥(振玉), 진우(振羽), 진기(振奇), 진양(振揚), 진책(振策), 진발(振發), 진업(振業), 진호(振毫) 등이 있다.

창(昌)

창성하다, 아름답다, 기쁨, 경사 등의 의미가 있다.

대창(大昌), 달창(達昌), 창대(昌大), 창수(昌壽), 수창(壽昌), 영창(永昌), 창성(昌盛), 창륭(昌隆), 창석(昌碩), 창풍(昌豊), 창화(昌化), 창년(昌年), 창지(昌志), 창진(昌辰), 창언(昌言), 창명(昌明), 명창(明昌), 창부(昌阜), 창연(昌衍), 창정(昌亭), 창양(昌洋), 화창(華昌) 등이 있다.

천(天)

하늘, 하느님, 신선이 살고 있는 세상, 임금, 제왕 등의 의미가 있다.

천(天), 천원(天元), 천수(天壽), 천한(天漢), 천녕(天寧), 천추(天樞), 천운(天運), 천복(天福), 천연(天緣), 천기(天機), 천비(天飛), 천웅(天雄), 천걸(天傑), 천위(天偉), 천굉(天宏), 천룡(天龍), 천호(天虎), 천령(天靈), 천영(天永), 천현(天顯), 천기(天器) 등이 있다.

철(哲)

밝다, 총명하다, 지혜롭다, 도리나 사리에 밝은 사람 등의 의미가 있다.

철(哲), 철인(哲仁), 철사(哲思), 사철(思哲), 철부(哲符, 哲夫), 철문(哲問), 학철(學哲), 철보(哲輔), 철성(哲聖), 철무(哲茂), 명철(明哲), 철원(哲元), 원철(遠哲), 종철(宗哲), 영철(永哲), 생철(生哲), 상철(尙哲), 철행(哲行) 등이 있다.

초(超)

뛰어넘다, 밟고 넘다, 지나가다, 건너다 등의 의미가 있다.

초(超), 초인(超人), 초범(超凡), 계초(啓超), 초이(超異), 초탁(超卓), 탁초(卓超), 초저(超著), 초걸(超傑), 초웅(超雄), 지초(志超), 초진(超進), 초오(超悟), 초륜(超倫), 초준(超俊, 超峻), 초속(超俗), 초기(超奇), 초언(超言), 초세(超世), 초용(超用) 등이 있다.

충(忠)

충성, 충직한 정성, 왕에게 바치는 충직한 지성, 충성스럽다 등의 의미가 있다.

충정(忠正), 충량(忠良), 충후(忠厚), 후충(厚忠), 충서(忠恕), 충행(忠行), 충리(忠理), 충례(忠禮), 충인(忠仁), 충의(忠義), 충신(忠信), 사충(思忠), 충덕(忠德), 영충(永忠), 충천(忠天), 충실(忠實), 충운(忠運), 전충(全忠), 충전(忠全), 효충(孝忠) 등이 있다.

평(平)

평평하다, 바로잡다, 평정하다 등의 의미가 있다.

평(平), 태평(太平), 평안(平安), 안평(安平), 평화(平和), 화평(和平), 평범(平凡), 평심(平心), 윤평(允平), 소평(小平), 생평(生平), 평지(平志), 정평(正平), 평직(平直), 평역(平易), 평산(平山), 평춘(平春), 평정(平政), 평성(平星), 평진(平津), 평도(平度), 평건(平健), 평원(平原), 원평(原平) 등이 있다.

표(彪)

무늬, 범 가죽의 무늬, 범 등의 의미가 있다.

표(彪), 생표(生彪), 자표(子彪), 지표(之彪), 성표(成彪), 문표(文彪), 무표(武彪), 위표(偉彪), 표장(彪章), 표발(彪發), 대표(大彪), 숭표(崇彪), 가표(可彪), 의표(毅彪) 등이 있다.

하(河)

내, 강, 운하, 강 이름 등의 의미가 있다.

강하(江河), 장하(長河), 대하(大河), 관하(寬河), 은하(銀河), 동하(東河), 하동(河東), 중하(中河), 하평(河平), 하공(河公), 하천(河川), 하청(河淸), 하양(河陽), 하박(河泊), 하주(河洲), 하화(河華), 빈하(濱河), 하한(河漢), 하령(河靈), 하산(河山), 하악(河岳), 하괴(河魁), 보하(寶河) 등이 있다.

학(學)

배우다, 가르침을 받다, 지식이나 기술 등을 익히다, 학문, 학자, 학교 등의 의미가 있다.

학문(學文), 학무(學武), 학인(學仁), 학의(學義), 학지(學智), 학례(學禮), 학충(學忠), 학량(學良), 학군(學軍), 학동(學東), 문학(文學), 체학(體學), 계학(繼學), 학전(學佺), 학겸(學謙), 지학(志學), 학상(學尙), 낙학(樂學), 학수(學守), 학선(學仙), 학세(學世), 학우(學友), 학예(學藝) 등이 있다.

해(海)

바다, 바닷물, 인물이 많이 모이거나 모여드는 곳, 크다, 넓다 등의 의미가 있다.

해(海), 대해(大海), 양해(陽海), 해양(海洋), 해산(海山), 해붕(海鵬), 용해(容海), 해전(海田), 심해(心海), 성해(星海), 해우(海宇), 해약(海若), 동해(東海), 해동(海東), 해악(海嶽), 해부(海富), 해안(海晏), 해사(海師), 해옹(海翁), 해빈(海濱), 통해(通海), 해동(海童) 등이 있다.

호(浩)

크다, 물이 넓고 넓게 흐르는 모양, 광대한 모양, 넉넉하다, 많다 등의 의미가 있다.

호(浩), 호연(浩然), 호지(浩之), 창호(昌浩), 호천(浩天), 광호(光浩, 廣浩), 호성(浩成), 운호(雲浩), 호학(浩學), 호가(浩歌), 호언(浩言), 여호(如浩), 호한(浩瀚), 호막(浩邈), 호도(浩濤), 호랑(浩浪), 호파(浩波), 호량(浩亮), 호강(浩江) 등이 있다.

호(豪)

◇◇◇◇◇◇◇◇◇◇◇◇◇◇◇◇◇◇◇◇◇◇◇◇◇◇◇◇◇◇◇◇

호걸, 걸출한 사람, 귀인, 신분이 높은 사람, 부자, 강건하다, 용감하다 등의 의미가 있다.

인호(人豪, 仁豪), 경호(競豪), 국호(國豪), 생호(生豪), 자호(子豪), 지호(志豪), 호지(豪志), 영호(永豪), 상호(上豪, 尙豪), 대호(大豪), 사호(士豪), 심호(心豪), 호심(豪心), 주호(主豪), 음호(吟豪), 무호(武豪), 호무(豪武), 영호(英豪), 호영(豪英), 호문(豪文), 호직(豪直), 품호(品豪), 호풍(豪風) 등이 있다.

화(和)

◇◇◇◇◇◇◇◇◇◇◇◇◇◇◇◇◇◇◇◇◇◇◇◇◇◇◇◇◇◇◇◇

날씨, 바람, 마음, 기색, 태도 등이 좋을 정도로 따뜻하고 부드럽다. 여럿을 합친 수·합·뜻이 맞아 화평하다, 서로 다투던 일을 풀다 등의 의미가 있다.

화(和), 화평(和平), 평화(平和), 상화(祥和), 화심(和心), 화옥(和玉), 화정(和正), 정화(正和), 화민(和民), 화순(和順), 화용(和用), 화동(和同), 화량(和良), 화직(和直), 상화(尙和), 우화(雨和), 화우(和雨), 이화(怡和), 화후(和厚), 화천(和泉), 화풍(和風), 화삼(和森) 등이 있다.

화(華)

◇◇◇◇◇◇◇◇◇◇◇◇◇◇◇◇◇◇◇◇◇◇◇◇◇◇◇◇◇◇◇◇

꽃, 꽃이 피다, 색채, 화려하다, 아름답다 등의 의미가 있다. .

화인(華人, 華仁), 화지(華之), 인화(仁華, 人華), 문화(文華), 화청(華淸), 요화(燿華), 광화(光華), 진화(振華), 위화(衛華), 중화(中華), 화부(華富), 강화(强華), 영화(永華), 화복(華福), 화명(華明), 화지(華志) 등이 있다.

후(厚)

두텁다, 삼가 정성스레 대하다 등의 의미가 있다.

인후(仁厚), 후인(厚仁), 대후(大厚), 후금(厚今), 충후(忠厚), 후직(厚直), 후은(厚恩), 은후(恩厚), 후망(厚望), 택후(澤厚), 후량(厚良), 후선(厚善), 후재(厚才), 후성(厚誠), 중후(重厚), 후복(厚福), 후실(厚實), 후덕(厚德), 후의(厚義), 후례(厚禮), 후의(厚誼) 등이 있다.

휘(輝)

빛나다, 광채를 발하다, 빛, 아침 햇빛, 불빛, 광채, 광휘 등의 의미가 있다.

광휘(光輝, 廣輝), 휘광(輝光), 휘풍(輝風), 휘화(輝華), 용휘(容輝), 휘장(輝章), 휘환(輝煥), 경휘(景輝), 휘연(輝然), 창휘(昌輝), 휘영(輝榮), 영휘(榮輝, 永輝), 요휘(耀輝), 명휘(明輝), 등휘(登輝), 휘래(輝來) 등이 있다.

희(喜)

기쁘다, 즐겁다, 좋아하다, 기쁨 등의 의미가 있다.

희지(喜之, 喜智), 희심(喜心), 심희(心喜), 쌍희(雙喜), 희재(喜才, 喜財), 희인(喜仁), 희산(喜山), 다희(多喜), 희광(喜光), 희명(喜明), 장희(長喜), 생희(生喜), 영희(永喜), 진희(進喜), 희동(喜東), 동희(東喜), 조희(兆喜), 희량(喜亮) 등이 있다.

나. 중국(中國) 여성의 전통적 상용 인명자

견(鵑)

두견이, 접동새, 소쩍새, 진달래, 참꽃 등의 의미가 있다.

인명의 예로는 견(鵑), 소견(小鵑), 두견(杜鵑), 약견(若鵑), 춘견(春鵑), 학견(學鵑), 홍견(紅鵑), 여견(麗鵑) 등이 있다.

교(巧)

솜씨가 있다, 재치가 있다, 예쁘다, 아름답다, 기교, 재주, 기능, 꾀, 교묘하게 꾸미다 등의 의미가 있다. 교아(巧兒), 교녀(巧女), 교옥(巧玉), 교려(巧麗), 교월(巧月), 춘교(春巧), 교매(巧梅), 교미(巧媚), 교고(巧姑), 교의(巧儀), 교명(巧明), 교영(巧英), 교하(巧荷) 등이 있다.

국(菊)

국화(菊花), 대국(大菊) 등의 의미가 있다.

국(菊), 난국(蘭菊), 월국(月菊), 추국(秋菊), 국화(菊花, 菊華), 수국(秀菊, 水菊), 애국(愛菊), 국매(菊梅), 국염(菊艶) 등이 있다.

나(娜)

아리땁다, 부드러운 모양, 천천히 흔들리는 모양 등의 의미가 있다.

나(娜), 여나(麗娜), 일나(逸娜), 소나(小娜), 만나(曼娜), 나나(娜娜), 아나(阿娜) 등이 있다.

난(蘭)

난초, 등골나물, 목란(木蘭) 등의 의미가 있다.

옥란(玉蘭), 난화(蘭花), 목란(木蘭), 난옥(蘭玉), 난방(蘭芳), 난지(蘭枝), 월란(月蘭), 생란(生蘭), 난영(蘭英), 수란(秀蘭), 금란(金蘭), 정란(庭蘭), 몽란(夢蘭), 효란(曉蘭), 적란(適蘭), 혜란(蕙蘭) 등이 있다.

단(丹)

붉다, 정성, 진심, 참마음 등의 의미가 있다.

단(丹), 단홍(丹紅), 단화(丹華, 丹花), 단주(丹珠), 단하(丹霞), 단운(丹雲), 단수(丹秀), 단영(丹英), 단봉(丹鳳), 단매(丹梅), 단채(丹彩), 단계(丹桂), 단국(丹菊), 단설(丹雪), 단양(丹陽), 단풍(丹楓), 단단(丹丹) 등이 있다.

대(黛)

눈썹먹, 눈썹먹으로 그린 눈썹, 여자의 눈썹, 검푸른 빛 등의 의미가 있다.

대옥(黛玉), 대문(黛文), 대아(黛娥), 대교(黛嬌), 대환(黛環), 대나(黛娜) 등이 있다.

려(麗)

곱다, 예쁘다, 아름답다, 빛나다, 화려하다, 깨끗하다, 정결하다 등의 의미가 있다.

려(麗), 여녀(麗女), 천려(天麗), 소려(小麗), 월려(月麗), 문려(文麗), 옥려(玉麗), 여옥(麗玉), 교려(巧麗), 청려(淸麗), 여비(麗妃), 여방(麗芳), 춘려(春麗), 추려(秋麗), 설려(雪麗), 염려(艶麗), 채려(彩麗), 여자(麗姿), 여의(麗儀), 여연(麗娟), 여아(麗娥) 등이 있다.

리(莉)

말리(茉莉), 목서과에 딸린 늘 푸른 떨기나무를 가리킨다.

리(莉), 소리(小莉), 이화(莉華), 이영(莉英), 교리(巧莉), 혜리(蕙莉), 수리(秀莉), 미리(美莉), 이나(莉娜), 숙리(淑莉), 이민(莉敏), 이평(莉萍), 홍리(紅莉), 이방(莉芳), 이리(莉莉) 등이 있다.

매(梅)

매화 나무, 어렴풋하다 등의 의미가 있다.

매(梅), 설매(雪梅), 홍매(紅梅), 춘매(春梅), 송매(松梅), 동매(冬梅), 향매(香梅), 수매(秀梅), 매화(梅花), 애매(愛梅), 염매(艷梅), 소매(素梅), 난매(蘭梅), 매란(梅蘭), 매영(梅英), 매지(梅芝, 梅枝), 매류(梅柳), 매고(梅姑), 매향(梅香), 임매(林梅) 등이 있다.

미(美)

맛이 좋다, 맛있다, 아름답다, 좋다, 좋은 일, 경사스럽다 등의 의미가 있다.

미(美), 광미(光美), 사미(士美), 화미(化美), 미여(美如), 미근(美芹), 언미(言美), 미지(美芝), 금미(金美), 미반(美盼), 미봉(美鳳), 미희(美姬), 미령(美齡) 등이 있다.

벽(碧)

짙은 푸른빛, 푸른 옥돌 등의 의미가 있다.

옥벽(玉碧), 소벽(小碧), 쌍벽(雙碧), 벽방(碧芳), 춘벽(春碧), 벽청(碧靑), 벽수(碧秀), 수벽(秀碧), 천벽(天碧), 벽월(碧月), 벽파(碧波), 벽향(碧香), 벽사(碧莎), 벽림(碧林), 벽운(碧雲), 벽요(碧瑤), 벽봉(碧鳳) 등이있다.

봉(鳳)

봉황새, 성인(聖人)이 세상에 나면 이에 응하여 나타난다고 하는 서조(瑞鳥) 등의 의미가 있다.

소봉(小鳳), 대봉(大鳳), 옥봉(玉鳳), 명봉(鳴鳳), 금봉(金鳳), 단봉(丹鳳), 채봉(彩鳳), 수봉(秀鳳), 미봉(美鳳), 봉지(鳳芝), 봉란(鳳蘭), 희봉(熙鳳), 봉선(鳳仙), 봉화(鳳華), 보봉(寶鳳), 봉의(鳳儀) 등이 있다.

사(莎)

향부자(香附子), 작두향(雀頭香), 사초(莎草)를 가르킨다.

사(莎), 이사(莉莎), 여사(麗莎), 애사(愛莎), 엽사(葉莎), 군사(君莎), 추사(秋莎), 춘사(春莎), 화사(花莎), 대사(黛莎), 사사(莎莎) 등이 있다.

산(珊)

산호, 패옥(佩玉) 소리, 비틀거리는 모양 등의 의미가 있다.

산(珊), 옥산(玉珊), 매산(梅珊), 산매(珊梅), 해산(海珊), 산운(珊雲), 산주(珊珠), 소산(小珊), 산산(珊珊) 등이 있다.

선(嬋)

곱다, 예쁘다, 아름답다, 잇닿다, 두 사물이 이어져 끊이지 않다 등의 의미가 있다.

쌍선(雙嬋), 옥선(玉嬋), 여선(麗嬋), 선연(嬋娟), 선원(嬋媛), 선완(嬋婉), 선향(嬋香), 선방(嬋芳), 혜선(惠嬋), 숙선(淑嬋), 아선(雅嬋, 亞嬋), 선자(嬋姿), 선영(嬋影) 등이 있다.

설(雪)

눈, 희다, 깨끗하다 등의 의미가 있다.

설(雪), 설월(雪月), 설지(雪芝, 雪枝), 억설(憶雪), 역설(亦雪), 일설(一雪), 효설(曉雪), 춘설(春雪), 설매(雪梅), 설죽(雪竹), 설화(雪花), 설운(雪雲), 방설(芳雪), 설방(雪芳), 향설(香雪), 설소(雪素), 설채(雪彩), 설련(雪蓮), 설염(雪艷) 등이 있다.

수(秀)

빼어나다, 높이 솟아나다, 뛰어나다, 훌륭하다, 성장하다, 자라다, 꽃이 피다, 꽃, 아름답다, 지초(芝草), 정수(精粹) 등의 의미가 있다.

옥수(玉秀), 수매(秀梅), 수란(秀蘭), 수연(秀娟), 건수(建秀), 수지(秀芝, 秀枝), 수자(秀子), 생수(生秀), 수녀(秀女), 수고(秀姑), 수영(秀英), 수만(秀曼), 수주(秀珠), 수진(秀珍), 수완(秀婉), 수원(秀媛), 수려(秀麗) 등이 있다.

숙(淑)

맑다, 맑고 깊다, 착하다, 정숙하다, 아름답다 등의 의미가 있다.

숙옥(淑玉), 숙진(淑珍), 숙우(淑尤), 숙정(淑貞, 淑靜), 숙지(淑芝), 숙진(淑眞), 숙용(淑容), 숙미(淑美), 숙완(淑婉), 숙아(淑雅), 숙원(淑媛), 숙가(淑嘉), 숙의(淑儀), 숙려(淑麗) 등이 있다.

아(娥)

예쁘다, 아름답다, 여자의 자(字), 미녀, 미인 등의 의미가 있다.

여아(麗娥), 수아(秀娥), 춘아(春娥), 아매(娥妹), 염아(艷娥), 월아(月娥), 아영(娥影, 娥英), 취아(翠娥), 아휘(娥輝), 문아(文娥) 등이 있다.

애(愛)

사랑, 사랑하다, 친밀하게 대하다, 사모하다, 사랑하는 대상 등의 의미가 있다.

옥애(玉愛), 애옥(愛玉), 애매(愛梅), 애추(愛秋), 애련(愛蓮), 애설(愛雪), 애하(愛霞), 애홍(愛紅), 애려(愛麗), 애지(愛芝), 애신(愛新), 애미(愛薇), 애애(愛愛) 등이 있다.

앵(鶯)

꾀꼬리, 황리, 창견, 황조, 새 깃의 아름다운 모양 등의 의미가 있다.

앵(鶯), 앵가(鶯歌), 유앵(柳鶯), 앵음(鶯吟), 앵아(鶯兒), 앵화(鶯花), 채앵(彩鶯), 앵연(鶯燕), 춘앵(春鶯), 앵춘(鶯春), 앵교(鶯嬌), 교앵(喬鶯), 앵앵(鶯鶯) 등이 있다.

연(蓮)

연밥, 연실(蓮實), 연방(蓮房), 연, 연꽃 등의 의미가 있다.

소련(小蓮), 교련(巧蓮), 연지(蓮枝), 엽련(葉蓮), 연녀(蓮女), 심련(心蓮), 연아(蓮兒), 연화(蓮花), 화련(花蓮), 수련(秀蓮), 억련(憶蓮), 애련(愛蓮), 홍련(紅蓮), 옥련(玉蓮), 연영(蓮英), 영련(英蓮) 등이 있다.

연(娟)

예쁘다, 날씬하고 아름다운 모양, 부드러운 모양, 가볍게 나는 모양, 희미하게 먼 모양, 속 깊은 모양, 맑고 밝은 모양 등의 의미가 있다. 연(娟), 소연(小娟), 옥연(玉娟), 미연(美娟), 수연(秀娟), 명연(明娟), 여연(麗娟), 교연(巧娟), 연연(姸娟, 娟娟), 염연(艶娟), 청연(淸娟), 묘연(妙娟), 연결(娟潔) 등이 있다.

연(燕)

제비, 아름다운 모양, 어여쁜 모양 등의 의미가 있다.

연(燕), 옥연(玉燕), 쌍연(雙燕), 교연(嬌燕), 연교(燕嬌), 연여(燕如), 여연(如燕), 연매(燕梅), 해연(海燕), 비연(飛燕), 춘연(春燕), 추연(秋燕), 소연(小燕), 운연(雲燕), 연희(燕喜), 연아(燕娥), 연무(燕舞) 등이 있다.

염(艶)

곱다, 요염하다, 광택, 광채, 아름다운 문장 등의 의미가 있다.

홍염(紅艶), 염홍(艶紅), 염옥(艶玉), 옥염(玉艶), 염아(艶兒), 염방(艶芳), 염미(艶美, 艶媚), 염희(艶姬), 염설(艶雪), 염매(艶梅), 염무(艶舞), 염가(艶歌), 추염(秋艶), 염려(艶麗), 염염(艶艶) 등이 있다.

영(瑩)

밝다, 밝은 빛, 옥빛의 밝은 모양, 거울 같이 맑다, 사물이 밝다, 마음이 밝다, 옥 비슷한 아름다운 돌 등의 의미가 있다. 영(瑩), 영옥(瑩玉), 옥영(玉瑩), 영결(瑩潔), 결영(潔瑩), 여영(麗瑩), 미영(美瑩), 정영(晶瑩), 청영(淸瑩), 벽영(碧瑩), 정영(靜瑩), 영영(瑩瑩) 등이 있다.

영(英)

열매가 열지 않는 꽃, 꽃 부리, 꽃 장식, 아름답다, 뛰어나다 등의 의미가 있다.

영(英), 군영(群英), 옥영(玉英), 수영(秀英), 명영(明英), 화영(華英), 조영(祖英), 난영(蘭英), 영도(英桃), 민영(敏英), 향영(向英), 혜영(慧英), 영원(英媛), 숙영(淑英), 교영(巧英) 등이 있다.

요(瑤)

아름다운 옥, 아름다운 돌 등의 의미가 있다.

요옥(瑤玉), 옥요(玉瑤), 요월(瑤月), 요화(瑤華), 요주(瑤珠), 요패(瑤佩), 요음(瑤音), 요희(瑤姬), 요선(瑤璇), 채요(彩瑤), 요영(瑤瑛), 요벽(瑤璧), 요심(瑤芯), 요환(瑤環), 요안(瑤顔) 등이 있다.

원(媛)

미인, 우아한 여자, 예쁘다, 아름답다, 궁녀 끌어당기는 모양 등의 의미가 있다.

원(媛), 심원(心媛), 옥원(玉媛), 미원(美媛), 여원(如媛), 춘원(春媛), 원용(媛容), 원자(媛姿), 여원(麗媛), 영원(玲媛), 월원(月媛), 혜원(惠媛), 원원(媛媛) 등이 있다.

이(怡)

기쁘다, 기뻐하다, 기쁘게 하다, 기뻐서 화기(和氣)가 돌다 등의 의미가 있다.

이(怡), 옥이(玉怡), 이열(怡悅), 이홍(怡紅), 경이(敬怡), 이심(怡心), 이지(怡芝), 낙이(樂怡), 이여(怡如), 이민(怡敏), 이청(怡靑), 이하(怡霞), 이운(怡雲), 이이(怡怡) 등이 있다.

임(琳)

아름다운 옥, 푸른 옥, 옥이 부딪쳐 나는 소리 등의 의미가 있다.

인명의 예로는 임(琳), 옥림(玉琳), 임옥(琳玉), 소림(小琳, 疏琳), 벽림(碧琳), 미림(美琳), 임민(琳珉), 임요(琳瑤), 정림(靜琳), 임환(琳環) 등이 있다.

자(姿)

맵시, 모양, 모습, 풍취, 멋, 바탕, 소질, 성품, 모양내다, 자태를 꾸미다 등의 의미가 있다.

채자(采姿), 옥자(玉姿), 아자(雅姿), 자의(姿儀), 의자(儀姿), 염자(艶姿), 자혜(姿慧), 우자(宇姿), 어자(語姿), 용자(容姿), 문자(問姿), 자영(姿影), 운자(韻姿) 등이 있다.

정(靜)

고요하다, 침착하다, 맑다, 온화하다 등의 의미가 있다.

정(靜), 문정(文靜), 옥정(玉靜), 정옥(靜玉), 정숙(靜淑), 정의(靜儀), 정수(靜秀), 정아(靜雅), 정미(靜美), 정혜(靜慧), 정원(靜媛) 등이 있다.

주(珠)

구슬, 진주, 보석 따위, 둥근 알, 아름다운 것의 비유, 붉다 등의 의미가 있다.

옥주(玉珠), 주옥(珠玉), 수주(秀珠), 주매(珠梅), 여주(麗珠), 미주(美珠), 명주(明珠), 계주(桂珠), 패주(佩珠), 주패(珠佩), 주아(珠兒), 벽주(碧珠), 자주(紫珠), 영주(映珠), 주휘(珠暉), 염주(艶珠), 운주(雲珠), 주주(珠珠) 등이 있다.

진(珍)

보배, 진귀하다, 맛 좋은 음식, 귀하게 여기다, 징표의 구슬 등의 의미가 있다.

인명의 예로는 옥진(玉珍), 소진(素珍), 숙진(淑珍), 혜진(惠珍), 수진(秀珍), 미진(美珍), 여진(麗珍), 애진(愛珍), 진주(珍珠), 군진(郡珍), 계진(桂珍), 서진(瑞珍), 매진(梅珍), 진매(珍梅) 등이 있다.

채(彩)

무늬, 채색, 고운 빛깔, 빛 등의 의미가 있다.

채옥(彩玉), 채란(彩蘭), 채화(彩花), 채매(彩梅), 영채(英彩), 채영(彩英), 채홍(彩虹), 채하(彩霞), 채봉(彩鳳), 채취(彩翠), 채운(彩雲), 채예(彩霓), 채수(彩秀) 등이 있다.

춘(春)

봄, 젊은 때, 남녀의 정, 보통 여자가 남자를 생각하는 정 등의 의미가 있다.

옥춘(玉春), 영춘(迎春), 음춘(吟春), 석춘(惜春), 춘매(春梅), 춘방(春芳), 춘향(春香), 춘옥(春玉), 춘류(春柳), 춘월(春月), 춘화(春花, 春華), 춘고(春姑), 춘연(春燕, 春姸), 춘영(春英), 명춘(明春), 사춘(思春), 춘봉(春鳳), 원춘(元春), 춘홍(春紅), 춘계(春桂) 등이 있다.

하(荷)

연(蓮), 늪 이름 등의 의미가 있다.

소하(小荷), 월하(月荷), 하화(荷花), 하용(荷蓉), 하향(荷香), 자하(紫荷), 엽하(葉荷), 춘하(春荷), 추하(秋荷), 수하(水荷), 옥하(玉荷), 홍하(紅荷), 염하(艶荷) 등이 있다.

하(霞)

이내, 멀다, 아득하다, 무지개, 요염하다, 짙은 화장 등의 의미가 있다.

하(霞), 광하(光霞), 명하(明霞), 채하(彩霞), 하영(霞英), 영하(英霞), 홍하(紅霞, 虹霞), 사하(思霞), 운하(雲霞), 하주(霞珠), 하련(霞蓮), 개하(開霞), 비하(飛霞), 정하(靜霞), 옥하(玉霞), 봉하(鳳霞), 춘하(春霞) 등이 있다.

혜(慧)

슬기롭다, 총명하다, 사리에 밝다 등의 의미가 있다.

혜(慧), 인혜(人慧), 옥혜(玉慧), 혜옥(慧玉), 개혜(開慧), 영혜(永慧), 혜현(慧賢), 혜월(慧月), 혜교(慧巧, 慧嬌), 혜려(慧麗), 혜수(慧秀), 혜민(慧敏), 혜아(慧雅), 혜염(慧艷), 혜문(慧文), 혜평(慧苹) 등이 있다.

홍(虹)

무지개, 채색한 기, 무지개 다리 등의 의미가 있다.

홍(虹), 단홍(丹虹), 홍옥(虹玉), 옥홍(玉虹), 신홍(申虹), 홍우(虹雨), 채홍(彩虹), 영홍(映虹), 홍영(虹影), 휘홍(輝虹), 홍교(虹嬌), 홍예(虹霓) 등이 있다.

화(花)

꽃, 꽃답다, 아름다운 것의 비유 등 의미를 담고 있다.

옥화(玉花), 용화(蓉花), 행화(杏花), 매화(梅花), 연화(蓮花), 월화(月花), 선화(仙花), 화노(花奴), 원화(苑花), 영화(英花), 임화(林花), 신화(信花), 화고(花姑), 해화(海花), 화용(花蓉) 등이 있다.

환(環)

환옥(還玉), 고리 모양의 옥, 고리, 둘러싸다, 선회(旋回)하다 등의 의미가있다.

옥환(玉環), 금환(金環), 은환(銀環), 서환(瑞環), 여환(麗環), 환진(環珍), 패환(佩環), 환소(環素), 소환(素環), 벽환(碧環), 자환(紫環), 취환(翠環), 춘환(春環), 추환(秋環) 등이 있다.

3. 출생신고 및 개명절차와 방법

가. 출생신고 절차 및 출생신고서

아이가 태어나면 출생신고를 하여야 한다. 출생신고를 할때는 아이의 이름과, 부모의 신분증을 지참하고,(대리인 경우 대리인 신분증) 병원에서 발급한 "출생증명서"를 갖고 주소지 주민센터에서 출생신고하면 본인의 주민등록 등본, 가족관계 증명서에 즉시 등록된다. 등록과 동시에 통장사본과 함께 "양육수당"을 신청하면 매월 25일 양육수당이 지급된다.

▶ 접수처

– 국내 출생 시 : 전국 시(구), 읍, 면, 동 사무소

(서울시의 경우 주소지 구청 및 주민센터)

▶ 신고기한 : 출생일로부터 1개월 이내

▶ 출생신고 지연에따른 과태료

- 7일 미만인 경우 : 10,000원
- 7일 이상 1개월 미만인 경우 : 20,000원
- 1개월 이상 3개월 미만인 경우 : 30,000원
- 3개월 이상 6개월 미만인 경우 : 40,000원
- 6개월 이상인 경우 : 50,000원

▶ 구비서류

① 출생 신고서 1부 (동사무소, 대법원 양식모음에서 출력)
② 출생 증명서 1부 (국내 의료기간에서 발부한 출생증명서)
③ 신분증 (부,모)
④ 대리인이 신고시 부모 신분증 포함 대리인 신분증

※ 국내 의료기관에서 출생하지 않은 경우

① 출생 신고서 1부
② 2명의 증인이 작성한 인우출생증명서1부
③ 신분증

※ 외국에서 출산 시

① 출생 신고서 1부
② 외국의 관공서가 작성한 출생증명서 및 취득한 외국 국적의 소명자료 1통(원본)
③ ② 번 서류 번역문 (사본가능)
④ 신분증

▶ 출생신고서 작성시 주의사항

출생자란에 "부모가 정한 등록기준지"는 본적과 같은 개념으로 아이가 만약 개명을 할 경우 작성한 주소에서 개명을 하여야한다.

부모란에 "부 • 모 등록기준지"는 각각 본적지를 작성한다.

[양식 제1호]

출 생 신 고 서 (년 월 일)	※뒷면의 작성방법을 읽고 기재하시되, 선택항목은 해당번호에 "○"으로 표시하여 주시기 바랍니다.

구분	항목	내용
① 출생자	성명 한글 / 한자	본(한자) / 성별 ①남 ②여 / ①혼인중의 출생자 ②혼인외의 출생자
	출생일시	년 월 일 시 분(출생지 시각: 24시각제)
	출생장소	①자택 ②병원 ③기타 시(도) 구(군) 동(읍,면) 리 번지의
	부모가 정한 등록기준지	
	주소	세대주 및 관계 의
	자녀가 이중국적자인 경우 그 사실 및 취득한 외국 국적	
② 부모	부 성명	(한자:) 본(한자) 주민등록번호 -
	모 성명	(한자:) 본(한자) 주민등록번호 -
	부의 등록기준지	
	모의 등록기준지	
혼인신고시 자녀의 성·본을 모의 성·본으로 하는 협의서를 제출하였습니까? 예□아니오□		
③친생자관계 부존재확인판결 등에 따른 가족관계등록부 폐쇄후 다시 출생신고하는 경우		
폐쇄등록부상 특정사항	성 명	주민등록번호 -
	등록기준지	
④기타사항		
⑤ 신고인	성명	㊞ 또는 서명 주민등록번호 -
	자격	①부 ②모 ③동거친족 ④기타(자격:)
	주소	
	전화	이메일
⑥ 제출인	성 명	주민등록번호 -

※ 다음은 국가의 인구정책 수립에 필요한 자료로「통계법」제32조 및 제33조에 따라 성실응답 의무가 있으며 개인의 비밀사항이 철저히 보호되므로 사실대로 기입하여 주시기 바랍니다.

	출생자에 관한 사항	
⑦임신주(週)수	임신 □□주 □일	⑧신생아체중 □.□□□kg
⑨다태아 여부 및 출생순위	①단태아 ②쌍태아(쌍둥이) → 쌍둥이 중 ①첫번째 ②두번째 ③삼태아(세쌍둥이) 이상 → □ 쌍둥이 중 □ 번째	

	출생자의 부(父)에 관한 사항	출생자의 모(母)에 관한 사항
⑩국적	① 한국인 ② 귀화한 한국인(이전국적:) ③ 외국인(국적:)	① 한국인 ② 귀화한 한국인(이전국적:) ③ 외국인(국적:)
⑪실제생년월일	양력 / 음력 년 월 일	양력 / 음력 년 월 일
⑫최종졸업학교	①무학 ②초등학교 ③중학교 ④고등학교 ⑤대학(교) ⑥대학원 이상	①무학 ②초등학교 ③중학교 ④고등학교 ⑤대학(교) ⑥대학원 이상
⑬직 업	* 주된 일의 종류와 내용을 기입 합니다.	* 주된 일의 종류와 내용을 기입 합니다.
⑭실제결혼생활시작일	년 월 일 부터	
⑮모의 총출산아 수	이 아이까지 총 □□명 출산 (□□명 생존, □명 사망)	

※ 아래 사항은 신고인이 기재하지 않습니다.

읍면동접수	가족관계등록관서 송부	가족관계등록관서 접수 및 처리
	주민등록번호	
	년 월 일(인)	

※ 타인의 서명 또는 인장을 도용하여 허위의 신고서를 제출하거나, 허위신고를 하여 가족관계등록부에 부실의 사실을 기록하게 하는 경우에는 형법에 의하여 5년 이하의 징역 또는 1천만원 이하의 벌금에 처해집니다.

작 성 방 법

※ 등록기준지 : 각 란의 해당자가 외국인인 경우에는 그 국적을 기재합니다.
※ 주민등록번호 : 각 란의 해당자가 외국인인 경우에는 외국인등록번호(국내거소신고번호 또는 출생연월일)를 기재합니다.
①란 : 출생자의 이름에 사용하는 한자는 대법원규칙이 정하는 범위내의 것(인명용 한자)으로, 이름자는 5자(성은 포함하지 않는다)를 초과하지 않아야 합니다. 사용가능한 인명용한자는 대법원 전자민원센터(www.scourt.go.kr/minwon)에서 확인할 수 있습니다.
: 출생일시는 24시각제로 기재합니다. (예: 오후 2시 30분 → 14시 30분)
: 우리나라 국민이 외국에서 출생한 경우에는 그 현지 출생시각을 서기 및 태양력으로 기재하되, 서머타임 실시기간 중 출생하였다면 그 출생지 시각 옆에 "(서머타임 적용)"이라고 표시합니다.
: 자녀가 이중국적자인 경우 그 사실 및 취득한 외국 국적을 기재합니다.
②란 : 부(父)에 관한 사항 - 혼인외 출생자를 모(母)가 신고하는 경우에는 기재하지 않으며, 전혼 해소 후 100일 이내에 재혼한 여자가 재혼성립 후 200일 이후, 직전 혼인의 종료 후 300일 이내에 출산하여 모가 출생신고를 하는 경우에는 부의 성명란에 "부미정"으로 기재합니다.
③란 : 친생자관계 부존재확인판결, 친생부인판결 등으로 가족관계등록부 폐쇄후 다시 출생신고하는 경우에만 기재합니다.
④란 : 아래의 사항 및 가족관계등록부에 기록을 분명하게 하는 데 특히 필요한 사항을 기재합니다.
- 후순위 신고의무자가 출생신고를 하는 경우 : 선순위자(부모)가 신고를 못하는 이유
- 출생전에 태아인지 한 사실 및 태아인지신고한 관서
- 외국에서 출생한 경우: 현지 출생시각을 한국시각으로 환산하여 정하여지는 출생일시를 기재합니다. 그 현지 출생시각이 서머타임이 적용된 시각인 경우에는 그에 관한 사실을 기재합니다.
- 외국인인 부(父)의 성을 따라 외국식 이름으로 외국의 등록관서에 등재되어 있으나 한국식 이름으로 출생신고 하는 경우: 외국에서 신고된 성명
- 「민법」 제781조제1항 단서에 따라 혼인신고시 모의 성·본을 따르기로 협의한 경우 그 취지
⑥란 : 제출자(신고인 여부 불문)의 성명 및 주민등록번호 기재[접수담당공무원은 신분증과 대조]
⑦~⑨ 출생자란 : 출생자에 관한 사항입니다.
⑨란 : 다태아(쌍둥이 이상)여부는 실제로 출생한 아이의 수와 관계없이 임신하고 있던 당시의 태아수에 "○"표시하며, 다태아 중 출생신고 대상 아이마다 출생순위가 몇 번째인지를 표시합니다.
⑩~⑮ 부모란 : 출생당시 출생자 부모에 관한 사항입니다.
⑫란 : 교육과학기술부장관이 인정하는 모든 정규교육기관을 기준으로 기재하되, 각급 학교의 재학 또는 중퇴자는 최종 졸업한 학교의 해당번호에 "○"으로 표시합니다.
<예시> 대학교 3학년 중퇴 : 고등학교에 "○"표시
⑬란 : 아이가 출생할 당시의 부모의 주된 직업을 말하며 주된 일의 종류와 내용을 사업장명과 함께 기재합니다.
<예시> ○○회사 영업부 판촉사원, ○○상가에서 의류판매, 우리 논에서 논농사
⑮란 : 모의 총 출산아수 - 신고서상 아이를 포함하여 모두 몇 명의 아이를 출산했고 그 중 생존아와 사망아 수를 기재하며, 모가 재혼인 경우에는 이전의 혼인에서 낳은 자녀까지 포함합니다.

첨 부 서 류

1. 출생증명서 1통(다음 중 하나).
- 의사나 조산사가 작성한 것.
- 출생자가 병원 등 의료기관에서 출생하지 않은 경우에는 출생사실을 알고 있는 자가 작성한 것(이 출생증명서 양식은 가족관계등록예규 제283호에 따로 정함).
- 외국의 관공서가 작성한 출생신고수리증명서(또는 출생증명서)와 번역문.

※ 아래 2항 및 3항은 가족관계등록관서에서 전산으로 그 내용을 확인할 수 있는 경우에는 등록사항별 증명서의 첨부를 생략합니다.

2. 출생자의 부(父) 또는 모(母)의 혼인관계증명서 1통.
- 부(父)가 혼인외의 자를 출생신고하는 경우에는 반드시 모(母)의 혼인관계증명서 첨부.
- 출생자의 모의 가족관계등록부가 없거나 등록이 되어 있는지가 분명하지 아니한 사람인 경우에는 그 모가 유부녀(有夫女)가 아님을 공증하는 서면 또는 2명 이상의 인우인 보증서.
3. 자녀의 출생당시 모(母)가 한국인임을 증명하는 서면(예: 모의 기본증명서) 1통(1998. 6. 14. 이후에 외국인 부와 한국인 모 사이에 출생한 자녀의 출생신고를 하는 경우).
4. 자녀의 출생당시에 대한민국 국민인 부(父) 또는 모(母)의 가족관계등록부가 없거나 분명하지 아니한 사람인 경우 부(父) 또는 모(母)에 대한 성명, 출생연월일 등 인적사항을 밝힌 우리 나라의 관공서가 발행한 공문서 사본 1부(예: 여권, 주민등록등본, 그 밖의 증명서).
5. 자녀가 이중국적자인 경우 취득한 국적을 소명하는 자료 1부.
6. 신분확인[가족관계등록예규 제23호에 의함]
- 신고인이 출석한 경우 : 신분증명서
- 제출인이 출석한 경우 : 신고인의 신분증명서 사본 및 제출인의 신분증명서
- 우편제출의 경우 : 신고인의 신분증명서 사본

나. 개명절차 및 개명신청서

개명을 할때는 타당한 이유가 필요하다. "개명허가 신청서" 서류 2번째 장에 "신청이유"란이 있는데 그 이유를 구체적으로 적어야 한다. 그리고 부가적으로 개명의 타당성을 입증위한 인우보증서(직계가족 제외), 진술서, 각종 소명자료, 소견서 등을 추가로 제출하면 좋다.

이후 법원으로부터 송부된 결정문을 "허가한다" 받고나면 주소지 동사무소에 "개명신고서"를 작성 및 신고하면 개명된이름으로 호적이 변경된다.

1) 개명의 이유

"개명은 개인의 행복 추구권을 보장한다"는 취지에서 출발한 법으로 최소한의 소명자료를 갖추는 취지에서 적는 것으로, 일상생활에서 이름으로 인한 불편함 등을 적어 제출하면 보통 계명을 허락 하며, 아래의 사유 일 경우 개명을 고려하는 것이 좋다.

- 이름이 다른 사람의 놀림감이 될경우
- 직계가족이나 친족간에 이름이 같은 사람이 있는 경우나 한자가 동일한 경우
- 발음상 부르기가 까다로운 이름
- 성별(性別)에 어울리지 않는 이름이나 발음상 욕설로 들리거나 수치감을 느끼는 이름
- 흉악범이나 부도덕한 자의 이름을 연상케 하는 이름
- 한자사전(옥편)에도 없는 한자이름인 경우
- 귀화한 외국인이 한국 이름으로 개명하려는 경우
- 외국식(특히 일본식 子, 春, 花) 이름인 경우 (예: 이명자, 고정자 등...)
- 인명용 한자가 아닌 이름 또는 다섯(5)자를 초과하는 이름인 경우
- 출생신고 당시 출생신고서에 이름을 잘못 기재한 경우

※ 형사범 전과자(범죄자)경우 개명을 허락 하지 않는다.

2) 필수서류

· 개명 허가 신청서 1부 – 대법원 양식모음에서 다운 받기 (샘플 참조)
· 호적등본 1부
· 주민등록 등본 1매(발급일 6개월 이내)

3) 부가서류 (필수 서류는 아니지만 제출하면 개명 허가에 도움을 줄 수 있는 서류)

· 인우 보증서 – 개명에 대하여 주변 사람 2명에게 사실 확인을 받는 것.
· 인우 보증인 주민등록 등본 각 1매(가족을 제외한 친척, 친구, 이웃 등)
· 호적과 실제 이름이 다른 경우 이를 증빙할 수 있는 자료
  (예: 통장사본, 재직증명서, 서신 기타 개명에 도움이 되는 자료)

4) 개명 허가 신청서 접수 – 주소지 또는 본적지 관할법원

5) 개명허가 판결 및 결정문 송부

개명허가 심사는 서류심사를 원칙으로 하므로 법원에 출석 할 필요가 없다..

· 성 인 : 1~2개월(신원조회 및 서류검사)
· 미성년 : 1개월 이내(서류심사)
· 허가 결정문 통보 : 약1주일 소요

6) 허가

법원에서 송부된 결정문에 **"허가한다"** 라고 기제되어 있으면 개명이 허가된 것이다.

· 개명신고 : 결정문을 갖고 주소지(본적지)구청이나 읍, 면, 동 사무소에 **"개명신고서"** 를 작성 및 신고하면 개명된이름으로 호적이 변경된다.
· 면허증, 자격증, 예금통장 등은 신규주민등록초본을 발급 받아 발행기관에 신고하여야 한다.

7) 기각

결정문에 **"기각한다"** 라고 되어있으면 개명을 불허한다는 뜻이다. 그러나 우리나라는 기각이 되드라도 다시 항고하거나 재신청 한면 된다.

· 항 고 : 기각판결을 받은 후 1개월 이내에 항고장을 작성하여 동일법원에 제출한다

· 재신청 : 일정기간이 경과한 후 소명자료를 철저하게 준비하여 동일한 법원에 재신청한다.

8) 과태료

개명허가 사실을 기일내에 신고하지 않으면 지연일수에 따라 호적법 제130조에 의거 최고 5만원 이하의 과태료 처분을 받게 된다.

· 7일 미만인 경우 : 10,000원
· 7일 이상 1개월 미만인 경우 : 20,000원
· 1개월 이상 3개월 미만인 경우 : 30,000원
· 3개월 이상 6개월 미만인 경우 : 40,000원
· 6개월 이상인 경우 : 50,000원

9) 비용

본인이 개명허가신청서시 작성, 제출 : 인지대 1,000원과 송달료 15,100원
법무사 사무실 대행 : 약 20만원

(성년자용)

개명허가 신청서

등록기준지 :
(기본증명서 상단에 표시되어 있음, 주로 본적과 일치)

주민등록등본 주소 :

송달(등기우편)희망주소 :

사건본인의 성 명 : (한자:)

주민등록번호 : –

전 화 번 호 : (휴대폰) (자택)

신 청 취 지

등록기준지 : ______________________________의 가족관계등록부 중

사건본인의 이름 "(현재이름) (한자:)" 을(를)

"(바꿀이름) (한자:)" (으)로

개명하는 것을 허가하여 주시기 바랍니다.

＊ 주 의

1. 개명하고자 하는 이름은 대법원확정 표준 인명용 한자를 사용하여야 합니다.

2. 모든 글씨(한자)는 또박또박 바르게 써주시기 바랍니다(정자로 기재).

신 청 이 유

(신청이유를 구체적으로 기재하시기 바랍니다.)

필 수 소 명 자 료

1. 사건본인의 기본증명서 1통. (동사무소 또는 구청)
2. 사건본인의 가족관계증명서 1통. (동사무소 또는 구청)
3. 사건본인 **부(父)**와 **모(母) 각각**의 가족관계증명서(년 이전에 사망시 사망일시 표시된 제적등본,   년 이후 사망시 가족관계증명서) 1통. (동사무소 또는 구청)
4. 사건본인 자녀[**성인(만 20세 이상)인 경우만**]의 가족관계증명서 각 1통. (동사무소 또는 구청)·
5. 사건본인의 주민등록등본 (동사무소 또는 구청) 1통.
6. 사건본인의 범죄·수사·전과 경력조회서 (가까운 경찰서, 수사 및 재판중인 자료까지 포함) 1통.
7. 소명자료(신청이유를 증명할 수 있는 객관적인 자료 및 개명하고자 하는 이름으로 사용하고 있는 객관적인 자료)

※ 대리인이 제출 할 때에는 사건본인의 위임장, 사건본인의 신분증, 도장 지참.

년 월 일

위 신청인 (인)

__________________법원 귀중

(미성년자용)

개명허가 신청서

등록기준지 :
(기본증명서 상단에 표시되어 있음, 주로 본적과 일치)

주민등록등본 주소 :

사건본인의 성 명 : (한자:)

주민등록번호 : –

전 화 번 호 : (휴대폰) (자택)

법정대리인(친권자) 부 : (한자:)

모 : (한자:)

법정대리인의 송달(등기우편)희망주소 :

전화번호 : (휴대폰) (자택)

신 청 취 지

등록기준지 : ______________________ 의 가족관계등록부 중

사건본인의 이름 "(현재이름) (한자:)" 을(를)

"(바꿀이름) (한자:)" (으)로

개명하는 것을 허가하여 주시기 바랍니다.

*** 주 의**

1. 개명하고자 하는 이름은 대법원확정 표준 인명용 한자를 사용하여야 합니다.

2. 모든 글씨(한자)는 또박또박 바르게 써주시기 바랍니다(정자로 기재).

신 청 이 유
(신청이유를 구체적으로 기재하시기 바랍니다.)

필 수 소 명 자 료

1. 사건본인의 기본증명서 1통. (동사무소 또는 구청)
2. 사건본인의 가족관계증명서 1통. (동사무소 또는 구청)
3. 사건본인 **부(父)**와 **모(母) 각각**의 가족관계증명서(　　년 이전에 사망시 제적등본, 　　년 이후 사망시 가족관계증명서) 1통. (동사무소 또는 구청)
4. 사건본인의 주민등록등본 (동사무소 또는 구청) 1통.
5. 사건본인의 범죄·수사·전과 경력조회서 (가까운 경찰서, 수사 및 재판중인 자료까지 포함) 1통. (만 18세이상)

※ 부(父)또는 모(母)가 단독으로 제출 할 때에는 배우자의 위임장, 배우자의 신분증 및 도장 지참.

년　　월　　일

미성년자의 법정대리인 친권자　부 :　　　　(인)

모 :　　　　(인)

________________법원　　귀중

[양식 제27호]

개명신고서

(년 월 일)

※아래의 작성방법을 읽고 기재하시되 선택항목은 해당번호에 "○"으로 표시하여 주시기 바랍니다.

① 개명자	본인 성명	개명 전 이름				②개명 후 이름			
		한글	(성) /(명)	한자	(성) /(명)	한글	(성) /(명)	한자	(성) /(명)
	본(한자)			주민등록번호		-			
	등록기준지								
	주 소								
	부모 성명	부(父)				모(母)			
③허가일자		년 월 일				법원명			
④기타사항									
⑤ 신고인	성 명	㊞ 또는 서명				주민등록번호	-		
	자 격	1본인 2법정대리인 3기타(자격 :)							
	주 소			전화		이메일			
⑥제출인	성 명			주민등록번호		-			

작성방법

※ 이 신고는 개명허가결정등본을 받은 날로부터 1개월 이내에 신고하여야 합니다.

①란 : 본인의 성명은 개명 전 이름과 개명 후 이름을 나누어 기재합니다.

②란 : 개명 후 이름(개명허가결정등본에 기재된 개명허가를 받은 이름)을 기재 하며, 한자가 없는 경우는 한글란에만 기재합니다.

③란 : 개명허가일자는 개명허가결정등본에 기재된 연월일을 기재합니다.

④란 : 가족관계등록부에 기록을 분명하게 하는데 특히 필요한 사항을 기재합니다.

⑤란 : 신고인의 성명은 개명 후의 이름을 기재합니다.

⑥란 : 제출자(신고인 여부 불문)의 성명 및 주민등록번호 기재[접수담당공무원은 신분증과 대조]

첨부서류

1. 개명허가결정등본 1부.
2. 신분확인[가족관계등록예규 제23호에 의함]
 - 신고인이 출석한 경우 : 신분증명서
 - 제출인이 출석한 경우 : 제출인의 신분증명서
 - 우편제출의 경우 : 신고인의 신분증명서 사본

신청이유

1. 신청인 겸 사건본인은 부○○○ 모○○○과 사이에 ○男 ○女 중 ○ 女로 출생하여 19○○년 ○○월 ○○일 부 신고로 호적에 성명이 李 昌 女(이창녀)로 등재되었습니다.

2. 조부께서 출생신고를 하면서 자손의 번성을 기원하며 호적신고를 하였으나, 신청인 겸 사건본인은 성장하면서 친구들로부터 '창녀', '이 창여', 등 여러 이름으로 놀림의 대상이 됨에 따라 신청인 겸 사건본인이 부모님께 이름을 바꾸어 달라고 청하여 어머니께서 '세희(世熙)'이란 새 이름을 지어주셔 지금까지 사용하고 있습니다.

3. 가끔, 주위 사람들이 호적상 이름을 알게 될 경우 이름이 쌍스럽다, 유치하다는 등 놀림의 대상이 되기도 하여 신청인 겸 사건본인은 공적인 자리는 물론 사적인 자리에서도 항상 '세희(世熙)'이란 이름으로 자신을 소개하여 온 관계로 사회생활도 '세희(世熙)'이란 이름으로 생활하고 있으며, 주위동료나 친구들도 위 이름으로 호칭하고 있습니다.

또한, 결혼을 생각하여야 할 나이가 되어 남자친구와 교제 중에 있으나 이름에 대한 열등의식 때문에 호적상 이름이 아닌 '세희(世熙)'로 소개하였습니다.

4. 따라서 호적상 이름으로는 사회생활이 곤란하게 되었으며, 결혼도 해야 할 처지인 바, 위와 같은 사정을 참작하시어 신청인 겸 사건본인의 개명을 허가하여 주시기 바랍니다.

4. 대법원선정 인명용한자

가. 대법원 규칙

1) 대법원선정 인명용한자는 1991년 3월'호적법 시행규칙 제 37조'에 의거하여 공포하고 1991년 4월 1일부터 시행토록 한, 2,845자를 포함한 대법원이 인정한 동자(同字), 속자(俗字), 약자(略字) 한자만 등록이 가능하다.

2) 1991년 4월 1일 이후, 대법원선정 인명용한자는 2000. 12. 31 "한문 교육용 기초한자" 1,800자 를 포함, 1994.09.01 1998.01.01 2001.01.04 2003.10.20 2005.01.01, 2007.02.15, 2008.06.05 7차례 인명용한자를 추가하여 현재 5,151자이며, 한자이름으로 등록 가능하다

3) 대법원선정 인명용한자는 1991년 4월1일 이후 출생자 부터 적용된다

4) 성씨(姓氏)와 본(本)은 대법원이 정한 인용한자에 적용을 받지 않는다.

5) 'ㄴ' 'ㄹ'의 한자경우 'ㅇ' 'ㄴ'으로 소리가 나는 데로 신고할 수 있다.

6) "변과 " "의 변, " "변과 " "변은 서로 바꾸어 쓸 수 있다.

7) 인용한자 중 대법이 인정한 동자이음어(同字異音語)는 사용이 가능하다.

한자(漢字)	음(音) 대법원 인정 발음		
豈	기	개	
見	견	현	
更	갱	견	
龜	귀	구	"균" 사용 못함
柰	내	나	
茶	다	차	
丹	단	란	
度	도	탁	
樂	락	요	악
復	복	부	
設	설	열	"세" 사용 못함
拾	십	습	
參	삼	참	
率	솔	률	
瑩	영	형	
易	이	역	
卒	졸	솔	
什	집	십	
車	차	거	
泌	필	비	
行	행	항	

8) 동자(同字), 속자(俗字), 약자(略字)의 경우 대법원선정 인명용한자표에서 인정하는 한자만 사용 할 수 있다.

음(音)	간	강	개	개	검	고	관	광	광	국	긍	년	덕	래	례	룡
한자	杆	强	個	蓋	劍	考	館	廣	光	國	亘	年	德	來	禮	龍
	桿	強	箇	盖	劒	攷	舘	広	炛	国	亙	秊	悳	莱	礼	竜
									昋				惪			

음(音)	리	무	민	배	배	백	번	병	병	병	보	봉	삽	상	무	서
한자	裏	無	珉	杯	裵	柏	飜	并	竝	昞	寶	峯	揷	牀	無	棲
	裡	无	碈	盃	裴	栢	翻	幷	並	昺	宝	峰	插	床	无	栖
			砇								珤					捿
			瑉								琁					

음(音)	서	서	성	수	수	수	실	아	인	안	윤	연	염	영	예	위
한자	敍	壻	晟	修	穗	壽	実	兒	仁	雁	閏	煙	艶	榮	睿	衛
	敘	婿	晠	脩	穂	寿	實	児	忈	鴈	閠	烟	艷	栄	叡	衞
									忎		閏				壡	

음(音)	이	자	잠	장	장	점	정	주	진	진	찬	참	책	청	청	초
한자	彝	姉	潛	莊	墻	點	靜	遒	晉	眞	讚	慚	冊	淸	靑	草
	彛	姊	潜	庄	牆	点	静	遒	晋	真	讃	慙	册	清	青	艸

음(音)	총	충	충	풍	하	희	학	항	현	혜	화	확	활	회	효	훈
한자	聰	沖	蟲	豊	厦	熙	學	恒	顯	惠	畫	確	闊	繪	效	勳
	聡	冲	虫	豐	廈	凞	学	恆	顕	恵	画	碻	濶	絵	効	勲
																勛

※ 대법원선정 인용명한자표 2007년 별표2 중요한자 표기.

나. 성명학에서 부수

현재 사용되고 있는 부수는 약 235자 인데 다른 자와 함께 사용될 때는 변형이 되어 사용된다. 그러나 성명학에서 한자의 획수를 계산할 때 한자의 좌우 또는 받침은 글자의 원래 부수의 획수로 계산해야 한다. 즉 月변은 肉으로 6획이고, 氵변은 水으로 4획이다.

숫자의 경우 1(一), 2(二), 3(三), 4(四), 5(五), 6(六), 7(七), 8(八), 9(九), 10(十)은 숫자의 획수와 관계없이 성명학에서는 그 의미로써 획수로 본다 (단 百 6획, 千 3획으로 본다)

▣ 부수와 변의 획수 일람표

약 부수	본 부수	획수	약 부수	본 부수	획수
扌	手	4획	忄	心	4획
氵	水	4획	犭	犬	4획
礻	示	5획	王	玉	5획
艹	艸	6획	衤	衣	6획
月	肉	6획	罒	网	6획
辶	辵	7획	耂	老	6획
阝(좌)	阜	8획	阝(우)	邑	7획

▣ 부수위치에 따른 명칭

1. 부수가 글자의 왼쪽을 이루는 것을 '변'이라고 한다.

亻(人) 인변(사람 인) : 仁(어질 인)

彳 두인변(자축거릴 척) : 役(부릴 역)

忄(心) 심방변(마음 심) : 快(쾌할 쾌)

扌(手) 재방변(손 수) : 指(손가락 지)

氵(水) 삼수변(물 수) : 江(강 강)

衤(衣) 옷의변(옷 의) : 被(이불 피)

阝(阜) 좌부변(언덕 부) : 阿(언덕 아)

2. 부수가 그 글자의 오른쪽을 이루는 것을 '방'이라고 한다.

刂(刀) 선칼도방(칼 도) : 利(날카로울 리)

卩(㔾) 병부절방(병부절) : 印(도장 인)

攵(攴) 등글월문방(칠 복) : 收(거둘 수)

阝(邑) 우부방(고을 읍) : 部(거느릴 부)

3. 부수가 그 글자의 위쪽을 이루는 것을 '머리'라고 한다.

亠 돼지해머리 : 亡(망할 망)

冖 민 갓머리 : 冠(갓 관)

宀 갓머리: 守

竹 대죽머리 : 筆(붓 필)

艹(艸) 풀초머리(풀 초) : 茶(차 다)

雨(雨) 비우머리(비 우) : 電(번개 전)

4. 글자의 밑을 이루는 것을 '발'이라고 한다.

心 마음심발(마음 심) : 思(생각할 사)

灬(火) 연화발(불 화) : 烈

皿 그릇명발(그릇 명) : 益(더할 익)

儿 어진사람인발(어진사람 인) : 兄(맏 형)

5. 부수가 글자의 위와 왼쪽을 이루는 것을 '엄호'라고 한다.

厂 민엄호[언덕 엄(한)] : 原(근원 원)

广 엄호(집 엄) : 序(차례 서)

尸 주검 시 : 尾(꼬리 미)

戶 지게 호 : 房(방 방)

6. 부수가 그 글자의 왼쪽에서 밑을 받치는 것을 '받침'이라고 한다.

廴 민책받침(길게 걸을 인) : 延(끌 연)

辶(辵) 책받침(쉬엄쉬엄 갈 착) : 通(통할 통)

▣ 부수일람표 ▣

[1획]

一 한 일
丨 뚫을 곤
丶 불똥 주(점)
丿 삐침 별(삐침)
乙 새 을
亅 갈고리 궐

[2획]

二 두 이
亠 머리 두(돼지해밑)
人(亻) 사람 인
儿 어진사람 인
入 들 입
八 여덟 팔
冂 멀 경(멀경몸)
冖 덮을 멱(민갓머리)
冫 얼음 빙(이수변)
几 안석 궤
凵 입벌릴 감(위터진입구)
刀(刂) 칼 도(선칼도)
力 힘 력
勹 쌀 포
匕 비수 비
匚 상자 방(터진입구)
匸 감출 혜(터진에운담)
十 열 십
卜 점 복
卩(㔾) 병부 절
厂 굴바위 엄(민엄호)
厶 사사 사(마늘모)
又 또 우

[3획]

口 입 구
囗 에울 위(큰 입구)
土 흙 토
士 선비 사
夂 뒤져올 치
夊 천천히걸을 쇠
夕 저녁 석
大 큰 대
女 계집 녀
子 아들 자
宀 집 면(갓머리)
寸 마디 촌
小 작을 소
尢(兀.尣)절름발이 왕
尸 주검 시
屮 싹날 철(왼손 좌)
山 산 산
巛(川) 내 천(개미허리)
工 장인 공
己 몸 기
巾 수건 건
干 방패 간
幺 작을 요
广 집 엄(엄호)
廴 길게걸을 인 (민책받침)
廾 받들 공(밑스물입)
弋 주살 익
弓 활 궁
彐(彑.ヨ)돼지머리 계(터진가로왈)
彡 터럭 삼(삐친석삼)
彳 자축거릴 척(두인변)

[4획]

心(忄.㣺)마음 심
戈 창 과
戶 지게 호
手(扌) 손 수(재방변)
支 지탱할 지
攴(攵) 칠 복(둥글월문)
文 글월 문
斗 말 두
斤 도끼 근(날근방)
方 모 방
无 없을 무(이미기방)
日 날 일
曰 가로 왈
月 달 월
木 나무 목
欠 하품 흠
止 그칠 지
歹(歺) 뼈앙상할 알(죽을사변)
殳 몽둥이 수(갖은등글월문)
毋 말 무
比 견줄 비
毛 터럭 모
氏 성씨 씨
气 기운 기
水(氵.氺)물 수(삼수변)
火(灬) 불 화
爪(爫) 손톱 조
父 아버지 부
爻 사귈 효(점괘효)
爿 조각 장(장수장변)
片 조각 편
牙 어금니 아
牛(牜) 소 우
犬(犭) 개 견(개사슴록변)

[5획]

玄 검을 현
玉(王) 구슬 옥(임금왕변)
瓜 오이 과
瓦 기와 와
甘 달 감
生 날 생
用 쓸 용
田 밭 전
疋 발 소
疒 병들 녁(병질엄)
癶 걸을 발(필발머리)
白 흰 백
皮 가죽 피
皿 그릇 명
目 눈 목
矛 창 모
矢 화살 시
石 돌 석

示(礻) 보일 시
禸 짐승발자국 유
禾 벼 화
穴 구멍 혈
立 설 립

[6획]
竹 대 죽
米 쌀 미
糸 실 멱(실사)
缶 장군 부
网(罒,⺳,罓) 그물 망
羊 양 양
羽 깃 우
老(耂) 늙을 로
而 말이을 이
耒 쟁기 뢰
耳 귀 이
聿 붓 율
肉(月) 고기 육(육달 월)
臣 신하 신
自 스스로 자
至 이를 지
臼 절구 구
舌 혀 설
舛 어그러질 천
舟 배 주
艮 머무를 간 (괘이름간)
色 빛 색
艸(艹) 풀 초(초두)
虍 범의문채 호(범호엄)
虫 벌레 훼(벌레충)
血 피 혈
行 다닐 행
衣(衤) 옷 의
襾 덮을 아

[7획]
見 볼 견
角 뿔 각
言 말씀 언
谷 골 곡
豆 콩 두
豕 돼지 시
豸 발없는 벌레 치
貝 조개 패
赤 붉을 적
走 달아날 주
足 발 족
身 몸 신
車 수레 거
辛 매울 신
辰 별 진
辵(辶) 갈 착(책받침)
邑(阝) 고을 읍(우부방)
酉 익을 유(닭 유)
釆 분별할 변
里 마을 리

[8획]
金 쇠 금
長 길 장
門 문 문
阜(阝) 언덕 부(좌부방변)
隶 미칠 이
隹 새 추
雨 비 우
靑 푸를 청
非 아닐 비

[9획]
面 낯 면
革 가죽 혁
韋 다룸가죽 위
韭 부추 구
音 소리 음
頁 머리 혈
風 바람 풍
飛 날 비
食 밥 식
首 머리 수
香 향기 향

[10획]
馬 말 마
骨 뼈 골
高 높을 고
髟 머리털 표(터럭발밑)
鬥 싸울 투
鬯 술 창
鬲 솥 력
鬼 귀신 귀

[11획]
魚 물고기 어
鳥 새 조
鹵 소금밭 로
鹿 사슴 록
麥 보리 맥
麻 삼 마

[12획]
黃 누를 황
黍 기장 서
黑 검을 흑
黹 바느질할 치

[13획]
黽 맹꽁이 맹
鼎 솥 정
鼓 북 고
鼠 쥐 서

[14획]
鼻 코 비
齊 가지런할 제

[15획]
齒 이 치

[16획]
龍 용 룡
龜 거북 귀

[17획]
龠 피리 약

信天翁
沙
仙人掌
髮
文
九
黃鳥
扶
爬
掌
水
扶桑
石
人
心

대법원선정 인명용한자

大法院選定 人名用漢字

총5151자

가	家 집 가	佳 아름다울가	街 거리 가	可 옳을 가	歌 노래 가	加 더할 가	價 값 가	賈 값 가	嫁 시집갈가	稼 농사 가
	駕 멍에 가	假 거짓 가	暇 겨를 가	嘉 아름다울가	架 시렁 가	伽 절 가	迦 부처이름가	柯 가지 가	呵 꾸짖을 가	哥 노래 가
	枷 도리깨 가	珂 흰마노 가	痂 헌데딱지가	苛 까다로울가	茄 가지 가	袈 가사 가	跏 도사리고앉을가	軻 바퀴굴레가	訶 꾸짖을 가	哿 옳을 가
각	各 각각 각	角 뿔 각	脚 다리 각	閣 누각 각	恪 삼갈 각	刻 새길 각	覺 깨달을 각	珏 쌍옥 각	殼 껍질 각	却 물리칠 각
	愨 정성 각									
간	干 방패 간	艮 괘이름 간	肝 간 간	杆 지레 간	間 사이 간	看 볼 간	幹 줄기 간	玕 옥돌 간	竿 장대 간	侃 굳셀 간
	姦 간음할 간	揀 가릴 간	諫 간할 간	懇 간절할 간	墾 따비질할간	簡 편지 간	刊 책펴낼 간	栞 나무쪼갤간	奸 통할 간	柬 편지 간
	桿 몽둥이 간	澗 시내 간	癎 간질 간	磵 석간수 간	稈 벼짚 간	艱 어려울 간				
갈	渴 목마를 갈	葛 칡 갈	乫 땅이름 갈	喝 꾸짖을 갈	曷 어찌할 갈	碣 비석 갈	竭 다할 갈	褐 털옷 갈	蝎 전갈 갈	鞨 나라이름갈
감	甘 달 감	勘 헤아릴 감	敢 감히 감	瞰 볼 감	減 덜 감	感 느낄 감	監 볼 감	鑑 거울 감	堪 견딜 감	坎 괘이름 감
	嵌 결국 감	憾 한할 감	戡 이길 감	柑 감귤 감	橄 감람나무감	疳 감질 감	紺 감색 감	邯 조나라 감	龕 감실 감	鑒 거울 감
갑	甲 으뜸 갑	鉀 갑옷 갑	匣 궤 갑	岬 산허리 갑	胛 어깨 갑	閘 물문 갑				
강	江 강 강	崗 산등성이강	降 내릴 강	姜 성 강	岡 뫼 강	康 편안할 강	慷 강개할 강	强 굳셀 강	杠 깃대 강	剛 굳셀 강
	堈 언덕 강	綱 벼리 강	鋼 강철 강	講 익힐 강	橿 박달나무강	彊 굳셀 강	薑 생강 강	畺 지경 강	疆 지경 강	糠 겨 강
	絳 진홍 강	羌 되 강	腔 속빌 강	舡 오나라배강	襁 포대기 강	鱇 아귀 강	嫝 편안할 강	跭 우뚝설 강	強 굳셀 강	鏹 강철 강
개	价 클 개	改 고칠 개	皆 모두 개	個 낱 개	蓋 덮을 개	開 열 개	介 끼일 개	凱 개선할 개	愷 편안할 개	漑 물댈 개

	慨 슬퍼할 개	槪 대개 개	塏 밝을 개	愾 성낼 개	疥 옴 개	芥 겨자 개	豈 어찌 개	鎧 투구 개	玠 큰서옥, 큰홀개	箇 낱 개
	盖 덮을 개		객	客 손 객	喀 기침할 객	갱	坑 구덩이 갱	更 다시 갱	粳 멥쌀 갱	羹 국 갱
갹	醵 돈거둘 갹		거	去 갈 거	車 수레 거	鉅 클 거	巨 클 거	居 살 거	擧 들 거	距 떨어질 거
	拒 막을 거	遽 갑자기 거	渠 개천 거	據 의지할 거	炬 횃불 거	倨 거만할 거	袪 물리칠 거	踞 걸터앉을거	鋸 톱 거	据 일할 거
건	件 사건 건	建 세울 건	乾 하늘 건	鍵 자물쇠 건	巾 수건 건	虔 정성스러울건	健 건강할 건	楗 빗장 건	愆 허물 건	腱 힘줄 건
	蹇 절 건	騫 이지러질건	漧 하늘 건	建 세울 건		걸	傑 영걸 걸	杰 호걸 걸	乞 구걸할 걸	桀 사나울 걸
검	儉 검소할 검	檢 감사할 검	劍 칼 검	瞼 눈시울 검	鈐 보습 검	黔 검을 검	劒 칼 검			
겁	怯 겁 겁	劫 겁박할 겁	迲 자내 겁		게	揭 높이들 게	憩 쉴 게	偈 쉴 게		
격	格 격식 격	隔 사이뜰 격	擊 칠 격	檄 격문 격	激 과격할 격	膈 명치 격	覡 박수 격			
견	見 볼 견	鵑 두견 견	堅 굳을 견	犬 개 견	肩 어깨 견	絹 비단 견	遣 보낼 견	牽 끌 견	甄 밝을 견	繭 누에고치견
	譴 꾸짖을 견		결	決 정할 결	潔 깨끗할 결	結 맺을 결	缺 이지러질결	訣 이별할 결	抉 갈가낼 결	
겸	兼 겸할 겸	鎌 낫 겸	謙 겸손할 겸	慊 앙심먹을겸	箝 재갈 겸	鉗 칼 겸				
경	京 서울 경	景 볕 경	警 경계할 경	輕 가벼울 경	經 경서 경	庚 별 경	耕 밭갈 경	敬 공경할 경	驚 놀랄 경	慶 경사 경
	競 다툴 경	竟 마침내 경	境 지경 경	鏡 거울 경	頃 잠깐 경	傾 기울어질경	硬 굳셀 경	梗 대개 경	徑 지름길 경	卿 벼슬 경
	俓 지름길 경	倞 굳셀 경	儆 경계할 경	勁 굳을 경	坰 들 경	憬 깨닫을 경	擎 받들 경	暻 밝을 경	更 고칠 경	涇 통할 경
	炅 빛날 경	璟 옥빛 경	瓊 아름다운옥경	耿 빛날 경	莖 줄기 경	逕 좁은길 경	檠 활도지개경	熲 빛날 경	鯨 고래 경	囧 빛날 경

	勍	烱	璥	痙	磬	絅	脛	頸	鶊	囧
	굳셀 경	불꽃 경	옥이름 경	중풍뜰 경	경쇠 경	홑옷 경	종아리 경	목 경	꾀꼬리 경	창밝을 경
	檠	冂		卿						
	등잔대 경	먼데 경	차가울 경	벼슬 경						
계	癸	季	界	計	溪	鷄	系	係	戒	械
	열째천간계	끝 계	지경 계	셈할 계	시내 계	닭 계	이을계	걸릴 계	경계할 계	기계 계
	繼	契	桂	啓	階	繫	誡	烓	堺	屆
	이을 계	맺을 계	계수나무계	열 계	섬돌 계	맬 계	경계할 계	밝을 계	지경 계	이를 계
	悸	棨	磎	稽	繫	谿				
	마음두근거릴계	찰틀 계	시내 계	상고할 계	얽을 계	시내 계				
고	古	告	故	固	苦	考	高	叩	枯	姑
	옛 고	알릴 고	연고 고	굳을 고	괴로울 고	상고할 고	높을 고	두드릴 고	마를 고	시어미 고
	庫	孤	鼓	稿	顧	敲	皐	暠	呱	尻
	곳집 고	외로울 고	북 고	볏짚 고	돌아볼 고	두드릴 고	언덕 고	명백할 고	아이울림고	꽁무니 고
	拷	槁	沽	痼	睾	羔	股	膏	苽	菰
	두드릴 고	마를 고	살 고	고질 고	불알 고	염소 고	다리 고	기름 고	줄기 고	풀우거질고
	藁	蠱	袴	誥	賈	辜	錮	雇	杲	攷
	짚 고	고혹할 고	바지 고	고할 고	살 고	허물 고	땜질할 고	품팔 고	높을 고	상고할 고
곡	谷	曲	哭	穀	斛	梏	鵠			
	골 곡	굽을 곡	울 곡	곡식 곡	열말들이곡	수갑 곡	고니 곡			
곤	困	坤	昆	崑	琨	錕	梱	棍	滾	袞
	곤할 곤	땅 곤	맘 곤	산이름 곤	아름다운곤	붉은곰 곤	곡식익을곤	곤장 곤	끓을물 곤	곤룡포 곤
	鯤		골	骨	汨	滑				
	곤이 곤			뼈 골	골몰할 골	희해할 골				
공	工	功	空	共	公	孔	供	攻	恭	貢
	장인 공	공 공	빌 공	함께 공	공평할 공	구멍 공	이바지할공	칠 공	공손할 공	바칠 공
	恐	珙	控	拱	蚣	鞏		곶	串	
	두려울 공	큰구슬 공	당길 공	꽂을 공	지네 공	가죽테 공			땅이름 곶	
과	果	課	寡	科	過	戈	瓜	誇	菓	跨
	결과 과	부과할 과	적을 과	과목 과	지날 과	창 과	오이 과	자랑할 과	과실 과	말탈 과
	鍋	顆		곽	郭	廓	槨	藿		
	남비 과	알 과			바깥성 곽	둘레 곽	덧관 곽	콩잎 곽		

관	官 벼슬 관	棺 널 관	觀 볼 관	關 빗장 관	館 집 관	琯 옥저 관	管 주관할 관	貫 꿸 관	慣 익숙할 관	冠 갓 관
	寬 너그러울관	灌 물댈 관	瓘 관옥 관	錧 보습 관	款 정성 관	串 익힐 관	罐 물뜨는그릇관	菅 왕골 관	舘 집 관	梡 도마 관
괄	括 쌀 괄	刮 긁을 괄	恝 괄시할 괄	适 빠를 괄		광	光 빛 광	珖 옥피리 광	桄 광랑나무광	廣 넓을 광
	鑛 쇳돌 광	侊 클 광	匡 바를 광	曠 휑할 광	洸 물솟을 광	晄 비칠 광	壙 광중 광	狂 미칠 광	筐 대광주리광	胱 오줌통 광
	炚 빛 광	広 넓을 광		괘	掛 걸 괘	卦 점칠 괘	罫 파점관 괘			
괴	怪 괴이할 괴	壞 무너질 괴	塊 덩어리 괴	愧 부끄러워할괴	乖 어그러질괴	傀 꼭두각시괴	拐 유인할 괴	槐 느티나무괴	魁 으뜸 괴	
굉	宏 클 굉	紘 넓을 굉	肱 팔 굉	轟 수레소리굉						
교	交 사귈 교	校 학교 교	橋 다리 교	敎 가르칠 교	喬 높을 교	嬌 아리따울교	膠 아교 교	郊 들 교	較 비교할 교	巧 공교로울교
	矯 바로잡을교	僑 객지에살교	咬 새지저귈교	嶠 산이름 교	攪 손놀릴 교	狡 교활할 교	皎 흴 교	絞 급할 교	翹 들 교	蕎 메밀 교
	蛟 교룡 교	轎 가마 교	餃 경단 교	驕 교만할 교	鮫 상어 교	姣 아름다울교	佼 예쁠 교	教 가르칠 교		
구	九 아홉 구	口 입 구	求 구할 구	救 구원할 구	銶 끌 구	鳩 비둘기 구	軀 몸 구	究 궁구할 구	久 오랠 구	句 글귀 구
	舊 예 구	具 갖출 구	俱 함께 구	區 구역 구	驅 몰 구	鷗 갈매기 구	苟 진실로 구	拘 거리낄 구	狗 개 구	駒 망아지 구
	丘 언덕 구	懼 두려워할구	龜 거북 구	構 얽을 구	溝 도랑 구	購 살 구	球 구슬 구	坵 구획 구	玖 옥돌 구	矩 법 구
	邱 언덕 구	耉 명길 구	仇 원수 구	勾 글귀절 구	咎 허물 구	嘔 토할 구	垢 때 구	寇 도둑 구	嶇 산험준 구	廐 마우 구
	柩 관 구	歐 쫓을 구	毆 칠 구	毬 제기 구	灸 지질 구	瞿 노려볼 구	絿 엄할 구	臼 절구 구	舅 외삼촌 구	衢 거리 구
	謳 노래 구	逑 짝 구	鉤 끌 구	玽 옥돌 구						

국	國 나라 국	局 판 국	菊 국화 국	鞠 기를 국	鞫 문호할 국	麴 누룩 국	国 나라 국			
군	君 임금 군	群 무리 군	郡 고을 군	軍 군사 군	窘 군색할 군	裙 치마 군				
굴	屈 굽을 굴	窟 굴 굴	堀 냅뜰 굴	掘 팔 굴						
궁	弓 활 궁	宮 집 궁	躬 몸소 궁	窮 궁할 궁	穹 높을 궁	芎 궁궁이 궁				
권	卷 책 권	券 문서 권	圈 우리 권	眷 돌아볼 권	拳 주먹 권	權 권세 권	勸 권할 권	倦 게으를 권	捲 거들 권	淃 물돌아흐를권
궐	厥 그 궐	闕 대궐 궐	獗 칠 궐	蕨 고사리 궐	蹶 쓰러질 궐					
궤	軌 수레바퀴궤	机 책상 궤	櫃 궤 궤	潰 흩어질 궤	詭 속일 궤	饋 먹일 궤				
귀	貴 귀할 귀	龜 거북 귀	歸 돌아올 귀	鬼 귀신 귀	句 구절 귀	晷 해그림자귀	䤥 가래 귀			
규	圭 서옥 규	奎 별 규	逵 길 규	珪 서옥 규	窺 엿볼 규	叫 부르짖을규	揆 헤아릴 규	規 법 규	閨 안방 규	葵 해바라기아욱규
	槻 느티나무규	硅 흙 규	竅 구멍 규	糾 살필 규	赳 날랠 규	糺 거둘 규	邽 고을이름규	嫢 가는허리규		
균	均 고를 균	畇 밭개간할균	鈞 무게단위균	菌 버섯 균	勻 고를 균	筠 대껍질 균	龜 손얼어터질균			
귤	橘 귤 귤		극	克 이길 극	隙 틈 극	劇 심할 극	剋 이길 극	極 지극할 극	戟 갈래진창극	棘 가시나무극
근	謹 삼갈 근	瑾 붉은옥 근	墐 매흙질할근	漌 맑을 근	槿 무궁화 근	斤 근 근	近 가까울 근	勤 부지런할근	根 뿌리 근	筋 힘줄 근
	僅 겨우 근	嫤 고울 근	劤 강할 근	懃 은근할 근	芹 미나리 근	菫 바퀴 근	覲 보일 근	饉 주릴 근	글	契 나라이름글
금	衾 이불 금	禁 금할 금	琴 거문고 금	襟 옷깃 금	禽 날짐승 금	金 쇠 금	錦 비단 금	今 이제 금	昑 밝을 금	妗 외숙모 금
	擒 사로잡을금	芩 금풀 금	衿 옷깃 금							

급	及 미칠 급	級 등급 급	給 줄 급	急 급할 급	汲 길을 급	伋 생각할 급	扱 걷어가질급			
긍	肯 즐길 긍	亘 뻗칠 긍	兢 조심할 긍	矜 자랑할 긍	亙 뻗칠 긍					
기	祺 좋을 기	冀 바랄 기	驥 천리마 기	嗜 즐길 기	暣 별기운 기	其 그 기	基 터 기	期 기약할 기	旗 기 기	己 몸 기
	紀 규율 기	記 기록할 기	起 일어날 기	奇 기아할 기	寄 부칠 기	騎 말탈 기	器 그릇 기	旣 이미 기	技 재주 기	埼 언덕머리기
	企 꾀할 기	氣 기운 기	祈 빌 기	幾 몇 기	機 베틀 기	畿 경기 기	豈 어찌 기	忌 꺼릴 기	飢 주릴 기	棄 버릴 기
	欺 속일 기	淇 물이름 기	琪 옥이름 기	棋 바둑 기	錤 호미 기	騏 털총이 기	麒 기린 기	璂 고깔꾸미기	譏 나무랄 기	玘 노리개 기
	杞 구기자 기	崎 산길험할기	琦 옥이름 기	綺 비단 기	錡 세발솥 기	箕 키 기	岐 가닥나뉠기	汽 김 기	沂 물이름 기	圻 지경 기
	耆 늙은이 기	璣 구슬 기	磯 여울돌 기	伎 재주 기	夔 조심할 기	妓 기생 기	朞 돐 기	畸 셈남어지기	碁 바둑 기	祁 클 기
	祇 지신 기	羈 말굴레 기	耭 갈 기	肌 살 기	饑 주릴 기	稘 콩줄기 기		긴	緊 긴요할 긴	
길	吉 길할 길	佶 건장할 길	桔 도라지 길	姞 이름 길	拮 깍지낄 길		김	金 성 김	끽	喫 멀고마실끽
나	柰 어찌 나	奈 어찌 나	那 어찌 나	娜 아리따울나	拏 잡을 나	儺 여역쫓을나	喇 나팔 나	懦 부드러울나	拿 잡을 나	旀 깃발날림나
	胗 섬길 나	挐 잡을 나		낙	諾 대답할 낙		난	難 어려울 난	暖 따듯할 난	煖 따뜻할 난
날	捺 손으로누를날	捏 누를 날		남	男 사내 남	南 남녘 남	楠 남나무 남	湳 물이름 남	枏 나무이름남	
납	納 들일 납	衲 기울 납		낭	娘 아가씨 낭	囊 주머니 낭		내	乃 이에 내	内 안 내
	奈 어찌 내	耐 견딜 내	柰 능금 내		녀	女 계집 녀	년	年 해 년	撚 잡을 년	秊 해 년
념	念 생각 념	恬 편안할 념	拈 집을 념	捻 손비빌 념		녕	寧 편안할 녕	寗 차라리 녕	獰 영악할 녕	

노	奴 종 노	努 힘쓸 노	怒 성낼 노	弩 소뇌 노	瑙 마노 노	駑 노둔할 노	농	農 농사 농	濃 짙을 농	膿 고름 농
뇨	尿 오줌 뇨	鬧 시끄러울뇨	撓 요란할 뇨		눈	嫩 어릴 눈		눌	訥 말더듬거릴눌	
뇌	腦 뇌 뇌	惱 괴로워할뇌		뉴	紐 끈 뉴	鈕 인꼭지 뉴	杻 박달나무뉴		능	能 능할 능
니	泥 진흙 니	尼 여승 니	柅 무성할 니	濔 치렁치렁할니	膩 미끄러울니			닉	匿 부칠 닉	溺 부칠 닉
다	多 많을 다	茶 차 다	爹 아비 다	⿱穴奈 깊을 다		단	旦 아침 단	但 다만 단	丹 붉을 단	單 홀로 단
	短 짧을 단	團 둥글 단	端 끝 단	段 층계 단	斷 끊을 단	壇 제단 단	檀 박달나무단	鍛 단련할 단	緞 비단 단	亶 믿을 단
	彖 결단할 단	湍 여울 단	簞 상자 단	蛋 새알 단	袒 웃솔터질단	鄲 땅이름 단	煓 불꽃성할단		달	達 통달할 달
	撻 종아리칠달	澾 미끄러울달	獺 물개 달	疸 쥐부스럼달		담	談 말씀 담	淡 묽을 담	潭 못 담	擔 멜 담
	譚 말씀 담	膽 쓸개 담	澹 물모양 담	覃 미칠 담	啖 씹을 담	坍 물이언던칠담	憺 고요할 담	曇 날흐릴 담	湛 오래즐길담	痰 담 담
	聃 귀바퀴없을담	錟 긴창 담	倓 고요할 담		답	答 대답할 답	畓 논 답	踏 밟을 답	遝 뒤섞일 답	
당	堂 집 당	當 마땅할 당	唐 당나라 당	糖 사탕 당	黨 무리 당	塘 못 당	鐺 쇠사슬 당	撞 칠 당	幢 기 당	戇 고지식할
	棠 땅이름 당	螳 버마제비당								
대	大 큰 대	代 대신할 대	待 기다릴 대	隊 떼 대	帶 띠 대	對 대답할 대	貸 빌릴 대	臺 누각 대	垈 터 대	袋 자루 대
	玳 대모 대	戴 받들 대	擡 들 대	旲 햇빛 대	坮 집 대	岱 집터 대	黛 눈썹그릴대			
댁	宅 집 댁		덕	德 큰 덕	悳 큰 덕					
도	道 길 도	導 인도할 도	度 법도 도	渡 건널 도	島 섬 도	都 도읍 도	桃 복숭아 도	圖 그림 도	途 길 도	到 이를 도

	徒	稻	跳	陶	刀	倒	盜	逃	挑	堵
	무리 도	벼 도	뛸 도	질그릇 도	칼 도	넘어질 도	도둑 도	달아날 도	돋을 도	담 도
	塗	棹	濤	燾	禱	鍍	蹈	屠	嶋	悼
	바를 도	노 도	큰물결 도	비칠 도	빌 도	도금할 도	밟을 도	백정 도	섬 도	슬퍼할 도
	掉	搗	櫂	淘	滔	睹	覩	賭	韜	馟
	흔들 도	찧을 도	노 도	쌀일 도	물넓을 도	볼 도	볼도	내기 도	감출 도	향기날 도
독	獨	督	篤	讀	毒	瀆	牘	犢	禿	纛
	홀로 독	감독할 독	다토울 독	읽을 독	독할 독	도랑 독	사테할 독	송아지 독	떨빠질 독	깃일산 독
돈	豚	敦	暾	墩	惇	燉	頓	旽	沌	焞
	돼지 돈	도타울 돈	아침해 돈	돈대 돈	도타울 돈	불빛 돈	조아릴 돈	날돋을 돈	흐릴 돈	두터울 돈
돌	突	乭								
	부딧칠 돌	이름 돌								
동	東	凍	同	洞	桐	銅	動	童	冬	棟
	동녘 동	얼 동	한가지 동	마을 동	오동나무동	구리 동	움직일 동	아이 동	겨울 동	마룻대 동
	董	潼	垌	瞳	蝀	仝	憧	疼	胴	膧
	동독할 동	물이름 동	항아리 동	눈동자 동	무지게 동	성 동	맘동할 동	아플 동	큰창자 동	볼기뼈 동
	曈	彤	烔							
	먼동틀 동	붉은칠할동	더운기운동							
두	斗	豆	頭	杜	枓	兜	痘	竇	荳	讀
	말 두	콩 두	머리 두	막을 두	주두 두	투구 두	역질 두	구멍 두	콩 두	구절 두
	逗	阧		둔	鈍	遁	屯	臀	芚	遯
	머무를 두	높을 두			둔할 둔	달아날 둔	모일 둔	볼기 둔	등구미 둔	도망할 둔
득	得			등	登	燈	等	藤	騰	謄
	얻을 득				오를 등	등잔 등	무리 등	등나무 등	오를 등	베낄 등
	鄧	嶝	橙			라	羅	螺	喇	懶
	등나라 등	비탈 등	등상 등				벌일 라	소라 라	나마교 라	게으를 라
	癩	蘿	裸	邏	剆	覶	摞			
	문둥병 라	새삼넘출라	벗거벗을라	순행할 라	칠 라	좋게볼 라	다스릴 라			
락	樂	洛	落	絡	酪	珞	烙	駱		
	즐길 락	물 락	떨어질 락	이을 락	진한유즙락	목걸이 락	지질 락	약대 락		
란	卵	亂	蘭	瓓	爛	欄	瀾	欒	鸞	
	알 란	어지러울란	난초 란	옥광채 란	빛날 란	난간 란	큰물결 란	파리할 란	난새 란	

랄	刺 어그러질랄	辣 몹시매울랄								
람	藍 쪽 람	覽 볼 람	濫 넘칠 람	嵐 산이름 람	擥 잡을 람	攬 잡을 람	欖 감람 람	籃 쪽 람	纜 배닻줄 람	襤 해진옷 람
	婪 고울 람		랍	拉 꺾을 랍	臘 납향제 랍	蠟 밀 랍		랑	郎 사내 랑	浪 물결 랑
	朗 밝을 랑	廊 행랑 랑	琅 옥이름 랑	瑯 옥이름 랑	狼 이리 랑	螂 사마귀 랑	烺 불이름 랑		래	來 올 래
	崍 산이름 래	萊 명아주 래	徠 산이름 래	来 올 래	𧼯 올 래	랭	冷 찰 랭	략	略 간약할 략	掠 노략질할략
량	良 어질 량	凉 서늘할 량	兩 두 량	梁 들보 량	量 헤아릴 량	糧 양식 량	諒 살필 량	亮 밝을 량	倆 재주 량	樑 들보 량
	凉 도울 량	粮 곡식 량	粱 기장 량	輛 수레 량						
려	旅 나그네 려	麗 고울 려	慮 생각할 려	勵 힘쓸 려	閭 이문 려	呂 음률 려	侶 짝 려	黎 동틀 려	儷 짝 려	廬 풀집 려
	戾 이를 려	櫚 종려나무려	濾 씻을 려	礪 숫돌 려	藜 명아주 려	蠣 굴 려	驢 나귀 려			
력	力 힘 력	歷 지낼 력	曆 체력 력	瀝 스밀 력	礫 자갈 력	轢 수레바퀴치일력	靂 벼락 력			
련	連 연할 련	蓮 연밥 련	聯 잇닿을 련	練 익힐 련	鍊 단련할 련	戀 사모할 련	憐 불쌍히여길련	煉 쇠불릴 련	璉 호련 련	攣 맬 련
	輦 연 련	孌 사모할 련		렬	列 벌일 렬	烈 매울 렬	裂 찢을 렬	劣 용렬할 렬	冽 맵게찰 렬	洌 맑을 렬
렴	廉 청념할 렴	濂 엷을 렴	簾 발 렴	斂 거둘 렴	殮 염할 렴		렵	獵 사냥할 렵		
령	令 명령할 령	姈 계집영리할령	昤 날빛 령	領 거느릴 령	嶺 산고개 령	零 떨어질 령	靈 신령 령	伶 영리할 령	玲 옥소리 령	鈴 방울 령
	齡 나이 령	怜 영리할 령	囹 진나라옥령	岺 산이름 령	笭 작은롱 령	羚 큰양 령	翎 살깃 령	聆 들을 령	逞 쾌할 령	泠 서늘할 령
	澪 물이름 령			례	禮 예도 례	例 법식 례	澧 물이름 례	醴 단순 례	隷 종 례	礼 예도 례

로	老 늙을 로	勞 수고로울 로	路 길 로	露 이슬 로	爐 화루 로	魯 노나라 노	盧 성 로	鷺 백로 로	撈 거저낼 로	擄 노략질 로
	櫓 노 로	潞 물이름 로	瀘 물이름 로	虜 사로잡을로	輅 차 로	鹵 염전 로	嚧 웃을 로			
록	祿 녹 록	綠 푸를 록	錄 기록할 록	鹿 사슴 록	彔 나무깍을록	碌 푸른돌 록	菉 녹두록	麓 산기슭 록		
론	論 논의할 론		롱	弄 희롱할 롱	瓏 환할 롱	籠 대그릇 롱	瀧 여울 롱	壟 무덤 롱	朧 살찔 롱	聾 캄캄할 롱
뢰	賴 의지할 뢰	雷 우레 뢰	瀨 여울 뢰	儡 허수아비뢰	牢 우리 뢰	磊 돌첩첩할뢰	賂 뇌물 뢰	賚 줄 뢰		
료	了 마칠 료	僚 동료 료	料 헤아릴 료	遼 멀 료	寮 작은창 료	廖 성 료	燎 비칠 료	療 병고칠 료	瞭 눈밝은 료	聊 힘입을 료
	蓼 여뀌 료		룡	龍 용 룡	竜 용 룡		루	累 여러 루	樓 다락 루	屢 자주 루
	淚 눈물 루	漏 샐 루	壘 집터토석루	婁 빌 루	瘻 곱사등이루	縷 실 루	褸 옷해질 루	鏤 새길 루	陋 더러울 루	
류	柳 버들 류	流 흐를 류	留 머무를 류	類 무리 류	琉 유리 류	劉 성 류	瑠 유리 류	硫 유황 류	瘤 혹 류	旒 깃발 류
	榴 석류 류	溜 처마흘릴류	瀏 물맑을 류	謬 어긋날 류		륙	六 여섯 륙	陸 뭍 륙	戮 죽일 륙	
륜	倫 인륜 륜	輪 바퀴 륜	侖 덩어리 륜	崙 산이름 륜	綸 인끈 륜	淪 빠질 륜	錀 금 륜			
률	律 법 률	栗 밤 률	率 비율 률	慄 떨 률	嵂 산높을 률			륭	隆 높을 륭	
륵	勒 자갈 륵	肋 갈빗대 륵			름	凜 찰 름	廩 쌀곳간 름	凛 찰 름		
릉	陵 언덕 릉	綾 비단 릉	菱 마름 릉	稜 모질 릉	凌 업신여길릉	楞 네모질 릉				
리	利 이로울 리	梨 배 리	里 마을 리	俚 속될 리	理 다스릴 리	裏 속 리	籬 떠날 리	吏 관리 리	履 밟을 리	李 오얏 리
	璃 유리 리	莉 말리꽃 리	离 밝을 리	裡 옷속 리	悧 영리할 리	俐 영리할 리	厘 털끗 리	唎 가는소리리	浬 물잇수 리	犁 얼룩소 리

	狸 삵 리	痢 이질 리	籬 울타리 리	罹 걸릴 리	羸 파리할 리	釐 다스릴 리	鯉 잉어 리	涖 물소리 리	𠩺 바를 리	
린	隣 이웃 린	璘 옥무늬 린	潾 물맑은 린	麟 기린 린	吝 아낄 린	燐 불일어날린	藺 뇌양이 린	鱗 비늘 린	撛 구원할 린	麟 기린 린
	鏻 굳셀 린			림	林 수풀 림	臨 임할 림	琳 옥이름림	霖 장마 림	淋 물뿌릴 림	棽 가지성할림
립	立 설 립	笠 삿갓 립	粒 낟알 립	砬 약돌 립						
마	馬 말 마	麻 삼 마	磨 갈 마	瑪 마노 마	摩 만질 마	碼 야두 마	魔 마귀 마			
막	莫 아닐 막	漠 사막 막	幕 휘장 막	寞 적막할 막	膜 홑데기 막	邈 멀 막				
만	萬 일만 만	万 일만 만	滿 찰 만	晩 늦을 만	慢 거만할 만	漫 부질없을만	蠻 오랑캐 만	曼 길 만	蔓 덩굴 만	鏋 금정기 만
	卍 불서 만	娩 순산할 만	巒 산봉우리만	彎 시위에살림만	挽 수레끌 만	灣 물굽이 만	瞞 반듯한눈만	輓 수레끌 만	饅 만두 만	
말	末 끝 말	茉 말리꽃 말	唜 끝 말	抹 바를 말	沫 침 말	襪 버선 말	靺 붉은끈 말			
망	亡 망할 망	妄 망녕될 망	忘 잊을 망	忙 바쁠 망	望 바랄 망	罔 없을 망	茫 망망할 망	網 그물 망	芒 가시 망	莽 풀우거질망
	輞 바퀴테 망	邙 북망산 망								
매	每 매양 매	梅 매화 매	妹 손아랫누이매	埋 묻을 매	媒 중매 매	賣 팔 매	買 살 매	寐 쉴 매	昧 어둘 매	枚 즐기 매
	煤 거림 매	罵 꾸짖을 매	邁 멀리갈 매	魅 도깨비 매	苺 딸기 매					
맥	麥 보리 맥	脈 맥 맥	貊 오랑캐 맥	陌 밭두덕길맥	驀 말빨리달릴맥					
맹	孟 맏 맹	猛 사나울 맹	盟 맹세할 맹	萌 싹 맹	盲 소경 맹	氓 백성 맹		멱	冪 덮을 멱	覓 찾을 멱
면	面 낯 면	免 면할 면	勉 힘쓸 면	綿 솜 면	眠 잠잘 면	冕 면류관 면	棉 목화 면	沔 흘러가득할면	眄 곁눈질해볼면	緬 멀 면

	麵 국수 면		멸	滅 멸망할 멸	蔑 업신여길멸		명	明 밝을 명	名 이름 명	銘 새길 명
	命 목숨 명	鳴 울 명	冥 어두울 명	溟 바다 명	暝 저녁 명	榠 홈통 명	皿 그릇 명	瞑 눈감을 명	茗 차싹 명	蓂 책력풀 명
	螟 며루 명	酩 술취할 명	慏 마음너그러울명	洺 물이름 명	眀 밝게볼 명	䳟 초 명			메	袂 소매 메
모	模 법 모	謀 꾀할 모	某 아무 모	冒 무릅쓸 모	貌 모양 모	矛 창 모	毛 털 모	母 어머니 모	暮 저물 모	慕 사모할 모
	募 모을 모	摸 본뜰 모	牟 보리 모	謨 꾀 모	侮 업신여길모	姆 여스승 모	帽 모자 모	摹 규모 모	牡 수컷 모	瑁 서옥두겁모
	眸 눈동자 모	耗 감할 모	芼 나물 모	茅 띠 모	橅 법 모					
목	木 나무 목	沐 머리감을목	牧 칠 목	目 눈 목	睦 화목할 목	穆 화목할 목	鶩 집오리 목			
몰	沒 빠질 몰	歿 죽을 몰		몽	夢 꿈 몽	蒙 어릴 몽	朦 달지려할몽			
묘	卯 토끼 묘	妙 묘할 묘	苗 싹 묘	墓 무덤 묘	廟 사당 묘	描 그릴 묘	錨 닻 묘	畝 이랑 묘	昴 묘별 묘	杳 아득할 묘
	渺 아득할 묘	猫 고양이 묘	玅 땅이름 묘							
무	戊 다섯째천간무	撫 어루만질무	武 호반 무	務 힘쓸 무	霧 안개 무	茂 무성할 무	畝 밭이랑 무	無 없을 무	舞 춤출 무	貿 무역할 무
	拇 엄지손가락무	珷 무부 무	懋 힘쓸 무	巫 무당 무	憮 심란할 무	楙 모과나무무	毋 없을 무	繆 실천오리무	蕪 거칠 무	誣 속일 무
	鵡 앵무새 무	橅 법 무	无 없을 무		묵	默 말없을 묵	墨 먹 묵			
문	門 문 문	文 글월 문	紋 무늬 문	炆 연기날 문	汶 더럽힐 문	聞 들을 문	問 들을 문	們 무리 문	刎 목찌를 문	吻 입시울 문
	紊 얽힐 문	蚊 모기 문	雯 구름문채문		물	物 만물 문	勿 말 물	沕 오묘할 물		
미	渼 물결무늬미	美 아름다울미	未 아닐 미	味 맛 미	米 쌀 미	尾 꼬리 미	迷 미혹할 미	眉 눈썹 미	微 작을 미	薇 고비 미

	獼	嵄	媄	媚	嵋	楣	梶	湄	謎	靡
	두루 미	산 미	빛고을 미	아첨할 미	산이름 미	문옷설주미	나무끝 미	물가 미	수수께기미	얽을 미
	黴	躾	媺	瀰						
	곰팡이 미	예절가르칠미	착할 미	맑을 미						
민	旼	珉	岷	憫	民	敏	旻	閔	玟	忞
	화할 민	옥돌 민	산이름 민	불쌍히여길민	백성 민	민첩할 민	하늘 민	민망할 민	옥돌 민	마음다잡을민
	慜	愍	潣	暋	頣	泯	悶	緡	碈	慜
	총명할 민	강할 민	물졸졸흘러내릴민	강할 민	강할 민	다할 민	민망할 민	돈꿰미 민	옥돌 민	총명할 민
	鈱	捪			밀	密	蜜	謐		
	철판 민	옥돌 민				빽빽할 밀	꿀 밀	고요할 밀		
박	撲	朴	博	泊	拍	迫	薄	璞	珀	鉑
	두드릴 박	순박할 박	넓을 박	배댈 박	손뼉칠 박	핍박할 박	엷을 박	옥돌 박	호박 박	금박 박
	舶	剝	樸	箔	粕	縛	雹	駁		
	큰배 박	벗길 박	순박할 박	발 박	재강 박	얽을 박	우박 박	얼룩말 박		
반	叛	返	反	盤	潘	畔	磐	伴	半	班
	배반할 반	돌아올 반	돌이킬 반	쟁반 반	쌀뜨물 반	밭고랑 반	반석 반	짝 반	반 반	나눌 반
	般	頒	飯	拌	搬	攀	斑	槃	泮	瘢
	옮길 반	반포할 반	밥 반	버릴 반	운전할 반	받을 반	아롱질 반	쟁반 반	반수 반	험질 반
	盼	磻	礬	絆	蟠	[illegible]				
	돌아볼 반	시내 반	백반 반	말얽아맬반	서릴 반	나라이름반				
발	髮	鉢	發	渤	拔	潑	勃	撥	跋	醱
	머리털 발	바리때 발	필 발	바다이름발	뺄 발	물뿌릴 발	변색할 발	다스릴 발	걸음 발	술괴일 발
	魃									
	가물 발									
방	防	妨	房	邦	坊	倣	訪	昉	彷	方
	막을 방	방해할 방	방 방	나라 방	동네 방	본받을 방	찾을 방	밝을 방	거닐 방	모 방
	傍	芳	放	龐	榜	尨	幇	旁	枋	磅
	곁 방	꽃다울 방	놓을 방	클 방	방목 방	삽살개 방	도을 방	클 방	단목 방	돌떨어지는소리방
	紡	肪	膀	舫	蒡	蚌	謗			
	길쌈 방	비계 방	오줌통 방	사공 방	우엉 방	조개 방	나무랄 방			
배	陪	拜	裵	配	杯	背	排	輩	湃	倍
	도울 배	절 배	성 배	짝 배	잔 배	등 배	물리칠 배	무리 배	물결칠 배	곱 배

	培 복돋을 배	拜 광대 배	徘 어정거릴배	胚 어깨쭉지배	褙 배자 배	賠 배상 배	北 패할 배	盃 잔 배	裵 성 배	
백	白 흰 백	帛 비단 백	百 일백 백	佰 맏 백	柏 잣나무 백	佰 어른 백	魄 혼 백	栢 잣나무 백		
번	煩 번거로울번	番 차례 번	飜 펄럭일 번	繁 번성할 번	蕃 번성할 번	幡 기 번	樊 성번	燔 구울 번	藩 울타리 번	翻 펄럭일 번
벌	閥 문벌 벌	伐 칠 벌	罰 벌줄 벌	筏 떼 벌						
범	杋 떼나무 범	犯 범할 범	範 법 범	帆 돛 범	氾 넘칠 범	范 벌 범	凡 무릇 범	汎 뜰 범	梵 불경 범	泛 뜰 범
	釩 칠 범			법	法 법 법	琺 법랑 법				
벽	壁 바람 벽	碧 푸를 벽	璧 둥근옥 벽	闢 열 벽	僻 편벽할 벽	劈 쪼갤 벽	擘 나눌 벽	蘗 황경괴나무벽	癖 적병 벽	蘖 싹얼 벽
	霹 벼락 벽		변	卞 조급할 변	邊 갓 변	辯 말잘할 변	辨 분별할 변	變 변할 변	弁 고깔 변	便 오줌 변
	釆 분별할 변		별	別 다를 별	瞥 눈깜짝할별	鱉 자라 별	鼈 고사리 별	襒 떨칠 별	馠 향기날 별	莂 모종낼 별
병	并 아우를 병	瓶 병 병	輧 가벼운수레병	鉼 판금 병	棅 자루 병	丙 남녘 병	兵 군사 병	竝 아우를 병	屛 병풍 병	病 병들 병
	炳 밝을 병	柄 자루 병	昞 밝을 병	倂 아우를 병	秉 잡을 병	餠 떡 병	騈 고을이름병	並 아우를 병	并 아우를 병	昺 밝을 병
보	輔 도울 보	保 보호할 보	報 갚을 보	步 걸음 보	普 넓을 보	補 도울 보	譜 계보 보	寶 보배 보	堡 작은성 보	甫 클 보
	菩 보살 보	潽 물넓을 보	洑 스며흐를보	湺 보 보	珤 보배 보	褓 포대기 보	俌 도울 보	宝 보배 보		
복	馥 향기 복	福 복 복	復 회복할 복	腹 배 복	鰒 전복 복	卜 점 복	伏 엎드릴 복	服 옷 복	鍑 아구리큰솥복	僕 종 복
	匐 길 복	宓 성 복	蔔 치자꽃 복	覆 돌이킬 복	輹 바퀴 복	輻 바퀴 복				
볼	乶 땅이름 볼		본	本 근본 본						

봉	蓬	鋒	鳳	封	奉	逢	峯	蜂	俸	捧
	다북쑥 봉	칼날 봉	새 봉	봉할 봉	받들 봉	만날 봉	봉우리 봉	벌 봉	봉급 봉	받들 봉
	琫	棒	烽	熢	縫	漨	浲	峰		
	칼집장식옥봉	몽둥이 봉	봉화 봉	봉화 봉	꿰맬 봉	내이름 봉	내이름 봉	봉우리 봉		
부	傅	復	富	副	付	府	符	附	夫	扶
	스승 부	다시 부	넉넉할 부	버금 부	줄 부	마을 부	증거부	붙을 부	사내 부	도울 부
	部	浮	溥	簿	婦	赴	賦	父	膚	負
	나눌 부	뜰 부	클 부	장부 부	며느리 부	다다를 부	세금거둘부	아비 부	살갗 부	짐질 부
	否	腐	孚	芙	敷	不	俯	剖	咐	埠
	아니 부	썩을 부	믿을 부	연꽃 부	펼 부	아니 부	구부릴 부	쪼갤 부	불 부	서창 부
	孵	斧	缶	腑	艀	莩	訃	賻	趺	釜
	알깔 부	도끼 부	장군 부	장부 부	오줌통 부	갈청 부	부음 부	부의 부	도사리앉을부	가마 부
	阜	駙	鳧	膚	艀		북	北		
	언덕 부	곁말 부	물오리 부	살갗 부	작은배 부			북녘 북		
분	盆	分	紛	粉	憤	墳	奔	奮	汾	芬
	동이 분	나눌 분	어지러울분	가루 분	분할 분	봉분 분	달아날 분	떨칠 분	물굽이쳐흐를분	향기 분
	吩	噴	忿	扮	焚	糞	雰			
	분부할 분	뿜을 분	분할 분	잡을 분	불사를 분	똥 분	안개 분			
불	拂	不	弗	佛	彿					
	떨칠 불	아닐 불	어길 불	부처 불	흡사할 불					
붕	鵬	朋	崩	棚	硼	繃				
	붕새 붕	벗 붕	산무너질붕	시렁 붕	붕사 붕	감을 붕				
비	譬	比	批	非	悲	妃	備	肥	秘	飛
	비유할 비	견줄 비	비평할 비	아닐 비	슬플 비	왕비 비	갖출 비	살찔 비	숨길 비	날 비
	費	鼻	卑	婢	碑	枇	扉	琵	庇	丕
	비용 비	코 비	낮을 비	여종 비	비석 비	비파나무비	문짝 비	비파 비	덮을 비	클 비
	匕	匪	憊	斐	榧	毖	毗	毘	沸	泌
	비수 비	아닐 비	고달플 비	문체날 비	비자나무비	삼갈 비	도울 비	도울 비	끓을 비	졸졸흐를비
	痺	砒	秕	粃	緋	翡	脾	臂	菲	蜚
	새이름 비	비상 비	쭉정이 비	쭉정이 비	붉은빛 비	비취 비	지라 비	팔 비	순무 비	메뚜기 비
	裨	誹	鄙	棐						
	기울 비	흉볼 비	더러울 비	도울 비						

음										
빈	斌 빛날 빈	貧 가난할 빈	賓 손 빈	彬 빛날 빈	頻 자주 빈	嬪 궁녀 빈	濱 물가 빈	穦 향기 빈	儐 인도할 빈	璸 진주이름빈
	浜 물가이름빈	瀕 물가 빈	牝 암컷 빈	邠 나라이름빈	繽 성할 빈	份 빛날 빈	豳 나라이름빈	霦 옥광채 빈	贇 예쁠 빈	鑌 광내다 빈
빙	氷 얼음 빙	憑 의지할 빙	聘 청할 빙	騁 달릴 빙						
사	四 넉 사	糸 실 사	士 선비 사	仕 벼슬 사	寺 절 사	社 모일 사	思 생각 사	事 일 사	史 역사 사	使 하여금 사
	私 사사 사	司 맡을 사	詞 말 사	巳 뱀 사	祀 제사 사	師 스승 사	絲 실 사	沙 모래 사	舍 집 사	査 사실 사
	射 쏠 사	砂 모래 사	紗 깁 사	謝 사례할 사	寫 베낄 사	辭 말 사	似 같을 사	徙 옮길 사	斯 이 사	斜 비낄 사
	奢 사치 사	賜 줄 사	詐 속일 사	捨 버릴 사	死 죽일 사	蛇 뱀 사	邪 간사할 사	娑 춤출 사	泗 물이름 사	嗣 이을 사
	赦 죄사할 사	乍 잠깐 사	些 적을 사	伺 살릴 사	俟 기다릴 사	僿 부술 사	唆 대답할 사	柶 윷 사	梭 복사 사	渣 물이름 사
	瀉 쏟을 사	獅 사자 사	祠 사당 사	篩 체 사	肆 방자할 사	莎 향부자싹사	蓑 도롱이 사	裟 가사 사	飼 칠 사	駟 사마 사
	麝 사향노루사		삭	朔 초하루 삭	削 깎을 삭	數 자주 삭	索 줄 삭			
산	山 뫼 산	珊 산호 산	産 낳을 산	算 셈할 산	傘 우산 산	散 흩을 산	酸 실 산	刪 깎을 산	汕 통발 산	疝 산증 산
	蒜 마늘 산	霰 싸락눈 산		살	殺 죽일 살	薩 보살 살	乷 음역자 살	撒 헤쳐버릴살	煞 죽일 살	
삼	三 셋 삼	杉 삼나무 삼	森 나무빽빽할삼	參 참여할 삼	蔘 인삼 삼	衫 적삼 삼	滲 스밀 삼	芟 풀베일 삼		
삽	揷 꽂을 삽	澁 깔깔할 삽	鈒 새길 삽	颯 쇠할 삽	插 꽂을 삽					
상	上 윗 상	翔 날 상	相 서로 상	想 생각할 상	爽 시원할 상	霜 서리 상	祥 상서 상	詳 자세할 상	床 평상 상	尙 오히려 상
	常 떳떳할 상	裳 치마 상	賞 상줄 상	償 갚을 상	象 코끼리 상	像 형상 상	狀 모양 상	嘗 맛볼 상	桑 뽕나무 상	商 장사 상

	傷 상할 상	喪 복입을 상	庠 학교 상	湘 물이름 상	箱 상자 상	塽 땅높고밝은곳상	孀 과부 상	峠 산고개 상	廂 행랑 상	橡 상수리 상
	觴 잔 상	樣 상수리 상	牀 평상 상		쌍	雙 쌍 쌍			새	塞 변방 새
	璽 옥대 새	賽 내기할 새		색	色 빛 색	嗇 인색할 색	索 찾을색	穡 거둘 색	塞 막을 색	
생	生 날 생	牲 희생 생	甥 생질 생	省 덜 생	笙 저 생					
서	西 서녘 서	誓 맹서할 서	書 글 서	緖 실마리 서	序 차례 서	敍 펼 서	徐 천천히할서	庶 여럿 서	暑 더울 서	署 관청 서
	恕 용서할 서	抒 펼 서	瑞 상서로울서	棲 깃들일 서	婿 사위 서	曙 새벽 서	舒 펼 서	偦 지혜 서	壻 사위 서	諝 슬기 서
	墅 농막 서	嶼 섬 서	捿 새깃들일서	犀 물소 서	筮 시초점 서	絮 헌솜 서	胥 서로 서	薯 마 서	逝 갈 서	鋤 호미 서
	黍 기장 서	鼠 쥐 서	藇 아름다운술서	嶼 섬 서	揟 고을이름서	悆 기쁠 서	叙 펼 서	栖 깃들 서		
석	石 돌 석	鉐 놋쇠 서	夕 저녁 석	昔 옛 석	惜 아낄 석	席 자리 석	析 쪼갤 석	錫 주석 석	祏 섬 석	釋 풀 석
	碩 클 석	汐 저녁조수석	奭 클 석	淅 쌀일 석	晳 밝을 석	潟 염밭 석	蓆 자리 석	舃 빛날 석		
선	渲 바람 선	仙 신선 선	善 착할 선	先 먼저 선	宣 베풀 선	鮮 고울 선	選 가릴 선	船 배 선	線 줄 선	旋 돌 선
	禪 고요할 선	扇 부채 선	瑄 도리옥 선	琁 옥 선	璿 아름다운옥선	璇 옥이름 선	愃 쾌할 선	羨 부러워할선	嬋 고울 선	銑 무쇠 선
	膳 반찬 선	繕 기울 선	墡 백토 선	珗 옥돌 선	嫙 예쁠 선	僊 춤훨훨칠선	敾 다스릴 선	煽 불부칠 선	癬 마른옴 선	腺 멍울 선
	蘚 이끼 선	蟬 메미 선	詵 말전할 선	跣 맨발로달릴선	鐥 구기 선	饍 반찬 선	洒 물깊을 선			
설	雪 눈 설	說 말씀 설	卨 사람이름설	設 베풀 설	舌 혀 설	薛 다부쑥 설	楔 문설주 설	屑 가루 설	泄 샐 설	洩 샐 설
	渫 샐 설	褻 사복 설	齧 씹을 설	禼 높을 설	蔎 향내날 설	契 사람이름설				

섬	暹 나아갈 섬	纖 가늘 섬	蟾 두꺼비 섬	剡 고을이름섬	殲 다할 섬	贍 도울 섬	閃 언뜻볼 섬	陝 땅이름 섬		
섭	攝 끌어잡을섭	涉 건널 섭	燮 화할 섭	葉 땅이름 섭						
성	珵 옥빛 성	成 이룰 성	城 잿 성	誠 정성 성	盛 성할 성	省 살필 성	聖 성인성	聲 소리 성	星 별 성	性 성품 성
	姓 성 성	娍 아름다울성	惺 깨달을 성	晟 밝을 성	珹 옥이름 성	醒 술깰 성	宬 사고 성	猩 성성이 성	筬 바디 성	腥 날고기 성
	垩 성인 성	貹 재물 성	胜 날고기 성	城 밝을 성	晠			세	稅 세금 세	世 대 세
	歲 해 세	洗 씻을 세	勢 기세 세	細 가늘 세	貰 세낼 세	笹 가는대 세	說 달랠 세	忕 익힐 세	洒 설치할 세	
소	小 작을 소	少 을 소	召 부를 소	昭 밝을 소	所 바 소	素 흴 소	笑 웃을 소	訴 하소연할소	掃 쓸 소	疎 멀리할 소
	疏 멀 소	蘇 깨어날 소	蔬 나물 소	消 사라질 소	燒 불사를 소	炤 밝을 소	騷 시끄러울소	沼 늪 소	紹 이을 소	遡 거스를 소
	邵 땅이름 소	韶 아름다울소	巢 새집 소	柖 나무흔들릴소	玿 아름다운옥소	塑 흙으로만든인형소	宵 밤 소	搔 긁을 소	梳 빗 소	溯 물거스릴소
	瀟 빗소리 소	甦 쉴 소	瘙 옴 소	篠 가는대 소	簫 퉁소 소	蕭 쑥 소	逍 노닐 소	銷 녹일 소	愫 정성 소	穌 쉴 소
	卲 높을 소	穌 구름 소	疏 멀리할 소							
속	粟 조 속	束 묶을 속	速 빠를 속	俗 속 속	續 이을 속	屬 붙을 속	涑 세탁할 속	謖 일어날 속	贖 살 속	
손	巽 괘이름 손	孫 손자 손	損 덜 손	遜 겸손할 손	蓀 난초 손	飡 밥 손		솔	率 거느릴 솔	帥 거느릴 솔
송	松 솔 송	送 보낼 송	訟 송사할 송	頌 칭송할 송	誦 욀 손	宋 송나라 송	淞 물 송	悚 두려울 송		
쇄	刷 인쇄할 쇄	鎖 쇠사슬 쇄	殺 감할 쇄	灑 물뿌릴 쇄	碎 부술 쇄		쇠	釗 힘쓸 쇠	衰 쇠잔할 쇠	
수	水 물 수	穗 이삭 수	殊 다를 수	守 지킬 수	秀 빼어날 수	壽 목숨 수	數 셈 수	樹 나무 수	修 닦을 수	須 모름지기수

	首	受	授	收	帥	手	隨	遂	需	輸
	머리 수	받을 수	줄 수	거둘 수	장수 수	손 수	따를 수	드디어 수	구할 수	실어낼 수
	誰	愁	睡	雖	囚	獸	洙	琇	銖	垂
	누구 수	근심 수	졸 수	비록 수	가둘 수	짐승 수	물가 수	옥돌 수	무게단위수	드리울 수
	粹	繡	隋	髓	搜	袖	嫂	岫	峀	戍
	순수할 수	수놓을 수	수나라 수	골수 수	찾을 수	소매 수	형수 수	산구멍 수	바위구멍수	막을 수
	漱	燧	瘦	竪	綬	羞	茱	蒐	蓚	藪
	양치할 수	봉화 수	파리할 수	세울 수	인끈 수	부끄러울수	수유 수	모수풀 수	식물독집수	큰늪 수
	讐	邃	酬	銹	隧	鬚	濉	鵐	賥	寿
	원수 수	깊을 수	갚을 수	동녹 수	무덤길 수	수염 수	물이름 수	솔개 수	재물 수	목숨 수
	脩	穗			숙	叔	淑	肅	宿	孰
	닦을 수	이삭 수				아제비 숙	맑을 숙	엄숙할 숙	잘 숙	누구 숙
	熟	塾	琡	璹	橚	夙	潚	菽		
	익을 숙	글방 숙	옥이름 숙	옥그릇 숙	길고꼿꼿할숙	이를 숙	성 숙	콩 숙		
순	順	純	醇	旬	瞬	巡	盾	循	脣	殉
	순할 순	순수할 순	순후할 순	열흘 순	눈깜짝할순	순행할 순	방패 순	돌 순	입술 순	따라죽을순
	洵	珣	荀	筍	舜	淳	焞	諄	錞	徇
	믿을 순	옥그릇 순	풀이름 순	죽순 순	순임금 순	순박할 순	밝을 순	거듭이를순	낮을 순	두루 순
	恂	栒	楯	橓	蓴	蕣	詢	馴		
	믿을 순	순나무 순	난간 순	무궁화나무순	순나물 순	무궁화 순	물을 순	착할 순		
술	戌	述	術	鉥		숭	崇	嵩	崧	
	개 술	지을 술	재주 술	돗바늘 술			높일 숭	높을 숭	산불끈솟을숭	
슬	瑟	膝	璱	蝨						
	악기이름슬	무릎 슬	진주 슬	이 슬						
습	習	拾	襲	濕	褶					
	익힐 습	주울 습	엄습할 습	젖을 습	슬갈 습					
승	勝	承	昇	升	乘	僧	丞	陞	繩	蠅
	이길 승	이을 승	오를 승	되 승	탈 승	중 승	정승 승	오를 승	노 승	파리 승
	滕	氶	塍							
	비디 승	이을 승	큰들 승							
시	時	始	是	市	侍	詩	試	示	矢	施
	때 시	비로소 시	이 시	저자 시	모실 시	글귀 시	시험할 시	보일 시	화살 시	베풀 시

	視 볼 시	柴 땔나무 시	恃 의지할 시	匙 숟가락 시	嘶 말울 시	媤 시집 시	尸 주검 시	屎 똥 시	屍 주검 시	弑 죽일 시
	柿 감 시	猜 의심낼 시	翅 날개 시	蒔 심을 시	蓍 시초 시	諡 시호 시	豕 돝 시	豺 승냥이 시	偲 재주많을 시	毸 날개벌릴 시
	諟 다스릴 시	媞 고을 시		씨	氏 성 씨		식	式 법 식	植 심을 식	識 알 식
	息 숨쉴 식	食 밥 식	飾 꾸밀 식	埴 찰흙 식	殖 번식할 식	湜 물맑을 식	軾 수레 식	寔 이 식	栻 점판 식	拭 씻을 식
	熄 불끌 식	篒 대밥통 식	蝕 일식 식		신	信 믿을 신	新 새 신	臣 신하 신	申 납 신	伸 펼 신
	神 귀신 신	辛 매울 신	身 몸 신	晨 새벽 신	愼 삼갈 신	紳 큰띠 신	莘 새신 신	薪 섶나무 신	迅 빠를 신	訊 물을 신
	侁 떼어갈 신	呻 읊을 신	娠 아이벨 신	宸 대궐 신	燼 나머지 신	腎 콩팥 신	藎 나갈 신	蜃 큰조개 신	辰 별 신	璶 옥돌 신
실	實 열매 실	室 집 실	失 잃을 실	悉 다할 실	実 열매 실		심	心 마음 심	深 깊을 심	審 살필 심
	尋 찾을 심	甚 심할 심	沁 물적실 심	沈 성 심	瀋 즙낼 심	芯 동심초 심	諶 믿을 심		십	十 열 십
	什 열 십	拾 열 십		아	亞 버금 아	兒 아이 아	阿 언덕 아	牙 어금니 아	芽 싹 아	雅 아담할 아
	我 나 아	餓 주릴 아	娥 예쁠 아	峨 산높을 아	衙 마을 아	妸 고울 아	俄 갑자기 아	啞 벙어리 아	莪 다북쑥 아	蛾 나비눈썹 아
	訝 맞을 아	鴉 검을 아	鵝 거위 아	婀 예쁠 아	哦 읊을 아	児 아이 아	亜 버금 아	峩 산높을 아	婭 예쁠 아	
악	岳 큰산 악	惡 악할 악	樂 풍류 악	堊 흰흙 악	嶽 뫼 악	幄 장막 악	愕 놀랄 악	握 잡을 악	渥 젖을 악	鄂 웃턱 악
	鍔 칼날 악	顎 턱 악	鰐 악어 악	齷 악착할 악						
안	安 편안 안	案 책상 안	眼 눈 안	岸 언덕 안	雁 기러기 안	顔 얼굴 안	晏 늦을 안	按 살필 안	鞍 안장 안	鮟 천징어 안
	鴈 기러기 안			알	謁 아뢸 알	斡 돌이킬 알	軋 앗을 알	閼 막을 알		

암	巖 바위 암	暗 어두울 암	庵 초막 암	菴 암자 암	唵 울궈먹을암	癌 암종 암	闇 여막 암	岩 바위 암		
압	壓 누를 압	押 누를 압	鴨 집오리 압	狎 친압할 압		앙	央 가운데 앙	仰 우러러볼앙	殃 재앙 앙	昂 높을 앙
	鴦 원앙새 앙	秧 마음에차지않을앙	秧 모 앙		애	愛 사랑 애	涯 물가 애	哀 슬플 애	崖 언덕 애	崖 낭떠러지애
	艾 쑥 애	埃 티끌 애	曖 날흐릴 애	碍 막을 애	隘 막을 애	靄 아지랭이애	睚 넉넉할 애			
액	額 이마 액	厄 재앙 액	液 진 액	扼 잡을 액	掖 곁들 액	縊 목맥 액	腋 겨드랑이액			
앵	鶯 꾀꼬리 앵	櫻 앵두 앵	罌 큰녹 앵	鸚 앵무새 앵				야	野 들 야	夜 밤 야
	也 어조사 야	耶 어조사 야	冶 쇠불릴 야	倻 땅이름 야	惹 이끌 야	揶 희롱할 야	爺 아비 야	若 반야 야	埜 돌 야	
약	約 맺을 약	藥 약 약	若 같을 약	躍 뛸 약	弱 약할 약	葯 구리떼 약	蒻 구약풀 약			
양	陽 볕 양	楊 버들 양	揚 들날릴 양	羊 양 양	洋 큰바다 양	養 기를 양	樣 모양 양	讓 사양할 양	壤 부드러운양	襄 오를 양
	孃 계집에 양	瀁 출렁거릴양	佯 거짓 양	恙 병 양	壤 뺏을 양	敭 밝을 양	暘 해돋는곳양	瀁 물모을 양	煬 화할 양	痒 옴 양
	瘍 종기 양	禳 기도할 양	穰 볏줄기 양	釀 술빚을 양	昜 빛날 양					
어	魚 물고기 어	漁 고기잡을어	語 말씀 어	御 거느릴 어	於 어조사 어	圄 옥 어	瘀 어혈질 어	禦 그칠 어	馭 말어거지할어	齬 이어긋날어
	唹 고요히웃을어									
억	億 억 억	憶 생각할 억	抑 누를 억	檍 참나무 억	臆 가슴 억		언	言 말씀 언	焉 어찌 언	諺 속담 언
	彦 선비 언	偃 자빠질 언	堰 방축 언	嫣 예쁠 언	彦 클 언	彥 선비 언		얼	孼 얼자식 얼	蘖 싹 얼
엄	嚴 엄할 엄	奄 문득 엄	俺 나 엄	掩 가릴 엄	儼 공경할 엄	淹 담글 엄				

음										
업	業 업 업	嶪 산높을 업		**엔**	円 엔 엔					
여	予 나 여	余 나 여	餘 남을 여	與 더불 여	輿 수레 여	如 같을 여	汝 너 여	歟 어조사 여	璵 보배옥 여	礖 돌이름 여
	艅 나룻배 여	茹 먹을 여	轝 수레 여	妤 계집벼슬여	悆 기쁠 여					
역	亦 또 역	易 바꿀 역	役 부릴 역	域 지경 역	譯 통변할 역	驛 역말 역	疫 염병 역	逆 거스릴 역	晹 볕 역	繹 다스릴 역
연	延 끌 연	姸 갈 연	娟 고울 연	硯 벼루 연	沿 물따라내려갈연	鉛 납 연	演 연역할 연	然 그럴 연	燃 불탈 연	煙 연기 연
	宴 잔치 연	燕 제비 연	緣 인연 연	軟 연할 연	衍 퍼질 연	淵 못 연	沇 물흐르는모양연	娟 아름다울연	涓 가릴 연	筵 대자리 연
	瑌 옥돌 연	娫 빛날 연	嚥 삼킬 연	堧 빈터 연	捐 버릴 연	挻 휠 연	椽 까래 연	涎 침 연	縯 길 연	鳶 연 연
	嚥 날돈을때연	燃 아리잠작할연	醼 편안할 연	兗 고을이름연	嬿 아름다울연	莚 만연할 연	瓀 옥돌 연	烟 연기 연	淵 못 연	兖 고을이름연
열	悅 기뻐할 열	熱 더울 열	閱 볼 열	說 기쁠 열	咽 목멜 열	潱 흐를 열		**염**	染 물들 염	炎 불꽃 염
	琰 비취옥 염	鹽 소금 염	艷 고울 염	厭 미워할 염	焰 불꽃 염	苒 덧없을 염	閻 이문 염	髥 수염 염	艶 고을 염	
엽	葉 잎 엽	燁 빛날 엽	曄 빛날 엽	熀 불빛이글이글할엽		**영**	永 길 영	泳 헤엄칠 영	詠 읊을 영	英 꽃뿌리 영
	營 경영할 영	榮 영화 영	映 비칠 영	楹 기둥 영	渶 물맑을 영	煐 빛날 영	瑛 옥광채 영	鍈 방울소리영	瑩 밝을 영	嬰 어릴 영
	迎 맞을 영	盈 찰 영	影 그림자 영	瀅 물소리 영	暎 비칠 영	穎 이삭 영	瓔 옥돌 영	咏 읊을 영	塋 무덤 영	嶸 산높을 영
	潁 이삭 영	濚 물돌아갈영	瀛 큰바다 영	纓 갓끈 영	霙 눈꽃 영	嬴 가득할 영	[illegible] 지킬 영	栄 영화 영		
예	豫 미리 예	藝 재주 예	譽 기릴 예	銳 날카로울예	叡 밝을 예	預 미리 예	芮 나라이름예	乂 어질 예	睿 성인 예	倪 끝 예
	刈 베일 예	曳 끄을 예	汭 물이름 예	濊 물맑을 예	猊 사자 예	穢 더러울 예	蘂 꽃술 예	裔 옷뒷자락예	詣 이를 예	霓 무지개 예

	堄 성각휘 예	埶 심을 예	縈 꽃술 예	玴 목돌 예	嫕 유순할 예	蓺 심을 예	蕊 꽃술 예	嫛 아름다울예	睿 밝을 예	睿 밝을 예
오	五 다섯 오	吾 나 오	俉 오동나무오	悟 깨달을 오	誤 그릇칠 오	娛 즐거워할오	午 낮 오	烏 까마귀 오	嗚 탄식할 오	汚 더러울 오
	伍 대오 오	吳 오나라 오	旿 대낮 오	傲 거만할 오	奧 속 오	晤 만날 오	珸 옥돌 오	塢 마을 오	墺 물가 오	寤 잠깰 오
	懊 한할 오	敖 희롱할 오	澳 깊을 오	熬 볶을 오	獒 큰개 오	筽 버들고리오	蜈 지네 오	鰲 큰자라 오	鼇 거북 오	浯 물이름 오
	燠 따뜻할 오		옥	玉 구슬 옥	屋 집 옥	獄 옥 옥	鈺 보배 옥	沃 기름질 옥		
온	溫 따뜻할 온	瑥 사람이름온	穩 편안할 온	媼 할미 온	瘟 온역 온	縕 성할 온	蘊 쌓을 온	昷 어질 온	榲 번성할 온	穩 편안할 온
올	兀 무뚝뚝할올		옹	翁 늙은이 옹	雍 화할 옹	壅 막힐 옹	擁 안을 옹	瓮 독 옹	甕 독 옹	癰 등창 옹
	邕 막힐 옹	饔 밥 옹		와	瓦 기와 와	臥 누울 와	渦 물돌아흐를와	窩 움 와	窪 깊을 와	蛙 개구리 와
	蝸 달팽이 와	訛 게으를 와		완	完 완전할 완	緩 느릴 완	浣 씻을 완	婉 고울 완	玩 놀 완	琓 옥이름 완
	琬 서옥 완	莞 빙그레웃을완	垸 희석어바를완	宛 정할 완	椀 주발 완	梡 토막나무완	碗 그릇 완	翫 구경할 완	脘 중완 완	腕 팔 완
	豌 동부 완	阮 이름 완	頑 완고할 완	妧 좋을 완	岏 산높을 완	鋺 저울바탕완		왈	曰 말할 왈	
왕	王 임금 왕	往 갈 왕	旺 왕성할 왕	汪 깊고넓을왕	枉 굽을 왕			왜	倭 나라 왜	娃 아름다운계집왜
	歪 기울 왜	矮 난장이 왜		외	外 바깥 외	畏 두려워할외	嵬 산모양 외	巍 높을 외	猥 망녕될 외	
요	要 중요할 요	夭 일찍죽을요	樂 좋아할 요	遙 멀 요	搖 흔들 요	謠 노래 요	堯 요임금 요	腰 허리 요	曜 비칠 요	耀 빛날 요
	饒 넉넉할 요	瑤 아름다운옥요	姚 예쁠 요	僥 요행 요	凹 오목할 요	妖 고울 요	嶢 산높을 요	拗 꺽을 요	擾 요란할 요	橈 짧은노 요
	燿 비칠 요	窈 고요할 요	窯 기와가마요	繇 순종할 요	繞 얽을 요	蟯 촌충 요	邀 맞을 요	嗂 밝을 요		

욕	欲	浴	慾	辱	縟	褥				
	하고자할욕	목욕 욕	욕심 욕	욕 욕	화문놓을욕	요 욕				
용	用	庸	勇	容	溶	鎔	瑢	榕	蓉	湧
	쓸 용	떳떳할 용	날랠 용	얼굴 용	녹을 용	녹일 용	패옥소리용	용나무 용	부용 용	물속을 용
	涌	踊	墉	鏞	埇	茸	甬	俑	慂	傭
	물넘칠 용	뛸 용	담 용	큰쇠북 용	길돋을 용	녹용 용	휘 용	허수아비용	권할 용	고용살이할용
	冗	熔	聳	傛	槦					
	번잡할 용	녹일 용	솟을 용	헉헉할 용	병기꽂는용					
우	于	宇	雨	羽	遇	愚	偶	憂	優	郵
	어조사 우	집 우	비 우	깃 우	만날 우	어리석을우	짝 우	근심 우	넉넉할 우	우편 우
	右	友	牛	又	尤	祐	佑	禹	寓	瑀
	오른쪽 우	벗 우	소 우	또 우	더욱 우	도울 우	도울 우	하우씨 우	붙여살 우	옥돌 우
	迂	隅	瑀	釪	玗	[illegible]	盱	盂	禑	紆
	굽을 우	모퉁이 우	땅이름 우	악기이름우	옥돌 우	물소리 우	해처음돋을우	밥그릇 우	복 우	얽힐 우
	芋	藕	虞	雩	扜	圩	慪	燠	偶	
	토란 우	연뿌리 우	염려할 우	기우제 우	지휘할 우	방축 우	공경할 우	더울 우	기쁠 우	
욱	昱	彧	煜	郁	頊	旭	勖	栯	稶	燠
	빛날 욱	빛날 욱	빛날 욱	성할 욱	삼가 욱	아침해 욱	힘쓸 욱	산앵도 욱	서속우거질욱	더울 욱
운	云	雲	澐	運	韻	沄	耘	賱	会	暈
	이를 운	구름 운	큰물결 운	운전할 운	운 운	돌아올 운	김맬 운	넉넉할 운	높을 운	해달무리운
	橒	殞	熉	芸	蕓	隕	篔	蕓		
	나무무늬운	죽을 운	누른빛 운	향풀 운	운풀 운	떨어질 운	완대 운	완대 운		
울	蔚	鬱	亐		웅	雄	熊			
	우저질 울	답답할 울	울 울			수컷 웅	곰 웅			
원	元	阮	原	源	願	員	圓	遠	援	園
	으뜸 원	집 원	근원 원	근원 원	바랄 원	관원 원	둥글 원	멀 원	도울 원	동산 원
	怨	袁	垣	媛	瑗	沅	洹	苑	轅	愿
	원망할 원	성 원	울타리 원	예쁠 원	도리옥 원	물이름 원	흐를 원	동산 원	멍에채 원	삼갈 원
	嫄	婉	寃	湲	爰	猿	阮	鴛	褑	朊
	사람이름원	예쁠 원	원통할 원	물소리 원	이에 원	원숭이 원	이름 원	원앙새 원	패옥띠 원	달빛희미할원
	杬	鋺				월	月	越	鉞	
	나무이름원	저울바탕원					달 월	넘을 월	도끼 월	

위	位 자리 위	偉 위대할 위	緯 씨 위	圍 둘레 위	衛 호위할 위	爲 하 위	僞 거짓 위	謂 이를 위	委 맡길 위	慰 위로할 위
	威 위엄 위	胃 밥통 위	危 위태할 위	暐 햇빛 위	渭 물이름 위	瑋 노리개 위	尉 벼슬이름위	違 어길 위	韋 가죽 위	魏 위나라 위
	萎 마를 위	葦 갈대 위	蔿 성 위	蝟 고슴도치위	褘 장막 위	衞 호위할 위	유	乳 젖 유	有 있을 유	由 말미암을유
	油 기름 유	儒 선비 유	遺 남을 유	愈 더욱 유	喩 깨우칠 유	瑜 옥 유	維 바 유	惟 생각할 유	唯 오직 유	酉 닭 유
	幼 어릴 유	幽 그윽할 유	悠 멀 유	柔 부드러울유	誘 꾈 유	猷 꾀 유	猶 오히려 유	遊 놀 유	裕 넉넉할 유	侑 권할 유
	宥 용서할 유	庾 노적가리유	兪 성 유	楡 느릅나무유	洧 물이름 유	濡 젖을 유	愉 기쁠 유	秞 무성할 유	攸 바 유	柚 유자 유
	釉 무성할 유	琟 옥같은돌유	孺 젖먹이 유	揄 이끌 유	楢 부드러운나무유	游 헤엄칠 유	瘉 병나을 유	臾 잠깐 유	萸 수유 유	諛 아첨할 유
	諭 비 유	踰 넘을 유	蹂 밟을 유	逾 넘을 유	鍮 놋쇠 유	曘 햇빛 유	婑 아리따울유	囿 동산 유	牖 향할 유	逌 빙그레 유
	兪 성 유	漊 젖을 유				육	肉 고기 육	育 기를 육	堉 걸찬땅 육	毓 기를 육
윤	潤 윤택할 윤	閏 윤달 윤	尹 다스릴 윤	允 진실로 윤	玧 귀막이구슬윤	鈗 창 윤	胤 맏아들 윤	阭 높을 윤	奫 물깊고넓을윤	贇 예쁠 윤
	閠 윤달 윤	昀 햇빛 윤	荺 연뿌리 윤	贇 예쁠 윤		율	聿 붓 율	繘 빛날 율	汩 물흐를 율	建 나누어펼율
융	融 녹을 융	戎 군사 융	瀜 물깊을 융	絨 삶은실 융		은	恩 은혜 은	銀 은 은	隱 숨을 은	垠 언덕 은
	殷 은나라 은	闇 화평할 은	溵 물소리 은	珢 옥돌 은	慇 걱정 은	濦 물소리 은	[illegible] 사람에게기댈은	听 벙긋거릴은	[illegible] 옥 은	圻 언덕 은
	蘟 대공 은	檼 대공 은	檃 바로잡을은	訢 공손할 은	誾 화평할 은		을	乙 새 을	圪 흙덤이 을	
음	音 소리 음	陰 그늘 음	吟 읊을 음	飮 마실 음	淫 음란할 음	蔭 덮을 음	愔 화평할 음			
읍	邑 고을 읍	泣 울 읍	揖 읍할 읍		응	應 응할 응	膺 가슴 응	鷹 매 응	凝 엉길 응	[illegible] 정하고볼응

음										
의	義 옳을 의	議 의논할 의	儀 거동 의	擬 비길 의	衣 옷 의	依 의지할 의	宜 마땅할 의	矣 어조사 의	意 뜻 의	醫 의원 의
	疑 의심할 의	倚 의지할 의	誼 옳을 의	毅 굳셀 의	懿 클 의	椅 가래나무의	艤 배댈 의	薏 율무 의	蟻 개미 의	
이	二 두 이	貳 두 이	以 써 이	夷 오랑캐 이	已 이미 이	耳 귀 이	珥 귀고리 이	異 다를 이	移 옮길 이	而 말이을 이
	伊 저 이	易 쉬울 이	彛 떳떳할 이	怡 기쁠 이	爾 너 이	弛 늦출 이	頤 턱 이	姨 이모 이	痍 다칠 이	肄 익힐 이
	苡 율무 이	荑 흰비름 이	貽 끼칠 이	邇 가까울 이	飴 엿 이	媐 기쁠 이	杝 피나무 이	胹 힘줄강할이	彝 떳떳할 이	
익	益 더할 익	翼 날개 익	翊 도울 익	瀷 스며흐를익	謚 웃을 익	翌 명일 익	熤 빛날 익		인	人 사람 인
	仁 어질 인	印 도장 인	因 인할 인	姻 혼인 인	寅 동방 인	引 당길 인	忍 참을 인	認 인정할 인	刃 칼날 인	湮 빠질 인
	絪 수삼 인	茵 자리줄 인	蚓 지렁이 인	靭 질길 인	靷 가슴깊이인	朄 소고칠 인	芢 씨 인	涊 젖어붙일인	牣 가득할 인	璌 뜰마당 인
일	一 한 일	壹 한 일	日 날 일	逸 편안할 일	溢 넘칠 일	鎰 무게단위일	馹 역말 일	佾 춤출 일	佚 허물 일	
임	壬 아홉째천간임	任 맡길 임	妊 아이밸 임	姙 아이밸 임	賃 품팔이 임	稔 곡식여물임	恁 믿을 임	荏 콩 임	[illegible] 생각할 임	
입	入 들 입	卄 스물 입		잉	剩 남을 잉	仍 잉할 잉	孕 아이밸 잉	芿 새로싹날잉		
자	子 아들 자	字 글 자	者 놈 자	資 재물 자	姿 맵시 자	姉 누이 자	茲 거듭 자	滋 불을 자	慈 사랑 자	紫 자주빛 자
	藉 빙자할 자	自 스스로 자	仔 자세할 자	恣 방자할 자	瓷 사기그릇자	刺 찌를 자	磁 자석 자	雌 암 자	咨 탄식할 자	孜 부지런할자
	炙 친근할 자	煮 삶을 자	疵 험집 자	茨 집이을 자	蔗 사랑풀 자	諮 물을 자	秄 북돋을 자	姊 누이 자	작	作 지을 작
	昨 어제 작	爵 벼슬 작	芍 작약 작	灼 구울 작	酌 잔질할 작	雀 참새 작	鵲 까치 작	勺 잔 작	嚼 씹을 작	斫 찍을 작
	炸 터질 작	綽 너그러울작	舃 빛날 작		잔	殘 남을 잔	孱 잔약할 잔	棧 사다리 잔	潺 잔잔히흐를잔	盞 술잔 잔

잠	潛	暫	箴	蠶	岑	簪		잡	雜	
	잠길 잠	잠깐 잠	돌침 잠	누에 잠	봉우리 잠	비녀 잠			섞일 잡	
장	丈	長	張	場	章	障	樟	璋	暲	壯
	어른 장	길 장	베풀 장	마당 장	글 장	막힐 장	녹나무 장	홀 장	햇발올라올장	씩씩할 장
	莊	裝	掌	將	獎	墻	帳	藏	臟	腸
	장중할 장	꾸밀 장	손바닥 장	장수 장	권면할 장	담 장	휘장 장	감출 장	오장 장	창자 장
	葬	匠	庄	粧	杖	薔	漳	奬	將	檣
	장사 장	장인 장	장중할 장	단장할 장	지팡이 장	장미 장	강이름 장	클 장	과장풀 장	돛배 장
	欌	漿	狀	獐	臧	贓	醬	將	壯	牆
	의장 장	초 장	형상 장	노루 장	착할 장	장물 장	간장 장	장수 장	씩씩할 장	담 장
재	才	材	財	再	在	哉	載	栽	裁	宰
	재주 재	재목 재	재물 재	다시 재	있을 재	어조사 재	실을 재	심을 재	마를 재	재상 재
	災	梓	縡	齋	渽	滓	齎			
	재앙 재	가래나무재	일 재	재계할 재	맑을 재	앙금 재	가질 재			
쟁	爭	錚	箏	諍						
	다툴 쟁	쇳소리 쟁	쟁 쟁	간할 쟁						
저	著	低	底	抵	邸	苧	貯	楮	沮	佇
	나타날 저	낮을 저	밑 저	막을 저	집 저	모시 저	쌓을 저	닥나무 저	축축할 저	오래섰을저
	儲	咀	姐	杵	樗	渚	狙	猪	疽	箸
	저축할 저	씹을 저	교만할 저	절구공 저	가죽나무저	물가 저	건져낼 저	돼지 저	종기/등창저	젓가락 저
	紵	菹	藷	詛	躇	這	雎	齟		
	모시 저	김치 저	오미자 저	저주할 저	머뭇거릴저	이것저것저	저구새 저	어긋날 저		
적	的	寂	適	摘	滴	積	績	赤	跡	蹟
	과녁 적	고요할 적	맞을 적	딸 적	물방울 적	쌓을 적	길쌈할 적	붉을 적	발자취 적	자취 적
	笛	迪	敵	賊	籍	勣	弔	嫡	狄	炙
	저 적	나아갈 적	대적할 적	도둑 적	서적 적	공 적	조상할조적	정신 적	북녘오랑캐적	고기구울적
	翟	荻	謫	迹	鏑					
	꿩 적	갈대 적	귀양갈 적	발자국 적	산축 적					
전	全	錢	田	展	電	前	專	傳	轉	典
	온전할 전	돈 전	밭 전	펼 전	번개 전	앞 전	오로지 전	전할 전	구를 전	법 전
	戰	佺	栓	詮	銓	琠	甸	塡	殿	箋
	싸울 전	신선이름전	나무못 전	설명할 전	저울 전	옥이름 전	경기 전	메울 전	큰집 전	항풀 전

	奠	雋	顚	佃	剪	塼	廛	悛	氈	澱
	둘 전	새살찔 전	기울 전	밭갈 전	가위 전	벽돌 전	전방 전	고칠 전	전 전	앙금 전
	煎	畑	癲	筌	箋	箭	篆	纏	輾	鈿
	조릴 전	화 전	미칠 전	통발 전	쪽지 전	약이름 전	전자 전	묶을 전	모로누울전	비녀 전
	鐫	顫	餞							
	새길 전	머리비트를전	보낼 전							
절	切	絶	節	折	晢	截	浙	癤	竊	
	끊을 절	끊을 절	마디 절	꺽을 절	밝을 절	끊을 절	쌀씻을 절	부스럼 절	도둑질할절	
점	占	店	點	漸	岾	粘	霑	鮎	点	
	점 점	점방 점	점 점	차차 점	고개 점	붙을 점	젖을 점	메기 점	점 점	
접	接	蝶	摺							
	접할 접	나비 접	접을 접							
정	亭	停	訂	頂	井	程	貞	定	廷	庭
	정자 정	머무럴 정	고칠 정	꼭대기 정	우물 정	법 정	곧을 정	정할 정	조정 정	뜰 정
	正	政	征	整	淨	情	靚	定	廷	庭
	바를 정	정사 정	칠 정	가지런할정	깨끗할 정	뜻 정	단장할 정	찧을 정	고요할 정	물가 정
	玎	町	呈	姃	偵	幀	湞	楨	禎	珽
	옥소리 정	밭두둑 정	드릴 정	계집단장할정	정탐할 정	그림족자정	물이름 정	쥐똥나무정	상서 정	옥이름 정
	挺	綎	晶	鼎	晸	柾	鉦	淀	錠	鋌
	빼어날 정	샘물 정	수정 정	솥 정	해뜰 정	나무바를정	징 정	얕은물 정	신선로 정	쇳덩이 정
	鄭	靖	程	珵	丁	鋥	炡	渟	釘	涏
	정나라 정	편안할 정	탁자 정	노리개 정	장정 정	칼날 정	빛날 정	물괴일 정	못 정	빛나고윤택할정
	頲	婷	旌	檉	睛	碇	穽	艇	諪	酊
	아름다울정	아리따울정	장목기 정	능수버들정	동자 정	배멈춤 정	함정 정	길고작은배정	고를 정	술취할 정
	霆	彭	埩	征	姘	梃	胜	静		
	천둥 정	조촐하게꾸밀정	밭갈 정	두려워할정	계집엄정할정	꼿꼿할 정	생고기 정	고요할 정		
제	制	堤	提	瑅	題	帝	弟	齊	濟	製
	억제할 제	방죽 제	끌 제	옥이름 제	제목 제	임금 제	아우 제	가지런할제	건널 제	지을 제
	祭	際	諸	除	第	悌	梯	劑	啼	臍
	제사 제	끝 제	모든 제	덜 제	차례 제	공손할 제	사닥다리제	약지을 제	울 제	배꼽 제
	薺	蹄	醍	霽	媞	済				
	냉이 제	굽 제	약주술 제	비개일 제	예쁠 제	건널 제				

조	兆 조짐 조	助 도울 조	祖 할아비 조	組 짤 조	租 구실 조	調 고를 조	造 지을 조	操 잡을 조	早 일찍 조	條 가지 조
	朝 아침 조	潮 조수 조	照 비출 조	燥 마를 조	鳥 새 조	弔 조상할 조	彫 새길 조	措 둘 조	趙 조나라 조	晁 아침 조
	窕 안존할 조	曺 무리 조	遭 만날 조	祚 복 조	肇 시작할 조	釣 낚시 조	詔 고할 조	眺 볼 조	俎 제기할 조	凋 여윌 조
	嘲 조롱할 조	曹 성 조	棗 대추 조	槽 말규통 조	漕 배질할 조	爪 손톱 조	璪 면류관드림옥조	稠 많을 조	粗 엉성할 조	糟 술제강 조
	繰 아청통견조	藻 마름 조	蚤 벼룩 조	躁 조급할 조	阻 막힐 조	雕 수리 조	昭 밝힐 조			
족	族 겨레 족	足 발 족	簇 가는대 족	鏃 살촉 족		존	存 있을 존	尊 높을 존		
졸	卒 군사 졸	拙 졸할 졸	猝 창졸 졸							
종	種 씨 종	鍾 술잔 종	鐘 쇠북 종	從 좇을 종	瑽 패옥소리종	縱 세로 종	終 마칠 종	宗 마루 종	倧 한배 종	淙 물소리 종
	悰 즐거울 종	琮 서옥이름종	棕 종려나무종	綜 모을 종	腫 종기 종	踪 자취 종	踵 발뒤꿈치종	椶 종려나무종	柊 방망이 종	
좌	左 왼 좌	佐 도울 좌	坐 앉을 좌	座 자리 좌	挫 꺾을 좌		죄	罪 허물 죄		
주	主 주인 주	住 살 주	柱 기둥 주	注 물댈 주	周 두루 주	州 고을 주	洲 섬 주	宙 하늘 주	走 달릴 주	晝 낮 주
	朱 붉을 주	株 그루 주	舟 배 주	酒 술 주	胄 자손 주	奏 아뢸 주	湊 모일 주	炷 심지 주	註 주낼 주	珠 구슬 주
	鑄 부어만들주	疇 무리 주	週 주일 주	駐 머무를 주	遒 굳셀 주	妵 예쁠 주	澍 물쏟을 주	姝 분바를 주	侏 난장이 주	做 지을 주
	呪 저주할 주	嗾 개부리는소리주	廚 부엌 주	籌 숫가지 주	紂 상왕이름주	紬 명주 주	綢 얽을 주	蛛 거미 주	誅 벨 주	躊 머뭇거릴주
	輳 몰려들 주	酎 술 주	燽 밝을 주	鉒 쇠돌 주	拄 버틸 주	晭 밝을 주	遒 굳셀 주	죽	竹 대나무 죽	粥 미음 죽
준	俊 준걸 준	準 법도 준	遵 좇을 준	峻 높을 준	浚 깊을 준	晙 밝을 준	埈 높을 준	焌 불땔 준	竣 마칠 준	駿 준마 준

	准 승인할 준	埻 과녁 준	雋 뛰어날 준	儁 뛰어날 준	濬 깊을 준	畯 농부 준	隼 새매 준	寯 모일 준	樽 술통 준	蠢 어리석을준
	逡 주장할 준	純 옷선 준	葰 클 준	噂 기뻐할 준	僔 모을 준	準 법도 준	容 깊을 준	줄	茁 풀처음나는줄	
중	中 가운데 중	仲 버금 중	重 무거울 중	衆 무리 중		즉	卽 곧 즉		즐	櫛 빗 즐
즙	汁 진액 즙	楫 돛대 즙	葺 지붕이를즙							
증	曾 일찍 증	增 더할 증	憎 미워할 증	贈 줄 증	烝 무리 증	蒸 찔 증	症 병증세 증	證 증거 증	甑 시루 증	拯 건질 증
	繒 비단 증									
지	地 땅 지	池 못 지	之 갈 지	只 다만 지	止 그칠 지	志 뜻 지	誌 기록할 지	持 가질 지	指 손가락 지	知 알 지
	智 슬기 지	至 이를 지	紙 종이 지	支 지탱할 지	枝 가지 지	遲 더딜 지	旨 뜻 지	址 터 지	沚 물가 지	祉 복 지
	趾 발가락 지	祗 공경할 지	芝 지초 지	摯 잡을 지	鋕 새길 지	脂 기름 지	咫 적을 지	枳 탱자 지	漬 거품 지	砥 숫돌 지
	肢 사지 지	芷 구리때 지	蜘 거미 지	識 기록 지	贄 폐백 지	洔 작은모래톱지	厎 이를 지	汦 균일할 지		
직	直 곧을 직	職 직분 직	織 짤 직	稙 일찍심는지	稷 기장 직					
진	眞 참 진	鎭 진압할 진	辰 별 진	振 떨칠 진	珍 보배 진	進 나아갈 진	盡 다할 진	陣 진칠 진	陳 베풀 진	晋 진나라 진
	津 나루 진	璡 옥돌 진	秦 진나라 진	軫 수레 진	震 진동할 진	塵 티끌 진	瑱 귀막이옥진	瑨 옥돌 진	禛 복받을 진	診 볼 진
	塡 누를 진	縝 맺을 진	賑 넉넉할 진	晉 나갈 진	溱 성할 진	抮 휘잡을 진	唇 놀랄 진	嗔 성낼 진	搢 꽂을 진	桭 평고대 진
	榛 덤거칠 진	殄 끊을 진	畛 밭지경 진	疹 역질 진	瞋 풍부할 진	縉 분홍빛 진	臻 이를 진	蔯 사철쑥 진	袗 고운옷 진	鉁 보배 진
	昣 밝을 진	蓁 풍성할 진	眕 밝을 진	枃 바디 진	真 참 진					

질	秩	質	瓆	姪	疾		짐	斟	朕	
	차례 질	물건 질	사람이름질	조카 질	병 질			짐작할 짐	나 짐	
집	什	集	潗	執	楫	輯	鏶	緝	潗	
	세간 집	모을 집	샘날 집	잡을 집	돛대 집	모을 집	쇠조각 집	길쌈 집	샘낼 집	
징	徵	懲	澄							
	부를 징	징계할 징	맑을 징							
차	次	借	且	此	差	車	叉	瑳	侘	嗟
	버금 차	빌 차	또 차	이 차	어긋날 차	수레 차	깍지낄 차	옥빛깨끗한차	심심할 차	슬플 차
	嵯	磋	箚	茶	蹉	遮	硨	奲	姹	
	산높을 차	갈 차	전갈할 차	차 차	미끄러질차	가릴 차	옥돌 차	너그럽고클차	아름다울차	
착	着	錯	捉	搾	窄	鑿	齪		찬	撰
	붙을 착	섞을 착	잡을 착	압박할 착	좁을 착	뚫을 착	악착할 착			글지을 찬
	贊	讚	瓚	粲	澯	燦	璨	纂	纘	鑽
	찬성할 찬	기릴 찬	옥 찬	밝고성할찬	맑을 찬	빛날 찬	옥빛찬란할찬	모을 찬	이을 찬	뚫을 찬
	竄	簒	餐	饌	攢	巑	儧	賛	讃	儹
	도망할 찬	빼앗을 찬	밥 찬	반찬 찬	모일 찬	산높을 찬	모을 찬	찬성할 찬	기릴 찬	모을 찬
찰	察	札	刹	擦	紮		참	參	慙	慘
	살필 찰	편지 찰	절 찰	문지를 찰	동여맬 찰			참여할 참	부끄러워할참	참혹 참
	僭	塹	懺	斬	站	讒	讖	慚		
	거짓 참	구덩이 참	희괴할 참	베일 참	역 참	간악할 참	참서 참	부끄러워할참		
창	昌	唱	倉	創	滄	蒼	暢	窓	敞	廠
	창성할 창	노래 창	곳집 창	비롯할 창	큰바다 창	푸를 창	화창할 창	창 창	드러낼 창	헛간 창
	彰	昶	菖	倡	娼	愴	槍	漲	猖	瘡
	나타날 창	밝을 창	창포 창	광대 창	창녀 창	슬플 창	창 창	물부를 창	미쳐뛸 창	종기 창
	脹	艙								
	창증날 창	선창 창								
채	採	彩	菜	債	埰	蔡	采	寀	綵	寨
	캘 채	무늬 채	나물 채	빚 채	사패리 채	나라이름채	캘 채	동관 채	비단 채	나물 채
	砦	釵	琗	責	棌	婇	睬			
	진칠 채	비녀 채	옷빛날 채	빚 채	참나무 채	여자의자채	주목할 채			
책	策	責	冊	柵	册					
	꾀 책	꾸짖을 책	책 책	목책 책	책 책					

처	處 곳 처	妻 아내 처	悽 슬퍼할 처	凄 찰 처		척	戚 겨레 척	坧 터 척	拓 열 척	尺 자 척
	斥 물리칠 척	陟 오를 척	倜 높이는 척	刺 찌를 척	剔 발라낼 척	慽 슬플 척	擲 던질 척	滌 씻을 척	瘠 파리할 척	脊 등마루 척
	蹠 밟을 척	隻 외짝 척		천	川 내 천	天 하늘 천	千 일천 천	仟 일천 천	阡 두렁 천	泉 샘 천
	薦 천거할 천	遷 옮길 천	淺 얕을 천	踐 밟을 천	賤 천할 천	穿 통할 천	舛 어그러질천	釧 팔깍지 천	闡 열 천	韆 그네 천
	茜 잇 천		철	哲 밝을 철	喆 밝을 철	鐵 쇠 철	徹 뚫을 철	澈 물맑을 철	撤 걷을 철	轍 수레바퀴자국철
	綴 철할 철	凸 뽀족할 철	輟 그칠 철	悊 밝을 철		첨	添 더할 첨	尖 뾰족할 첨	僉 다할 첨	瞻 우러러볼첨
	沾 적실 첨	甛 달 첨	簽 편지 첨	籤 서상대 첨	詹 이룰 첨	諂 아첨할 첨		첩	妾 작은집 첩	帖 문서 첩
	捷 빠를 첩	堞 치첩 첩	牒 편지 첩	疊 거듭 첩	睫 눈속일 첩	諜 이간할 첩	貼 붙일 첩	輒 번번이 첩		
청	靑 푸를 청	淸 맑을 청	晴 갤 청	請 청할 청	廳 관청 청	聽 들을 청	菁 순무 청	鯖 청어 청	青 푸를 청	清 맑을 청
	晴 갤 청	請 청할 청		체	體 몸 체	替 바꿀 체	締 맺을 체	諦 살필 체	遞 갈마들 체	切 일체 체
	剃 털깍을 체	涕 눈물 체	滯 막힐 체	逮 미칠 체	諟 다스릴 체		초	草 풀 초	初 처음 초	抄 베낄 초
	招 부를 초	超 뛰어넘을초	礎 주춧돌 초	肖 닮을 초	焦 그스릴 초	蕉 파초 초	樵 나무할 초	楚 초나라 초	剿 끊을 초	哨 말많을 초
	憔 여윌 초	梢 나무끝 초	椒 후추 초	炒 볶을 초	硝 망초 초	礁 암초 초	秒 초침 초	稍 점점 초	苕 모양 초	貂 돈피 초
	酢 단것 초	醋 초 초	醮 파리할 초	岧 산높을 초	鈔 취할 초	艸 풀 초	촉	促 재촉할 촉	燭 촛불 촉	觸 닿을 촉
	囑 부탁할 촉	矗 우뚝할 촉	蜀 배추벌레촉		촌	寸 치 촌	村 마을 촌	忖 헤아릴 촌	邨 마을 촌	
총	總 거느릴 총	聰 밝을 총	寵 사랑할 총	叢 모을 총	銃 총 총	塚 무덤 총	悤 총총할 총	憁 실의할 총	摠 거느릴 총	蔥 파 총

	総 거느릴 총	聡 밝을 총								
촬	撮 비칠 촬		최	最 가장 최	崔 높을 최	催 재촉할 최				
추	追 따를 추	抽 뽑을 추	推 옮길 추	秋 가을 추	楸 가래나무추	樞 지도리 추	醜 추할 추	鄒 나라이름추	錐 송곳 추	錘 저울 추
	墜 떨어질 추	椎 참나무 추	湫 으스스할추	皺 주름질 추	芻 짐승먹이추	萩 다북쑥 추	諏 물을 추	趨 달아날 추	酋 괴수 추	鎚 저울 추
	雛 병아리 추	騶 마부 추	鰍 미꾸라지추							
축	丑 소 축	畜 가축 축	蓄 쌓을 축	祝 빌 축	築 쌓을 축	縮 오그라들축	逐 쫓을 축	軸 굴대 축	竺 나라이름축	筑 축풍류 축
	蹙 궁박할 축	蹴 찰 축		춘	春 봄 춘	椿 참죽나무춘	瑃 옥이름 춘	賰 넉넉할 춘		
출	出 날 출	朮 삽주 출	黜 내리칠 출							
충	忠 충성 충	充 가득할 충	珫 귀치장옥충	衝 찌를 충	蟲 벌레 충	沖 화할 충	衷 정성 충	虫 벌레 충	冲 화할 충	
췌	萃 모을 췌	悴 근심두려워할췌	膵 췌장 췌	贅 혹 췌						
취	取 취할 취	趣 주창할 취	就 나아갈 취	吹 불 취	臭 냄새 취	醉 취할 취	翠 비취색 취	聚 모을 취	嘴 부리 취	娶 장가갈 취
	炊 불땔 취	脆 연할 취	驟 달릴 취	鷲 독수리 취						
측	側 곁 측	測 측량할 측	仄 기울 측	廁 기울 측	惻 불쌍할 측			층	層 층 층	
치	治 다스릴 치	値 값 치	置 둘 치	致 이를 치	恥 부끄러울치	稚 어릴 치	齒 이 치	熾 불활활탈치	峙 산우뚝설치	雉 꿩 치
	馳 달릴 치	侈 사치할 치	嗤 빈정거릴치	幟 깃대 치	梔 치자 치	淄 검을 치	痔 치질 치	痴 어리석을치	癡 어리석을치	穉 어릴 치
	緇 검은빛 치	蚩 어리석을치	輜 짐수레 치	廁 뒷간 치		칙	則 법 칙	勅 칙서 칙	飭 닦을 칙	

친	親 친할 친		칠	七 일곱 칠	漆 옷칠할 칠	柒 옷 칠				
침	針 바늘 침	侵 침노할 침	浸 적실 침	寢 잠잘 침	沈 잠길 침	枕 베개 침	琛 보배 침	砧 방칫돌 침	鍼 침 침	棽 가지성할침
칩	蟄 겨울잠 칩		칭	稱 일컬을 칭	秤 저울 칭		쾌	夬 쾌 쾌	快 쾌할 쾌	
타	他 다를 타	打 칠 타	墮 떨어질 타	妥 온당할 타	咤 꾸짖을 타	唾 침 타	惰 게으를 타	拖 끄을 타	朶 꽃송이 타	楕 길게둥글타
	舵 키 타	陀 비알 타	馱 말탈 타	駝 약대 타		탁	濯 빨래할 탁	托 받침 탁	琢 쫄 탁	度 헤아릴 탁
	擢 뽑을 탁	濁 흐릴 탁	卓 높을 탁	琸 사람이름탁	晫 환할 탁	託 부탁할 탁	鐸 방울 탁	拓 박을 탁	倬 클 탁	啄 쪼을 탁
	坼 찢을 탁	度 헤아릴 탁	柝 쪼갤 탁			탄	炭 숯 탄	彈 총알 탄	歎 탄식할 탄	呑 삼킬 탄
	坦 평탄할 탄	灘 여울 탄	誕 태어날 탄	嘆 탄식할 탄	憚 꺼릴 탄	綻 옷솔기터질탄		탈	脫 벗을 탈	奪 빼앗을 탈
탐	探 찾을 탐	貪 탐낼 탐	耽 즐길 탐	眈 노려볼 탐		탑	塔 탑 탑	榻 긴걸상 탑		
탕	湯 끓을 탕	宕 방탕할 탕	帑 나라곳집탕	糖 엿 탕	蕩 클 탕		태	太 클 태	態 태도 태	台 별이름 태
	怠 게으를 태	殆 위태로울태	胎 아이밸 태	邰 태나라 태	兌 바꿀 태	汰 씻을 태	泰 클 태	笞 매칠 태	苔 이끼 태	跆 밟을 태
	颱 바람 태	鈦 티타늄 태				택	宅 집 택	澤 못 택	擇 가릴 택	垞 언덕 택
탱	撑 버틸 탱		터	攄 펼 터		토	土 흙 토	吐 토할 토	兎 토끼 토	討 칠 토
통	通 통할 통	統 거느릴 통	痛 아플 통	桶 통 통	慟 애통할 통	洞 통달할 통	筒 대통 통			
퇴	退 물러날 퇴	堆 쌓을 퇴	槌 방망이 퇴	腿 다리 퇴	褪 옷벗을 퇴	頹 쇠할 퇴				
투	投 던질 투	透 통할 투	鬪 싸울 투	偸 구차할 투	套 껍질 투	妬 투기할 투				

특	特 특별할 특	慝 간사할 특		틈	闖 엿볼 틈					
파	波 물결 파	派 물갈래 파	頗 자못 파	罷 파할 파	播 씨뿌릴 파	坡 고개 파	破 깨뜨릴 파	巴 땅이름 파	把 잡을 파	芭 파초 파
	琶 비파 파	杷 비파 파	婆 조모 파	擺 열 파	爬 긁을 파	跛 절룩발이파				
판	判 판단할 판	板 널 판	阪 산비탈 판	坂 고개 판	版 판목 판	販 팔 판	瓣 외씨 판	辦 힘쓸 판	鈑 불린금 판	
팔	八 여덟 팔	叭 나팔 팔	捌 깨뜨릴 팔							
패	貝 조개 패	敗 패할 패	牌 패 패	佩 찰 패	霸 으뜸 패	浿 물이름 패	唄 염불소리패	悖 거스릴 패	沛 넉넉할 패	狽 낭패 패
	稗 피 패		팽	彭 나라이름팽	澎 물결부딪치는팽	烹 삶을 팽	膨 배불을 팽		퍅	愎 사나울 퍅
편	便 편할 편	片 조각 편	扁 작을 편	偏 치우칠 편	遍 두루 편	篇 책 편	編 엮을 편	翩 빨리나를편	鞭 채찍 편	騙 속일 편
폄	貶 얼릴 폄		평	平 평평할 평	坪 땅편편할평	枰 바둑판 평	評 평론할 평	泙 물소리 평	萍 마름 평	
폐	幣 폐백 폐	廢 폐할 폐	閉 닫을 폐	肺 허파 폐	弊 폐단 폐	蔽 가릴 폐	陛 대궐섬돌폐	吠 개짖을 폐	嬖 사랑할 폐	斃 죽을 폐
포	布 베 포	包 쌀 포	抱 안을 포	胞 태보 포	砲 대포 포	飽 배부를 포	浦 물가 포	捕 잡을 포	葡 포도 포	褒 기릴 포
	鋪 펼 포	佈 펼 포	匍 길 포	匏 박 포	咆 범의소리포	哺 먹일 포	圃 채전 포	怖 두려워할포	暴 사나울 포	泡 물거품 포
	疱 부푸를 포	脯 포육 포	苞 딸기 포	蒲 창포 포	袍 도포 포	逋 포흠질 포	鮑 저린생선포			
폭	暴 사나울 폭	爆 폭발할 폭	幅 폭 폭	曝 볕에말릴폭	瀑 폭포 폭	輻 바퀴살 폭				
표	票 표 표	漂 뜰 표	標 빠를 표	表 거죽 표	杓 자루 표	彪 범 표	豹 표범 표	驃 날쌜 표	俵 나눠질 표	剽 찌를 표
	慓 급할 표	瓢 박 표	飈 회오리바람표	飄 날릴 표		품	品 품수 품	稟 여쭐 품		

풍	豊 풍성할 풍	風 바람 풍	楓 단풍나무풍	諷 간할 풍	馮 고을이름풍	豐 풍성할 풍				
피	皮 가죽 피	彼 저 피	被 이불 피	避 피할 피	疲 피곤할 피	披 헤칠 피	陂 기울어질피			
필	匹 짝 필	必 반드시 필	筆 붓 필	畢 마칠 필	泌 개천물 필	珌 칼장식옥필	馝 향내날 필	弼 도울 필	苾 필주풀 필	佖 점잖을 필
	鉍 창자루 필	疋 짝 필		핍	乏 다할 핍	逼 가까울 핍				
하	下 아래 하	何 어찌 하	河 물 하	荷 연 하	夏 여름 하	廈 큰집 하	賀 하례할 하	昰 나라 하	霞 놀 하	廈 큰집 하
	瑕 옥티 하	蝦 두꺼비 하	遐 먼 하	鰕 암고래 하	呀 입딱벌릴하	嘏 복 하	碬 숫돌 하			
학	學 배울 학	鶴 두루미 학	壑 골 학	虐 사나울 학	謔 지꺼리할학	嗃 엄숙히꾸짖을학	学 배울 학			
한	寒 찰 한	汗 땀 한	漢 한수 한	韓 나라이름한	限 한정 한	恨 한할 한	旱 가물 한	閑 한가할 한	澣 빨래할 한	瀚 넓고클 한
	翰 글 한	閒 한가할 한	悍 정성 한	罕 기 한	澖 넓을 한	[illegible] 높을 한		할	割 나눌 할	轄 다스릴 할
함	咸 다 함	含 머금을 함	函 함 함	涵 젖을 함	陷 빠질 함	艦 싸움배 함	啣 명함 함	喊 고함지를함	檻 난간 함	緘 봉할 함
	銜 재갈 함	鹹 짤 함								
합	合 합할 합	哈 한모금 합	盒 합 합	蛤 조개 합	閤 도장 합	闔 문짝 합	陜 땅이름 합			
항	抗 대항할 항	航 배로물건널항	項 목덜미 항	巷 거리 항	港 항구 항	恒 항상 항	姮 항아 항	亢 목 항	沆 큰물 항	伉 강직할 항
	嫦 계집이름항	杭 거룻대 항	桁 차꼬 항	缸 항아리 항	肛 똥구멍 항	行 항렬 항	降 항복할 항	恆 항상 항		
해	亥 돼지 해	諧 화할 해	奚 어찌 해	海 바다 해	解 풀 해	害 해칠 해	該 그 해	偕 함께 해	楷 해서 해	咳 기침 해
	孩 어린아이해	懈 게을를 해	瀣 이슬기운해	蟹 게 해	邂 우연히만날해	駭 놀랄 해	骸 뼈 해	垓 땅끝닿은곳해	咍 웃음소리해	海 바다 해

핵	核 씨 핵	劾 캐물을 핵		행	行 다닐 행	幸 다행 행	杏 살구 행	倖 요행 행	荇 마름풀 행	涬 자연스러울행
향	向 향할 향	香 향기 향	享 누릴 향	鄕 시골 향	響 울릴 향	珦 옥이름 향	嚮 향할 향	餉 먹일 향	饗 잔치할 향	麘 사향사슴향
허	許 허락할 허	虛 빌 허	墟 터 허	噓 불 허	헌	憲 법 헌	獻 드릴 헌	軒 추녀 헌	櫶 나무이름헌	䡣 술에피할헌
헐	歇 쉴 헐		험	險 험할 험	驗 시험할 험					
혁	革 가죽 혁	赫 붉을 혁	爀 불빛 혁	奕 클 혁	焱 불꽃 혁	侐 고요할 혁	焃 붉을 혁			
현	玄 검을 현	弦 활시위 현	絃 악기줄 현	見 드러날 현	現 지금 현	峴 재 현	晛 햇빛 현	顯 나타날 현	縣 고을 현	懸 매달 현
	賢 어질 현	泫 물깊고넓을현	炫 밝을 현	玹 옥돌 현	鉉 솥귀 현	眩 현황할 현	昡 햇빛 현	絢 문체날 현	呟 소리 현	俔 비유할 현
	睍 고울 현	舷 뱃전 현	衒 자랑할 현	儇 영리할 현	譞 말수다한현	怰 팔 현	儇 영리할 현	顕 나타날 현		
혈	血 피 혈	穴 구멍 혈	孑 고독할 혈	頁 머리 혈		혐	嫌 혐의 혐			
협	協 화할 협	脅 위협할 협	俠 협기 협	峽 골짜기 협	挾 낄 협	浹 두루 협	夾 가질 협	狹 좁을 협	脇 갈비 협	莢 콩껍질 협
	鋏 칼 협	頰 뺨 협	洽 화할 협							
형	亨 형통할 형	兄 맏 형	形 형상 형	刑 형벌 형	螢 반딧불 형	型 거푸집 형	邢 나라이름형	珩 노리개 형	泂 찰 형	炯 빛날 형
	衡 저울 형	瑩 맑을 형	瀅 물맑을 형	馨 향기로울형	熒 밝을 형	滎 실개천 형	瀯 물이름 형	荊 가시 형	迥 멀 형	鎣 꾸밀 형
혜	惠 은혜 혜	彗 별 혜	慧 지혜 혜	譓 슬기로울혜	蕙 난초 혜	兮 어조하 혜	寭 밝을 혜	憓 사랑 혜	暳 작은별 혜	蹊 지름길 혜
	醯 초 혜	鞋 신 혜	譿 슬기로울혜	鏸 큰솥 혜	恵 은혜 혜					
호	乎 어조사 호	呼 부를 호	互 서로 호	好 좋을 호	戶 지게 호	毫 가는털 호	豪 호걸 호	浩 넓을 호	湖 호수 호	胡 어찌 호

	虎	號	護	晧	皓	澔	昊	淏	濠	灝
	범 호	부르짖을호	호위할 호	밝을 호	빛 호	넓을 호	하늘 호	맑을 호	호수 호	물줄기멀호
	扈	鎬	壺	祜	琥	瑚	頀	顥	壕	濩
	뒤따를 호	빛날 호	병 호	복 호	호박 호	산호 호	풍류이름호	클 호	해자 호	퍼질 호
	滸	岵	弧	瓠	糊	縞	芦	葫	蒿	蝴
	물가 호	산거할 호	나무활 호	표주박 호	풀 호	흰비단 호	지황 호	굵은마늘호	다북쑥 호	들나비 호
	皞	婋				혹	或	惑	酷	
	밝을 호	영리할 호					혹 혹	미혹할 혹	혹독할 혹	
혼	昏	婚	混	魂	渾	琿				
	어두울 혼	혼인할 혼	섞을 혼	넋 혼	흐릴 혼	아름다운옥혼				
홀	忽	惚	笏							
	문득 홀	황홀할 홀	홀 홀							
홍	弘	泓	洪	烘	虹	紅	鴻	鉷	哄	汞
	클 홍	물속깊을홍	넓을 홍	땔 홍	무지개 홍	붉을 홍	큰기러기홍	쇠뇌고동홍	공갈 홍	수은 홍
	訌									
	모함할 홍									
화	化	花	貨	禾	和	華	嬅	樺	火	畵
	변화할 화	꽃 화	재물 화	벼 화	화할 화	빛날 화	탐스러울화	자작나무화	불 화	그림 화
	話	禍	譁	靴	畫					
	말할 화	재앙 화	지껄일 화	양화 화	그림 화					
확	擴	確	穫	廓	攫	碻				
	늘릴 확	확실할 확	거둘 확	둘레 확	후려칠 확	확실할 확				
환	桓	幻	換	環	還	丸	患	歡	奐	喚
	굳셀 환	허깨비 환	바꿀 환	고리 환	돌아올 환	알 환	근심 환	좋아할 환	클 환	부를 환
	煥	晥	鐶	渙	驩	宦	紈	鰥		
	빛날 환	환할 환	고리 환	흩어질 환	기뻐할 환	내관 환	흰비단 환	홀아비 환		
활	活	闊								
	살 활	넓을 활								
황	黃	皇	堭	況	荒	凰	晃	滉	榥	煌
	누를 황	임금 황	정자 황	하물며 황	거칠 황	봉황새 황	밝을 황	물깊고넓을황	책상 황	빛날 황
	媓	璜	煌	幌	徨	恍	惶	愰	慌	晄
	여자이름황	폐옥 황	불빛이글거릴황	휘장 황	방황할 황	황홀할 황	두려울 황	마음청백할황	황홀할 황	빛날 황

	湟 빠질 황	潢 은하수 황	篁 대발 황	簧 피리혀 황	蝗 황충 황	遑 급할 황	隍 해자 황			
회	會 모일 회	廻 돌아올 회	悔 뉘우칠 회	懷 품을 회	灰 재 회	恢 클 회	晦 그믐 회	澮 밭고랑 회	檜 잔나무 회	繪 그림 회
	回 돌아올 회	誨 가르칠 회	匯 물돌아모일회	徊 배회할 회	淮 물이름 회	獪 간교할 회	膾 회 회	茴 회향 회	蛔 회충 회	賄 뇌물 회
	絵 그림 회		획	劃 그을 획	獲 얻을 획		횡	橫 가로 횡	鐄 큰쇠북 횡	宖 집울림 횡
효	孝 효도 효	效 본받을 효	曉 새벽 효	驍 날랠 효	爻 효 효	涍 물가 효	斅 가르칠 효	哮 성낼 효	嚆 부르짖을효	梟 올빼미 효
	淆 뒤섞일 효	肴 안주 효	酵 술괴일 효	皛 밝을 효	歊 기운날 효	窙 넓을 효	効 본받을 효			
후	侯 제후 후	候 기후 후	喉 목구멍 후	厚 두터울 후	後 뒤 후	后 황후 후	逅 만날 후	垕 두터울 후	吼 소리 후	嗅 냄새날 후
	帿 포장과녁후	朽 냄새 후	煦 찔 후	珝 옥이름 후						
훈	訓 가르칠 훈	焄 향내 훈	熏 불길 훈	薰 향풀 훈	壎 흙풍류 훈	勳 공 훈	燻 연기낄 훈	塤 질나팔 훈	鑂 금빛투색할훈	暈 무리 훈
	勛 공 훈	勲 공 훈	蘍 향풀 훈					훙	薨 죽을 훙	
훤	暄 따뜻할 훤	喧 시끄러울훤	萱 원추리 훤	煊 따뜻할 훤		훼	毁 헐 훼	卉 풀 훼	喙 부리 훼	
휘	揮 휘두를 휘	輝 빛날 휘	彙 무리 휘	徽 아름다울휘	暉 빛 휘	煇 빛날 휘	諱 꺼릴 휘	麾 지휘할 휘		
휴	休 쉴 휴	携 가질 휴	烋 아름다울휴	畦 밭두둑 휴	虧 이지러질휴		휼	恤 근심할 휼	譎 간사할 휼	鷸 비취새 휼
흉	胸 가슴 흉	凶 흉할 흉	兇 악할 흉	匈 요란할 흉	洶 물소리 흉		흑	黑 검을 흑		
흔	欣 기뻐할 흔	炘 화끈거릴흔	昕 아침 흔	痕 흔적 흔	忻 기쁠 흔	흘	屹 산우뚝솟을흘	吃 먹을 흘	紇 실길 흘	訖 이를 흘
흠	欽 공경할 흠	欠 부족할 흠	歆 먹일 흠		흡	吸 숨들이쉴흡	洽 젖을 흡	恰 흡사할 흡	翕 모일 흡	

흥	興 일어날 흥									
희	熙 빛날 희	希 바랄 희	晞 마를 희	稀 드물 희	喜 기쁠 희	戲 희롱할 희	噫 탄식할 희	姬 계집 희	僖 즐길 희	嬉 즐길 희
	禧 복 희	爔 햇빛 희	熹 성할 희	憙 기뻐할 희	凞 화할 희	羲 황제이름희	曦 햇빛 희	熺 밝을 희	橲 나무이름희	俙 방불할 희
	囍 쌍희 희	憘 기뻐할 희	犧 희생할 희	烯 불빛 희	熈 빛날 희	暿 더울 희	凞 화할 희		힐	詰 힐난할 힐

성공을 약속하는 **개명, 작명의 연금술**

문원북 BOOK